向駿、蘇彥斌　主編｜卓浩右、黃富娟、楊建平、褚縈瑩、徐靖淳、蔡維廷　合著

# 當代拉丁美洲人文
# 與社會科學巨擘

五南圖書出版公司 印行

本書不僅是拉丁美洲研究學界所需，對社會科學整體研究亦然。本書各章介紹了一些最有影響力的拉丁美洲學者，我認同把赫緒曼（Albert O. Hirschman）也算作一位，因為他在拉丁美洲的工作和與拉丁美洲的聯繫，從人類學到社會學，從經濟學到政治學和歷史學等各個領域，涵蓋理論創新和對拉丁美洲本身的影響。這些學者的傑作有助於我們瞭解拉丁美洲的發展，及豐富社會科學的理論發展。

社會科學理論長期以來一直為美國和西歐學者所主導。試舉兩個例子：利普塞特（Seymour Martin Lipset）的政治現代化理論和羅斯托（Walt Rostow）的經濟現代化理論影響了一代又一代在政治經濟發展研究中尋找答案的學者。前者認為經濟發展會導致民主，而後者則預測一個線性經濟發展模型：即從傳統社會到大規模消費的五個階段。兩種理論均被認為是線性的和普遍的，線性的表現在逐步、向前的運動（雖然在前者有一些小逆轉），普遍的係指其適用於世界上所有的國家和經濟體。

拉丁美洲的經驗在線性和普遍性兩方面對兩種版本的現代化理論都造成了挑戰。拉美與世界上其他地區的發展模式大有不同，那裡經歷了許多挫折和重大逆轉：拉美經濟發展進程中不時發生政變、獨裁、革命和起義，也並沒有遵循西方的五階段線性發展公式，仍然離幾百年前大洋彼岸經濟上早已達成的目標遙遙無期。

社會科學的主要理論無法解釋拉丁美洲的經驗；即使它們在某些方面與拉丁美洲具有一定的相關性，但它們仍遺漏了關鍵點。例如，沒有卡多索（Fernando Henrique Cardoso）和法萊托（Enzo Faletto）的貢獻，華勒斯坦（Immanuel Wallerstein）的世界系統理論就不可能完整，前者對國內利益相

關者與國際參與者之間相互作用的研究填補了世界系統理論缺少的關鍵環節。

　　拉丁美洲是世界的重要地區，具有人口、資源、文化、多元化等優勢。沒有比體驗拉丁美洲曾經產生的一流學者的智慧和知識能使我們對這個大陸有更準確的瞭解。這本書為我們近距離接觸拉丁美洲大師提供了寶貴機會。

馮毅

Luther Lee Jr. 紀念講座教授

克萊蒙特研究生大學

　　擺在大家眼前的這部著作，是長期從事拉美研究工作的向駿教授，匯集多位學者辛勤耕耘的結果，屬於拉美研究中一件可喜可賀的事情。從個人角度來看，本著作的最大特點也是最為引人注目的地方，是其具有的多元化視角。其中，不僅有經濟學，特別是發展經濟學理論及其在拉美地區的實踐，而且還包含了人類學、社會學、政治學以及歷史等多門學科的知識。

　　著作中涉及的六位拉美研究大師中，分別來自阿根廷、秘魯、哥倫比亞和美國。他們是來自阿根廷的普雷維什（Raúl Prebisch）和歐唐奈（Guillermo O'Donnell）、哥倫比亞的法爾斯—博達（Orlando Fals-Borda）和艾斯科巴（Arturo Escobar）、秘魯歷史學家巴薩德雷（Jorge Basadre）、德裔跨界大師赫緒曼（Albert O. Hirschman）。儘管六位學者各自研究領域有所區別，但是具有一個共同特徵，即他們能夠立足拉美地區的當地情況與特點，獨樹一幟，創出了有別於主流的理論。

　　更為重要的是，面對拉美當地出現的社會、經濟和政治等方面的各種問題，這些獨創的理論往往都能很好地做出滿意解釋。基於此，作者在介紹上述六位學者的理論之後，又有一部分，專門通過應用相關理論進行案例的具體分析。

　　正如作者所介紹的那樣，跨界大師赫緒曼的貢獻（跨界大師赫緒曼），不僅限於發展經濟學或政治經濟學，在整個社會科學界都有其不可磨滅的地位，而且也著述頗多。《經濟發展策略》（*The Strategy of Economic Development*）、《邁向進步之旅》（*Journeys toward Progress*）和《發展計畫之考察》（*Development Projects Observed*），被巴西學者邊治稱為「赫氏拉美發展三部曲」。

　　除此之外，赫緒曼還提出了許多經濟學概念和原理，包括不平衡發展理論、基尼係數、赫芬達爾－赫緒曼指數、隧道效應、涓滴效應等。

　　根據赫緒曼德理論，作者在具體分析2019年的智利社會動盪原因時指出，「訪問經濟學家症候群」是政治根源；經濟根源則可以很好地透過涓滴效應得以證實；隧道效應則能夠解釋動盪的社會根源，即人們自身「相對收入」（relative income）與「參照收入」（reference income）之差，會使人產生「相對剝奪感」（relative deprivation），對幸福感產生間接效應。因此，在缺乏基本的社會安全體系情況下，徹底私有化的健保醫療與退休金體制，使得民眾無法負擔相對昂貴的醫療費用，退休族的年金收入也難以維持生活，加上教育費用昂貴，龐大的中下階層群眾陷入「舉債度日」的惡性循環。在沒有感受到經濟改革成效之時，「貧富差距導致的憤怒終於爆發」。

　　另一位來自阿根廷的學者是經濟學家普雷維什（發展經濟學大師普雷維什），在1950年發表的《拉丁美洲的經濟發展及其主要問題》（*Economic Development of Latin America and Its Principal Problems*）報告中，以拉丁美洲發展中國家為基礎，提出「中心」（centre）與「邊陲」（periphery）概念，成為結構主義（Structuralism）發展經濟學及「依賴理論」（dependence theory）的核心理論架構，稱為發展經濟學中的重要發展理論之一。

　　根據該理論，在拉美地區，拉美經委會推出了進口替代工業化（Import-Substitution Industrialization, ISI）戰略。但是，在面對當地市場規模較小以及經濟發展程度不同的情況下，各國之間需要透過區域整合，才能形成較大的規模經濟。因此，普雷維什推動成立受保護的地區市場（regional market），希望藉此充分發揮規模經濟優勢，促進整個地區經濟成長，降低對美國及歐洲的進口依賴。

　　遺憾的是，普雷維什提出的拉美一體化思想以及由此發揮規模經濟的優勢，即使到了2000年之後，當時全球獨大的美國，都無法實現美州大陸自貿區的願望。

　　在〈政治學大師葉爾莫・歐唐奈（Guillermo O'Donnell）〉一章中，具

體介紹了歐唐奈在面臨主流民主化理論的挑戰下，建構了一個全新政治轉型理論，並且指出了新型民主政體的病理。

從拉美1960年代以來實際政治發展的角度出發，歐唐奈認為，工業現代化相對發達的拉美國家，特別是阿根廷與巴西，在經濟發展到一定程度後，不僅民主體制愈來愈不穩定，甚至反倒催生了以軍人與技術官僚主導的「官僚威權體制」。這種現象，與當時占據政治發展理論主流的「現代化理論」（modernization theory）之間，明顯存在矛盾。

在《不穩定民主的初步結論》著作中，歐唐奈強調了菁英互動在政治轉型的重要性，希望人們相信威權政府垮台是可能的，但同時也提醒威權時期結束後「不必然會朝向民主體制發展，而是可能出現威權反撲、革命、或混合政權」。在那些國家執行能力低落、法治不彰的「棕色地帶」，執政者往往「徒有民主之名，卻無民主之實，對於民主政治運作的存續有負面影響」。

而其中提到的「委任式民主的政府體制」，行政部門往往有集權的傾向，甚至可說是國家的人形化身。由於總統不願與國會溝通協商，往往透過行政命令方式推動政府運轉，架空了法院和國會，使它們完全無法對於行政權進行有效制衡。這一點，無疑具有較強的現實意義，在拉美不少國家，左派政府透過民選方式上台之後，往往會出現集權，使得民主整體重新回歸威權時期，甚至有可能惡化成為「不自由民主體制」。

該章作者透過對薩爾瓦多現政府的分析，使得歐唐奈的不穩定民主理論得到了證實。首先，布克雷（Nayib Bukele）政府試圖凌駕立法機關與司法機關的制衡，恣意擴張行政權限，破壞歐唐奈所提「橫向課責機制」。除了挑戰法院的裁決之外，他還運用執政黨在國會的多數優勢，撤換司法人員。

在破壞橫向課責機制的同時，布克雷政府還透過打壓媒體與公民社會發展的方式，試圖破壞縱向課責制衡機制。

在其執政兩年多的時間裡，多次出現荒腔走板的憲政爭議，特別是利用執政黨在國會占多數的優勢強行修法，架空司法體系的監督權力，使橫向制衡機制蕩然無存，成為名副其實的委任式民主體制。2021年9月，薩國最高

法院推翻2014年關於「總統在卸任十年之後才能競選連任」的裁決，對總統選舉制度實行了重大變革，並有可能會讓薩爾瓦多委任式民主的型態得以延續。

作為社會學家，法爾斯—博達的主要學術貢獻，在於他提出「參與行動研究」，即書中簡稱為PAR的社會發展機制（第三章社會學大師奧蘭多·法爾斯—博達（Orlando Fals-Borda）「做一門對人民有用的科學」）。根據本章作者的介紹，PAR是一個可以很好將「社會理論」與「政治實踐」二者相結合的「知識生產協作機制」，從而使得「群眾力量」（popular power）轉換成「參與發展」（participant development）的「內生倡議」。其透過在實際中的貫徹，解放知識和政治權力，創造邊緣群體與受壓迫者形成足以抗衡與反抗衡的力量，從而將他們納入推動社會轉型的方向。

對於拉美學者和實踐者來說，PAR機制的推行，可以逐漸培養自身對社會的觀察能力，並做出相應的推論。這將引導全球南方的知識分子走向獨立研究，並由此成為內部觀察者和行動者，更全面地掌握自己研究與發展的方式及手段。他主張回歸到「本土脈絡」，正視社會底層的生活處境和日常問題。

PAR作為一套理論和實踐性研究方法，透過在哥倫比亞多個市鎮及墨西哥原住民社區的調查，證實它「有助改變社會和經濟結構並促成社會轉型」，為全球南方地區提供了如何看待自身現實和發展處境的視角與突破策略，進而有可能催生出「反制新自由主義和全球化的替代發展策略」。

在〈人類學大師阿圖羅·艾斯科巴（Arturo Escobar）〉一章中，作者將艾斯科巴稱為當代相當活躍的人類學學者，其主要的研究區域為南美洲，研究的議題橫跨對發展主義批判與反思、拉丁美洲的原住民運動、本體論轉向與多元宇宙的討論、政治生態學等。

根據艾斯科巴的研究，第二次世界大戰之後，在第三世界國家流行的各種發展主義模式，具有共同的基礎，即西方社會屬於發達國家，其他的屬於欠發達地區，這些欠發達國家都應以發達國家為榜樣，效法他們的政策和發展腳步，最終必能「趕上這些西方國度擠身於已開發國家之林」。正是這種

「以資本主義和發展擴張爲主要目的的單一世界模式」，使得艾斯科巴開始對發展主義進行反思與批判，並由此提出多元宇宙（Pluriverse）概念，試圖從本體論的層次上，找到一套可以讓拉丁美洲從西方知識體系中解放出來的可能途徑。

艾斯科巴利用綠色革命作爲一個實例，講述了以單一世界模式爲目標的發展主義，如何在拉美地區無法獲得成功。當時推出的依賴機耕、改良種子和大量使用化肥的綠色革命，在拉美這個地區，卻碰到了單塊耕地面積小且零碎、農民無法承擔購置良種和化肥成本的難題，使得這個計畫在當地無法實施。

在具體實際中，艾斯科巴主張美好生活（Buen Vivir）運動。他強調人與人、人與自然之間的和諧，這與資本主義以及發展主義中「人定勝天」的概念不同。這是因爲，自然資源一旦被人類標上價格的時候，也就等於暗示了人類擁有這些自然資源。但是，美好生活運動並非拋棄市場經濟，而只是強調市場經濟造成的惡果。

因此，如果要充分發揮市場經濟優勢，世界必須要調整一些行爲模式，才眞正能夠追求到一個全人類集體的美好生活。比如說，即便近期許多企業在販售商品時都強調自己產品是低碳足跡、低環境汙染，但是，如果人們因爲這些因素而購入了更多的商品，則加總起來的話，對於地球的傷害也未必就會比較低。因此，避免無限制地擴張和競逐利潤，有效率地利用資源而非無止盡地榨取，才是人類可以和自然共存的路徑。從這個意義上來講，美好生活運動似乎與當前流行的迴圈經濟理論相吻合。

〈歷史學大師豪爾赫·巴薩德雷（Jorge Basadre）〉一章，作者介紹了被譽爲秘魯現代史學之父的豪爾赫·巴薩德雷。

根據作者的敘述，巴薩德雷的史學理論，可以透過三組概念得到解釋。第一，深層國家（el país profundo）和法定國家（el país legal）；第二，秘魯的可能性（Perúposible）和秘魯問題（Perúproblema）；第三，秘魯的許諾（la promesa del Perú）。

在他早期的《秘魯歷史中的群眾、城市與鄉村》（*La Multitud, la*

*Ciudad y el Campo en la Historia del Perú*, 1929）一書中，巴薩德雷就已經將大眾、底層階級（subaltern class）帶進歷史分析。這種研究方法，遙遙領先了1970年代與1980年代的新社會史風潮。

　　根據巴薩德雷的史學理論，可以更好地梳理各國歷史過程當中對於原居民侵害的問題。智利前總統巴舍萊更在2017年6月23日，正式向該國最大的原住民族群——馬普切族（Mapuche）道歉。墨西哥總統洛佩斯在其上台之日，就在憲法廣場舉行儀式，接受原居民以及非洲裔所贈送的「犁杖」。因此，原住民族在拉美各國的「深層國家」中所扮演的角色，究竟是「問題」還是「可能性」？他們與統治菁英的關係為何？國家要朝向什麼樣的未來？歷史與記憶在其中扮演什麼角色？都依然是拉美各國在創立200年後持續思考的問題。

　　綜上所述，這部著作透過介紹拉美研究的六位大師以及他們各自創立的理論，為人們對拉美將來的研究，提供了一個全新的視窗和視角。在此，對向教授的研究成果，表述衷心祝賀，並且也同時希望，這部著作能夠讓我們更好地瞭解拉美。

劉學東
墨西哥國立自治大學終身教授

　　對後發展主義、政治生態學的研究者而言，**阿圖羅・艾斯科巴（Arturo Escobar）**的著作是重要參考，他對拉丁美洲的紮實觀察，讓我們體會了西方世界如何在有意無意之間影響其他世界永續之路的選項；同時，他又引導我們尋找世界多元的可能性。因為艾斯科巴的著作幾乎沒被翻譯成中文，過去華語學術界的影響力遠不及英語世界。透過卓浩右博士的介紹，我們認識了艾斯科巴的學術發展之路，特別是他在跨領域、跨地域遊走，體察到發展機構的官僚體系及以成長為主導的思考。從發展到政治生態的探問，艾斯科巴批判著從上而下進行發展的行為，也提醒我們多元宇宙的存在，思考上不必停留在對單一發展路徑的嚮往。透過本文清晰易懂的介紹，讀者能在短時間內掌握全球發展主義的影響及全球一地方的權力關係，也能把艾斯科巴的影響力置於更大的脈絡裡思考，反思拉丁美洲近代的位置和轉變。

鄭肇祺

國立台東大學文化資源與休閒產業學系副教授

　　當北美的社會學界還在糾結於「專業社會學」、「政策社會學」、「批判社會學」、「公共社會學」等各種社會學的分類與邊界問題，從漫長的殖民史與強韌的社會運動中脫胎而出的拉美社會學其實早有另一番風貌。其中，創立了拉美第一個社會學系的**奧蘭多・法爾斯—博達（Orlando Fals-Borda）**是極具原創貢獻與影響力的一位。黃富娟教授這篇文章細緻梳理了法爾斯—博達的知識發展歷程，介紹了「參與行動研究」的內涵、案例並評

估其貢獻，對向來不熟悉拉美的台灣社會學界而言極有意義。法爾斯—博達倡議的「參與行動研究」是一種知識民主理論，主張結合受壓迫群體，推動「研究、教育、行動」一體的協作性知識生產，並藉此達到解殖與自主。這套知識方案試圖超越傳統左右翼的分野，從分權、民眾參與、「人民力量」的角度，讓既有的政治經濟體制更徹底地民主化。他的研究與行動是更廣泛的「解殖社會學」（decolonial sociology）、「（全球）南方認識論」的一環，值得深入挖掘與反思。

萬毓澤

國立中山大學社會學系教授

對台灣讀者而言，拉美史學相對陌生，透過褚縈瑩教授的剖析，卻會發覺其中課題之切身。20世紀上半葉，**豪爾赫・巴薩德雷（Jorge Basadre）**提出「法定國家—深層國家」概念，以動態、相異、共同追求的歷史進程，思考秘魯國族，正與我們熟悉的東亞處於同一歷史轉折：錢穆從傳統文化有機整體，探討中國政治轉型；丸山眞男批判理論對現實之化約，思索日本天皇制國體。面對近代西方體制之移植，世界不同角落的史家，對「國家」與共同體之形成，其簡化與可能性，均提出深刻思考，足可相參。同時，本文進一步以秘魯內戰中原住民傷痛，連結當代課題，提醒讀者，轉型正義不惟調查歷史真相、檢討人權侵害、尋求社會和解，更關於從彼時到今日，漫長的共同體許諾之路上，內部種種差異之反思。作為他山之石，同樣在這條道路上摸索前行的台灣，當能從秘魯得到許多啟發。

林易澄

國立台灣大學歷史學博士

　　吉葉爾莫‧歐唐奈（**Guillermo O'Donnell**）是比較政治學界的大師，他提出的「官僚威權主義」挑戰了當時主流的「現代化理論」，成爲理解20世紀中葉後拉丁美洲政治發展的重要基礎，他對於民主轉型的理論發展——包括委任式民主與橫向課責——也有創新性的貢獻。本文第一作者蘇彥斌教授是國內首屈一指的拉丁美洲研究專家，他與兩位學生——徐靖淳和蔡維廷——在文中回顧了歐唐奈的生平經歷與學術貢獻，勾勒出這位熱情、入世、又充滿洞見的學者的一生，並應用其學說來解釋當前薩爾瓦多在布克雷政府執政下的濫權統治，如何破壞橫向課責而淪爲委任式民主。本文呈現了歐唐奈跨時代的學術影響，以及他爲比較政治學界所樹立的一代學人典型，非常值得有志從事比較政治與拉丁美洲政治研究的學子研讀。

吳文欽

中央研究院政治學研究所副研究員

# 目　錄

推薦序I ／ 馮毅　　　　　　　　　　　　　　　　　　　　　I

推薦序II ／ 劉學東　　　　　　　　　　　　　　　　　　　III

各界專文推薦　　　　　　　　　　　　　　　　　　　　　IX

導論 ／ 向駿、蘇彥斌　　　　　　　　　　　　　　　　　　1

第一章　跨界大師阿爾伯特‧赫緒曼（**Albert O. Hirschman**）
　　　　／ 向駿　　　　　　　　　　　　　　　　　　　　7

　　第一部分　赫緒曼其人其事　　　　　　　　　　　　　7

　　第二部分　案例研究：赫緒曼視角下的智利政經發展
　　　　　　　（2019～2022年）　　　　　　　　　　　24

第二章　人類學大師阿圖羅‧艾斯科巴（**Arturo Escobar**）
　　　　／ 卓浩右　　　　　　　　　　　　　　　　　　45

　　第一部分　艾斯科巴其人其事　　　　　　　　　　　45

　　第二部分　案例研究：拉丁美洲原住民Buen Vivir社會運動　65

第三章　社會學大師奧蘭多‧法爾斯—博達（**Orlando**
　　　　**Fals-Borda**）／ 黃富娟　　　　　　　　　　　73

　　第一部分　法爾斯—博達其人其事　　　　　　　　　73

　　第二部分　案例研究：哥倫比亞的「拉洛斯卡」經驗　103

第四章　發展經濟學大師勞爾‧普雷維什（**Raúl Prebisch**）
　　　　／ 楊建平　　　　　　　　　　　　　　　　　115

　　第一部分　普雷維什其人其事　　　　　　　　　　115

第二部分　案例研究：普雷維什領導之拉美經委會與
　　　　　　拉丁美洲區域整合發展　　　　　　　　　　127

第五章　歷史學大師豪爾赫・巴薩德雷（Jorge Basadre）
　　　　／褚縈瑩　　　　　　　　　　　　　　　　　145

第一部分　巴薩德雷其人其事　　　　　　　　　　　145

第二部分　案例研究：秘魯內戰的眞相調查與和解
　　　　　（1980～2003年）　　　　　　　　　　　158

第六章　政治學大師吉葉爾莫・歐唐奈（Guillermo
　　　　O'Donnell）／蘇彥斌、徐靖淳、蔡維廷　　　177

第一部分　歐唐奈其人其事　　　　　　　　　　　177

第二部分　案例研究：薩爾瓦多的委任式民主　　　195

# 導　論

拉丁美洲是一個集各種對比、矛盾現象於一身的區域，其人文地景（human landscape）繽紛複雜，人文底蘊也深厚豐富。然而，目前在台灣學界介紹拉美人文學術的著作並不多，也因此促成了出版本書的動機。本書計六章，分別針對影響全球人文與社會科學界甚鉅的拉美大師級學者進行探討，各章順序依各章作者姓氏筆畫由少至多排序。本書各章皆有類似的結構，在第一部分針對大師的生平背景與學說進行介紹，第二部分則以他們的學說為基礎，提供實例探討。有別於一般的拉美「科普」入門著作，本書希望能以較為深入的角度，為台灣讀者引介具有拉美本土性格，但又影響國際學術界的人社思想。

首先，在第一章〈跨界大師阿爾伯特・赫緒曼（Albert O. Hirschman）〉，向駿教授先簡要討論赫緒曼的學術成就及其在政治經濟學領域的重要地位，接著爬梳赫緒曼於多個不同文化背景的國家任職與執行研究的背景，說明其跨學科的方法與具現實關懷的學術思想從何而起。同時，向教授介紹赫緒曼的重要學術著作，包括闡述發展中國家政治經濟發展過程的《拉美發展三部曲》、提出「市場集中度」測量指標的《國家實力與國際貿易的結構》、描繪組織與國家衰退過程的《退出、呼籲與忠誠：對企業、組織和國家衰退的回應》；最後，向教授描述赫緒曼對促進拉美社會科學研究所投入的心力，以及其思想對學界乃至政界的影響。

在第一章的第二部分，向教授以赫緒曼的理論為基礎，說明智利自1970年代以來，政治、經濟，以及社會等面向發展不穩定的根源。在政治發展方面，向教授指出2019年10月於智利首都發生的反政府示威，肇因於赫緒曼提出的訪問經濟學家症候群。確切而言，自1973年政變後，芝加哥學派經濟學

者在未詳細評估智利本土脈絡的狀況下，強行引入新自由主義經濟發展模式，使得智利的不平等持續惡化，進而引發高強度的抗爭事件。在經濟發展方面，向教授認為新自由主義宣稱的涓滴效應並未在智利實現，自由市場並未改善弱勢階層的困境，使得智利成為拉丁美洲地區貧富差距最大的國家。在社會發展方面，向教授主張赫緒曼的隧道效應有助於解釋智利動亂頻繁的原因。亦即，智利人民所期待的經濟發展成果並未實現，取而代之的反倒是嚴重的貧富落差與不完整的社會福利體系，使智利人民產生強烈的剝奪感與不滿，並選擇走上街頭表達抗議。總的來說，赫緒曼強調在地脈絡與文化差異的理論觀點，有助於我們理解拉丁美洲的發展困境。而智利在2021年總統大選政權輪替後，新上任的總統將採取何種策略改善該國長期積累的貧富差距與政治動盪，值得密切關注。

在第二章〈人類學大師阿圖羅・艾斯科巴（Arturo Escobar）〉，卓浩右博士首先從艾斯科巴的生命背景談起，揭示於深受發展主義影響的哥倫比亞成長、於爭執發展主義成效的時代求學的經歷，使艾斯科巴的學術關懷凝聚於追尋拉丁美洲在依循發展之外的可能性。艾斯科巴早期的學術生涯致力於剖析發展主義的本質，並主張發展主義論述的本質是將第三世界納入以西方強權為中心所建構的單一科學知識體系，透過此體系中的標準單方指認第三世界面臨的問題，進而在忽略本土脈絡的狀況下，主導第三世界國家的發展途徑。除了批判發展主義，艾斯科巴更積極地思索拉丁美洲在發展之外的其他可能途徑，並在受拉丁美洲原住民族社會運動的影響下，提出多元宇宙的概念，嘗試刻劃多元的世界體系。延續多元宇宙的討論，艾斯科巴認為人與非人物種之間的關係不應僅限於資本主義傳統中的榨取／剝削，同時可能以不同的形式存在，並以「關係式本體論」的概念來描述此種對於關係的多元想像。最後，艾斯科巴提出政治生態學的討論，指出自然的概念事實上是西方文化建構的產物，並強調在面對當今的生態危機時，需要跳脫以人類為中心的論述典範，重新構築人與生態的關係。

在案例分析的部分，卓浩右博士以拉丁美洲原住民族發起的打造「美好生活」（Buen Vivir）運動為例，論述艾斯科巴的理論觀點如何幫助我們理

解拉丁美洲的政治經濟變化。不同於支配自然資源的資本主義思維，Buen Vivir重視人與自然的和諧共存，主張人不應無止盡地掠奪自然資源，取而代之的是建立與自然的互惠關係。此一觀點與艾斯科巴所提出關係式本體論與多元宇宙不謀而合，亦即在重新理解與其他物種的關係後，第三世界國家將能擺脫單一體系的束縛，走出發展之外的其他道路。整體而言，艾斯科巴的理論觀點深具啓發性，使我們得以從不同的視角理解發展中國家的處境。

在第三章〈社會學大師奧蘭多・法爾斯—博達（Orlando Fals-Borda）〉，黃富娟教授聚焦討論法爾斯—博達「參與行動研究」（簡稱PAR）的概念，主張受壓迫者應覺察其受壓迫的情境，並透過賦權方式，建構一套政治社會思想，進而催化集體行動，推翻受壓迫的既有結構，達成社會轉型。法爾斯—博達強調要打破西方殖民主義，以及政治菁英與知識分子掌握的權力結構，必須從破除知識的壟斷性出發。法爾斯—博達對於「知識」概念提出不同的見解，認爲知識應該要回歸到生活本身，才能夠瞭解社會底層的困境與問題，這樣的知識建構是立基於壓迫者與邊緣群體的生活經驗。因此，PAR的核心精神爲：受壓迫者賦權、社會思想過程、實踐行動，對於南方國家如何打破既有殖民母國與殖民地之間不對等的知識與權力結構，提供了一套催生「人民知識」的方法，來擴展多元認識論的知識生產，以重構南方國家發展的本體論，進而挑戰並超越西方國家主導的發展主義。

關於法爾斯—博達學說的案例研究，黃富娟教授指出PAR的具體實踐之一，爲1972年博達與一群知識分子組成的「拉洛斯卡」，他們於哥倫比亞的科爾多瓦（Córdoba）和蘇克雷（Sucre）兩省分考察當地的農民土地抗爭。他們尋求與在地的草根團體，諸如農民組織與地方研究中心進行合作，透過訪談當地的長老、重建歷史記憶的方式，讓人民能夠逐步瞭解過去殖民時代與全球化下所形成的被壓迫結構，進而建立其自我認同與覺醒意識。另外，特哈達港也是哥倫比亞當地一則運用PAR的成功案例，1981年的「占領土地運動」起因於當地的黑人居民覺察過往被不正義占領土地的記憶，覺察的同時，透過討論與交流該運動的道德性，強化其集體行動的正當性，最終透過讓政府理解過往歷史，解決了當時爭議的土地與居住問題，甚至在當地

掀起了「新文化運動」。

在第四章〈發展經濟學大師勞爾‧普雷維什（Raúl Prebisch）〉，楊建平教授在第一部分首先指出普雷維什在其學術界的卓越成就，接著簡述普雷維什生涯各階段的工作經歷，並討論普雷維什的學術貢獻，及其思想對後續經濟發展研究的啟發。確切而言，普雷維什將世界經濟體系區分成「邊陲—中心」的二元結構，以此描述國際產業分工的狀況，並說明為何已開發國家與開發中國家的發展速度存在落差。此一概念隨後亦成為依賴理論、世界體系理論等解釋發展中國家發展進程的重要理論的基礎。

本章的案例研究透過對於拉美區域整合的探討，理解普雷維什的理論主張。普雷維什的學說認為，進口替代工業化與區域整合是改善拉丁美洲地區國家經濟發展的有效方法。具體而言，推動進口替代工業化有助於降低對已開發國家的貿易依賴，修正不平衡的貿易關係，而區域整合將能擴大拉丁美洲內部的市場規模，為發展工業奠定基礎。接著，楊建平教授將拉丁美洲地區的區域整合區分成兩個階段，分別為自1960年代起以建立共同市場為目標之區域整合進程，以及1990年代展開新一波「開放型區域主義」（open regionalism）區域整合行動。第一波區域整合的開展，始於由六個南美洲國家於1960年所簽訂的《1960年蒙特維多協定》（*Treaty of Montevideo of 1960*），階段性目標是建立具保護主義的拉丁美洲地區自由貿易區。然而，由於拉美各國內部條件存在差異，且部分國家對區域整合抱持懷疑的態度，使得區域整合目標轉往次區域共同市場。1990年代在經濟全球化的背景下，拉美各國的整合策略採取開放區域主義，目的在於透過建立跨地區的經濟整合組織，期望在推動區域內互利合作的同時，能深化與區域外國家的貿易往來。整體而言，普雷維什積極推行的拉丁美洲區域整合對該地區的經濟發展具有深遠影響。近年來，拉丁美洲國家的經濟發展方向漸趨多元，積極投入跨地區的經濟整合，使該地區在全球市場扮演愈來愈重要的角色。

在第五章〈歷史學大師豪爾赫‧巴薩德雷（Jorge Basadre）〉，褚縈瑩教授認為巴薩德雷學說的重要性在於他對於秘魯當代歷史想像的建立。首先，巴薩德雷提出「法定國家」與「深層國家」這一組概念，前者指涉政

府治理的機能，後者則是與認同、情感層面有關，藉此批判政治菁英對於深層國家該概念在建構上的長期忽視。巴薩德雷對於秘魯歷史的關注不僅在該國的歷史本身（history in Peru），更是關乎秘魯國族的歷史（history for Peru）。因此，巴薩德雷所提出的理論主張，與啓蒙運動下生成的歐洲中心歷史主義（historicism）形成一種截然不同的對照，歐洲中心歷史主義主張人類會持續追求進步以及潛能的全能發揮，是種主張歷史進步的論調，故將秘魯發展的歷史視爲該國家經常錯失發展的機會。這樣的理論視角缺乏對於秘魯本身作爲主體的關懷，相對地，巴薩德雷的史觀則是認爲歷史是過去與現在個體的自我認同。

　　本篇文章的案例研究透過對於秘魯的眞相調查與和解，瞭解巴薩德雷的理論精神。1980年，秘魯擺脫軍事政權，卻迎來了左翼游擊隊與政府軍之間的內戰。1983年發生了烏坵拉凱（Uchurracay）屠殺，當時的總統費爾南多‧貝朗德‧特里在事件發生後成立調查委員會進行調查，委員會成員之一的尤薩卻誤用了「法定國家」與「深層國家」的概念，將事件成因導向烏坵拉凱村民隔離於主流社會，故未能夠接受現代國家的法令典則導致，將安地斯山區標籤化爲仍待現代化的「深層國家」。2001年秘魯成立秘魯眞相與和解委員會，委員會主席勒納看待眞相調查的目的，爲促成秘魯人民的相互理解，尤其在內戰中的受害者有大半是社會上最不具有發言權的人，因此眞相與和解委員會巡訪全國，蒐集受害者、家屬以及村落領袖的證詞，同時舉辦多場公聽會讓公民參與其中，目的不只是呈現事實，而是讓秘魯的人民能夠瞭解眞相，呼應了巴薩德雷的「秘魯許諾」的概念，間接幫助秘魯公民記得與正視那些過去曾發生，卻曾經被忽略的歷史記憶，進而重塑該族群的共同未來。

　　在第六章〈政治學大師吉葉爾莫‧歐唐奈（Guillermo O'Donnell）〉，蘇彥斌教授在第一部分簡介歐唐奈的學思歷程，並探討歐唐奈對於比較政治學界的理論貢獻。歐唐奈在1972年於政治學界的初試啼聲，提出了「官僚威權主義」的概念，挑戰了當時主流用於解釋民主化的現代化理論。官僚威權主義理論的建構，主要來自於拉丁美洲在民主轉型過程中面臨的困境，例

如統治權掌握於軍人與技術官僚，造成群眾參與不足。其次，歐唐奈與其研究團隊在歷經了多年的討論與合作，於1986年順利出版一系列關於威權統治轉型的四本專書，歐唐奈在其中一本專書中主張政體轉型的關鍵是菁英的互動過程，認為威權體制的轉型必然始於統治菁英集團內部的分裂。在1990年代，歐唐奈提出「委任式民主」（delegative democracy）與「橫向課責機制」（horizontal accountability）等理論概念，對於當時學界認為民主化後將會走向「民主鞏固」的線性發展，提出深刻批判。具體來說，委任式民主的意涵為一種徒有定期選舉課責，卻缺乏橫向機關之間相互監督與制衡的政體，統治者逕以行政命令通過偏好的政策，架空了立法與司法兩權，使得政府最終走向集權化。這樣的現象也可能因為人民對於統治者治理方式的認同，而繼續延續，進而不利於一個國家的民主發展。

　　歐唐納提出的理論之所以廣為關注，正是因為能夠深刻反映拉丁美洲國家在民主轉型後無法順利調適的現象。本篇文章的案例研究討論為薩爾瓦多近期的政治情勢，在內戰結束後，把持執政權二十多年的兩大政黨因未能回應選民的需求，使布克雷（Nayib Bukele）得以政治素人之姿上台。然而，布克雷就任後，便引發多起憲政爭議，例如限縮人民取得政府公開資訊的權利；為了讓國會順利通過政府預算，布克雷指示武裝部隊陪同監督國會投票；布克雷甚至利用國會多數席次的優勢，撤換宣告政府違憲與貪腐的法官。綜言之，歐唐奈委任式民主概念，頗為適合用來描述與分析布克雷政府的行為。

　　本書所探討的大師橫跨不同的人文社會專業領域，包括人類學、歷史學、社會學、發展經濟學與政治學，體現本書的企圖心。各章的行文結構類似，為讀者提供大師的學思背景與理論學說，也利用案例研究說明大師的理論不僅僅是抽象的思考練習，而是能用來分析實際歷史案例的有用工具。

# 第一章　跨界大師阿爾伯特·赫緒曼（Albert O. Hirschman）[*]

向駿

## 第一部分　赫緒曼其人其事

### 一、大師挑選

　　2012年12月10日跨界大師赫緒曼（Albert O. Hirschman）於美國紐澤西州幽蔭鎮（Ewing Township）綠林安養院（Greenwood House）辭世後，《經濟學人》（*The Economist*）在紀念他的專文中問到：「赫緒曼為什麼沒有獲得諾貝爾經濟學獎呢？」[1]為了紀念這位偉大的學者，普林斯頓大學於2013年3月出版了《入世哲學家：阿爾伯特·赫希曼的奧德賽之旅》（*Worldly Philosopher: the Odyssey of Albert O. Hirschman*）。該書作者普林斯頓大學拉丁美洲史學家阿爾德曼（Jeremy Adelman）教授認為赫緒曼是「第一位真正的全球知識分子」（the first truly global intellectual）；[2]美洲開發銀行（Inter-American Development Bank, IDB）策略規劃部首席經濟學家梅西亞（Francisco Mejía）認為「赫緒曼是近50年來影響最大的發展經濟學家」；[3]日裔學者福山（Francis Fukuyama）認為「他遺留的不是資料的蒐集或微觀的

---

[*]　Albert O. Hirschman在台灣翻譯成赫緒曼或侯契曼，大陸翻譯成赫希曼。本文採用赫緒曼。赫緒曼生平部分摘自向駿、楊建平，2014年12月，〈政治經濟學家赫緒曼對拉丁美洲的貢獻〉，《國際政治與經濟論叢》，第2期，第115-142頁。

[1]　Schumpeter, "Exit Albert Hirschman: A Great Lateral Thinker Died on December 10th," *The Economist*, December 22, 2012, available at: http://www.economist.com/news/business/21568708-great-lateral-thinker-died-december-10th-exit-albert-hirschman.

[2]　Jeremy Adelman, *Worldly Philosopher: the Odyssey of Albert O. Hirschman* (Princeton: Princeton University Press, 2013), p. 3; 賈擁民譯，傑里米·阿德爾曼原著，《入世哲學家：阿爾伯特·赫希曼的奧德賽之旅》（北京：中信出版社，2016年）。

[3]　Francisco Mejía, "Albert Hirschman and Colombia," December 12, 2013, available at: http://blogs.iadb.org/desarrolloefectivo_en/2012/12/12/albert-hirschman-and-colombia/.

成果，而是持續形塑我們思考方式的偉大觀念（big concepts）」；[4]《美國視野》（*The American Prospect*）共同創辦人孔特納（Robert Kuttner）認為「赫緒曼是21世紀極少數社會科學家其作品堪稱歷久彌新的」。[5]

北京大學中國經濟研究中心汪丁丁教授認為：「諾貝爾獎錯過了赫緒曼，這是諾貝爾委員會的遺憾。在赫緒曼獲得的許多其他獎項裡，有一項被親切地稱為『Albie』，授獎的唯一理由是：不論專著或雜誌隨筆，這些文字的特徵在於，讀者只要讀了，就不可能再用以前的眼光看世界。」[6]復旦大學經濟學教授韋森指出：「與其他跨學科的偉大思想家和知識分子不同，赫緒曼一生的坎坷而又輝煌學術探討和著述的經歷有以下幾個特點：（一）赫緒曼更多地是從身臨其境的現實觀察，而不是從宏大的理論推理和邏輯敘事來論述人類社會運行和演變一些基本原理；（二）與其他一些思想家更多地在西方大學中教書和做研究相比，赫緒曼一生坎坷和從事過多種職業，更多地是參與到現實社會實踐而進行觀察和思考，因而被這位傳記的作者稱作為『worldly philosopher』（這個片語在中文語境中可被理解為『俗世的哲學家』、『入世的哲學家』和『現實世界的哲學家』）；（三）赫緒曼早年離鄉背井、歷經磨難、漂泊無根、居住過許多國家且中年和晚年在數所著名大學執教和做研究，使他不會屬於任何一個單一的文化傳統、學術流派，甚至不屬於任何一個民族或國家，而是一位真正意義上的全球化的知識分子。」[7]

儘管「赫緒曼從未獲得諾貝爾經濟學獎，但其著作確引領政治經濟學成為美國社會科學界的顯學。他雖不享受教學，但他卻深遠地影響了兩個世代的學生，特別是對拉丁美洲發展感興趣的學生，一定能從其著作中有

---

4　Francis Fukuyama, 2013, "Albert O. Hirschman, 1915-2012," *The American Interest*, Vol. 8, Issue 4, pp. 93-95.

5　Robert Kuttner, "Rediscovering Albert Hirschman," *The American Prospect*, May 16, 2013, available at: http://prospect.org/article/rediscovering-albert-hirschman.

6　汪丁丁，〈穿越邊界的思想者〉，《新世紀週刊》，2012年12月23日，http://wang-dingding.blog.sohu.com/252913765.html。

7　韋森，〈序一現世政治：經濟學家赫希曼的思想之旅〉，載於賈擁民譯，傑里米・阿德爾曼原著，《入世哲學家：阿爾伯特・赫希曼的奧德賽之旅》，第II頁。

所獲益，〔因為〕那正是他這輩子最關注的地區」。[8]赫緒曼因呼籲拉丁美洲經濟發展所持的進步改革立場，被圈內人士冠上「改革販子」（reform monger）的綽號。塔夫茨大學（Tufts University）國際政治學教授丹尼爾・德茨納（Daniel W. Drezner）認為：「正因赫緒曼是如此特殊，至少已有三本專書探討他的學術遺產。赫緒曼的作品是自亞當・斯密（Adam Smith）以降最純淨的政治經濟學範例。」[9]

赫緒曼的實證方法超越了一般的左／右派分類範疇，他致力於復興社會科學中的人文本質，將經濟學、政治學、社會學、心理學、歷史學和哲學重新聯繫起來。從諾貝爾經濟學家寇斯（Ronald Coase）的交易成本，到諾斯（Douglass North）的制度經濟學，乃至沈恩（Amartya Sen）的道德經濟學，其學術基因均可追溯到赫緒曼生前的研究。

赫緒曼很少做量化研究，但他卻能用非經濟學者也能輕易看懂的英文撰寫一系列書籍，他不受研究方法的拘束而能優游於社會科學的諸多重要領域，如政治學、經濟學或哲學，因此避開了一般學者常犯的「專業導致的學術貧乏」（specialization-induced intellectual poverty）。[10]儘管「專家」已被譏諷為「對愈來愈少的事情知道愈來愈多」的人，但「偉大的學者，卻能把深刻的道理，濃縮成人人可懂的簡潔標語。在當代人文社會科學家中，阿爾伯特・赫緒曼就是個佼佼者」。[11]《紐約客》雜誌撰稿人及暢銷作家格拉威爾（Malcolm Gladwell）指出：「赫緒曼所有的論證都不用數學公式或複雜的模型，他探討的主題雖是經濟學，但體現的卻是文學。」[12]以下介紹赫

---

[8]　Albert Fishlow, 2014, "Book Review on Worldly Philosopher: The Odyssey of Alberto O. Hirschman," *Foreign Affairs*, Vol. 93, No. 1, pp. 198-199.

[9]　Daniel W. Drezner, 2013, "The Purest Political Economist of Them All: Albert Hirschman's Legacy," *The Political Economist*, Vol. X, Issue 1, pp. 6-7, available at: https://penewsletter.org/assets/pdf_issues/S2013.pdf.

[10]　Fukuyama, "Albert O. Hirschman, 1915-2012."

[11]　林繼文，〈重溫近代政治社會思想史〉，《中國時報》，2002年9月22日，http://forums.chinatimes.com/report/2002book/book/translate/social/40910922.htm。

[12]　Malcolm Gladwell, "The Gift of Doubt: Albert O. Hirschman and the Power of Failure," *The New Yorker*, June 24, 2013.

緒曼生平。

## 二、生平簡介

　　赫緒曼1915年4月7日出生於德國柏林猶太中產階級家庭，1933年4月
1日參加完父親葬禮的次日，他逃到巴黎免遭納粹迫害，1935年獲得獎學
金至英國倫敦政治經濟學院（London School of Economics and Political
Science）進修。1936年7月西班牙內戰爆發後，赫緒曼為投入反對法西斯主
義運動，先至義大利求學，隨後前往巴塞隆納支持共和政府。1938年獲得
義大利的理雅斯特大學（Università degli Studi di Trieste）經濟學博士學位
後，至法國經濟社會研究所與國際知識合作學院擔任研究員。

　　1941年1月14日抵達美國紐約時，赫緒曼將原名Otto Albert Hirschmann
改為Albert Otto Hirschman。[13]隨後他獲得美國洛克斐勒基金會獎學金至加
州大學柏克萊分校（University of California at Berkeley）擔任國際經濟學研
究員，並很快結識了來自立陶宛和巴黎的富裕猶太商人家庭莎拉・夏皮羅
（Sarah Chapiro），於1941年6月22日在伯克萊市政廳舉行婚禮，二人結成
終老夫妻。

　　1943年赫緒曼加入美國陸軍後被派往北非，之後隨盟軍進攻義大
利因此獲得美國國籍。1945年10月8日至12日德國籍將軍陶斯勒（Alton
Dostler）受審的五天期間，赫緒曼坐在他旁邊擔任翻譯。關於他當時的反
應唯一有紀錄可查的是《紐約時報》的一句話：那位不知名的美國「傳譯員
必須把接受死刑翻譯給德國將軍時臉都白了。」[14]

　　1946年以士官退伍後，赫緒曼進入美國聯邦儲備委員會，以經濟專
家身分參與馬歇爾計畫，並成為西歐與大英國協區域主管（Chief of the

---

[13] William Yardley, "Albert Hirschman, Optimistic Economist, Dies at 97," *The New York Times*, De-
cember 23, 2012, available at: http://www.nytimes.com/2012/12/24/business/albert-o-hirschman-
economist-and-resistance-figure-dies-at-97.html.

[14] "An 'Interpreter Turned Pale as He had to Utter the Death Sentence' to the German General," *The
New York Times*, 1945：轉引自Jeremy Adelman, *Worldly Philosopher: the Odyssey of Albert O.
Hirschman*, p. 247。

Western European and British Commonwealth Section）。之後在經濟合作局（Economic Cooperation Administration, ECA）服務期間，赫緒曼強烈反對戰後的撙節計畫並主張開放市場，因此被認為同情共產主義而不見容於麥卡錫主義（McCarthyism），故未通過國家安全查核（national-security review）而於1951年離開聯邦政府。

1952年赫緒曼透過「世界銀行」研究計畫赴哥倫比亞國家規劃局（National Planning Board）擔任財務顧問，1954年至1956年在波哥大開設私人顧問公司。他在波哥大與家人共渡了一生中最愉快的四年，此後他多次重返拉丁美洲，「他在那裡學到的東西成為其最輝煌著作的原材料，他的質疑是天賦，而不是詛咒」。[15]

1956年赫緒曼應聘到美國耶魯大學擔任客座教授，1958年出版《經濟發展策略》（*The Strategy of Economic Development*），隨後改任哥倫比亞大學國際關係教授。[16]1964年至哈佛大學擔任政治經濟學教授，1974年升任李奈特（Lucius N. Littauer）政治經濟學講座教授。同年應聘擔任普林斯頓高等研究院教授，直到1985年退休。1990年及1995年他分別受邀參加智利總統艾爾文（Patricio Aylwin）和巴西總統卡多索（Fernando Henrique Cardoso）的就職典禮。[17]

## 三、理論概述

翻譯《入世哲學家：阿爾伯特‧赫緒曼的奧德賽之旅》的歷史學者賈敏相當貼切地形容：「赫緒曼更為在意的，乃是西方社會科學和人文研究領域，能夠最終接納他孜孜以求為之思考、實踐並熱情呼籲的那一連串如珍珠

---

[15] Malcolm Gladwell, "The Gift of Doubt: Albert O. Hirschman and the Power of Failure."

[16] Albert O. Hirschman, *The Strategy of Economic Development* (New Haven, Conn.: Yale University Press, 1958)。該書於1980年由WW Norton & Co.再版。台灣和大陸的三個中譯版本如下：徐育珠譯，《經濟發展策略》（台北：臺灣銀行經濟研究室，1974年）；汪賜曾、蔡來春譯，《經濟開發策略》（台北：協志工業叢書出版公司，1976年）；曹征海、潘照東譯，《經濟發展戰略》（北京：經濟科學出版社，1991年）。

[17] Justin Fox, "Exit, Voice," *The New York Times*, July 21, 2013, p. BR15.

般寶貴的小想法（petites idées）——可以用作『證明哈姆雷特最終是錯了的』的觀念小魔方，那些最貼切、最合適的詞語（mots justes），能夠巧妙地表述人類社會過去、當前，乃至未來諸多行為的趨向與未曾預料的後果，並在內心深處為之擊掌叫好。」[18] 以下介紹赫緒曼那些如珍珠般寶貴的著作和觀念。

1994年赫緒曼為《發展計畫之考察》（*Development Projects Observed*）再版撰寫以「隱藏的雄心」（A Hidden Ambition）為題的序言中表示，1966年該書完稿時，「我的感覺比往常還要強烈一些。原因在於我把這本書看作是我計畫中一個三部曲的最後一部，……這個三部曲的前兩部分別是1958年出版的《經濟發展策略》（*The Strategy of Economic Development*），在那本書中，我試圖解釋發展中國家經濟發展的基本過程；1963年出版的《邁向進步之旅》（*Journeys toward Progress*）則探究與發展中國家經濟發展對應的政治發展過程。」[19] 巴西學者邊治（Ana Maria Bianchi）將這三本書稱為「赫氏拉美發展三部曲」。[20] 本節依序探討三部曲。

## （一）三部曲之一：經濟發展策略

1956年至1957年赫緒曼應邀到耶魯大學擔任歐文・費雪（Irving Fisher）客座教授。基於在哥倫比亞多年的觀察和諮詢實踐，赫緒曼在這段時間撰寫了他的經典著作《經濟發展策略》。在這本發展經濟學里程碑式的著作中，赫緒曼不僅首次將「發展策略」運用於經濟學諸領域，還為發展經濟學奠定了「不均衡成長」（unbalanced growth）的理論基礎。他在這部著作中對政府計畫的發展提出了批評，他認為應把經濟發展的動力聚焦在「企業家」身上，而不是計畫者。這同時也構成了對「專家們」能力的強烈質

---

18 賈敏，〈拾起最貼切的詞語〉，《文匯報》，2017年5月12日。

19 Albert O. Hirschman, *Development Projects Observed* (Washington, D.C.: Brookings Institution Press, 1994), p. vii.

20 Ana Maria Bianchi, 2012, "Albert Hirschman in Latin America: Notes on Hirschman's Trilogy on Economic Development," *Nueva Economia*, Año XIX, No. 36, pp. 103-124.

疑。[21]

　　1958年出版的《經濟發展策略》爲赫緒曼的成名作，其中「不均衡成長」概念挑戰了當時的主流看法，一舉奠定了他在發展經濟學領域的大師地位。[22]他在《經濟發展策略》一書序言中謙遜地表示：「我要感謝哥倫比亞，從1952年到1956年我一直在這個國家作客，先爲官方的經濟顧問，後爲私人顧問。在此期間，這個國家一直處於政治分裂的狀態，相對地使它的經濟進步顯得特別突出。幸好它現在正全心致力於政治改革，我由衷地祈望它的成功，並深深感激哥倫比亞人民協助我瞭解有關的『環境』。」[23]

　　所謂「不均衡成長」係指低度發展國家開始經濟發展時，各部門間的發展速度不一，通常會形成不均衡現象。《經濟發展策略》對當時的發展經濟學理論提出的挑戰立即引起了當時國際經濟學界的關注，一些大師級經濟學家紛紛發表評論。如發展經濟學家霍利斯・錢納里（Hollis B. Chenery）和查爾斯・金德爾伯格（Charles P. Kindleberger，曾是赫緒曼在美聯儲工作時的同事和好友）在書評中提出了尖銳的批評，而凱恩斯傳記的作者、著名經濟學家羅伊・哈羅德（Roy Harold）卻高度讚揚，英國著名經濟學家約翰・希克斯（John Hicks）則表示贊同。

　　2002年哥倫比亞經濟學家奧坎波（José Antonio Ocampos）的「再論發展議程」（Rethinking the Development Agenda）一文中，仍可看到對赫緒曼的回應。該文強調「生產發展戰略」（productive development strategies）的作用，其「所涉及的主要問題：一是發揮領導作用的生產部門和企業；二是『互補性』或『產業鏈』，即產業的前向與後向聯繫；三是『創新』，包括制度創新、技術創新、產品創新等」。[24]此一論述實可追溯

---

[21]　韋森，〈序一現世政治：經濟學家赫希曼的思想之旅〉，載於賈擁民譯，傑里米・阿德爾曼原著，《入世哲學家：阿爾伯特・赫希曼的奧德賽之旅》，第VII頁。

[22]　吳啓禎、林向愷，〈不均衡成長策略與後進追趕〉，《新新聞》，2013年1月31日。

[23]　徐育珠譯，《經濟發展策略》（台北：臺灣銀行經濟研究室，1974年），第3頁。

[24]　José Antonio Ocampos, 2002, "Rethinking the Development Agenda," *Cambridge Journal of Economics*, Vol. 26, No. 3, pp. 393-407；蘇振興，〈拉丁美洲：新自由主義「退潮」，本土發展理論復興〉，載於蘇振興編，《蘇振興集》（北京：中國社會科學出版社，2012年），第248

到《經濟發展策略》一書。[25]

## （二）三部曲之二：邁向進步之旅

赫氏拉美經濟發展三部曲之二為1963年完成的《邁向進步之旅：拉丁美洲經濟決策之研究》。[26]1960年夏季，赫緒曼在二十世紀基金（The Twentieth Century Fund）贊助下訪問了墨西哥、哥倫比亞、智利、阿根廷和巴西五國，他透過對這些國家解決社會問題的近距離觀察，研究拉丁美洲經濟決策過程。他在該書序文描述參訪行程就像是「進入無人之地的冒險旅程，從經濟學延伸到其他社會科學如政治學、社會學和歷史」。[27]

針對巴西，赫緒曼認為解決東北部近百年來的落後發展，有必要成立新的金融機構如東北銀行（Banco do Nordeste），他稱許符達多（Celso Furtado）擔任「東北地區開發總署」（Sudene）總監扮演了稱職的角色；[28]針對哥倫比亞的土地改革，赫緒曼認為必須要修改過時的法令才能達到效果；針對智利的通膨問題，赫緒曼認為其苦果「再次顯示傾向於移植外國的制度、且毫不修改地認真執行」。[29]

特別值得一提的是，巴西學者邊治認為赫緒曼在《邁向進步之旅》中首次提出的「訪問經濟學家症候群」（Visiting-Economist Syndrome）是最具代表性的文章，使他具備了跨越學科界線的經濟學者。[30]此一症候群產生的主要原因是外國顧問在極少次數地接觸病人後就急著開處方。[31]赫緒曼認

頁。原載於《紅旗文稿》，2008年第6期。

[25] Javier Santiso, 2000, "Hirschman's View of Development, or the Art of Trespassing and Self-subversion," *CEPAL Review*, No. 70, p. 96.

[26] Albert O. Hirschman, *Journeys toward Progress: Studies of Economic Policy-Making in Latin America* (Twentieth Century Fund, 1963).

[27] *Ibid*., p. ix.

[28] 葡萄牙文全名為Superintendência de Desenvolvimento do Nordeste, Sudene；英文為The Superintendency for the Development of the Northeast。

[29] Albert O. Hirschman, *Journeys toward Progress: Studies of Economic Policy-Making in Latin America*, p. 180.

[30] Ana Maria Bianchi, January, 2010, "Hirschman and the Visiting-Economist Syndrome," *European Journal of the History of Economic Thought*, Vol. 18, No. 2, p. 219.

[31] Hirschman stated that foreign consultants and experts tended to prescribe measures, programmes and

爲外國專家顧問團通常基於全球性的經濟原則撰寫政策建議，很少將當地的社會和文化條件列入考慮，他質疑公部門決策者素質較私部門決策者低的看法。

　　在《偏賴希望》一書前言中賀緒曼曾指出「訪問經濟學家症候群」的原因，「就美國而言，之所以會出現這種情況，一個很重要的原因是存在著一種非常特殊的需求：作爲超級大國，美國掌握了全球霸權，爲了控制世界，它需要找到一條認識複雜的現實世界的捷徑，因爲它必須在頃刻之間對來自現實世界的挑戰做出反應並控制局面，因此也就必須在頃刻之間『理解』整個現實世界。」[32]

　　對於外國專家經常過度樂觀地企圖解決所有發展的問題，赫緒曼在《邁向進步之旅》提出「是否存在拉美式的問題解決和決策方法？」的問題，並以「期待結束之怒」（法文*la rage de vouloirconclure*）回答此問題。而他也指出拉美政客「自我貶抑式的決策」（self-deprecatory style of policy-making）的缺點。

## （三）三部曲之三：發展計畫之考察

　　赫氏拉美經濟發展三部曲之三爲1967年完成的《發展計畫之考察》，該書被列爲「100位哈佛教授推薦最有影響的書」之一。[33]他考察的目標包括11個由世界銀行資助散布於全球的發展計畫，內容包括高速道路、電力工廠、灌溉系統的興建和維護。赫緒曼考察的重點不僅在技術層面，更及於發展計畫涉及的社會和文化問題，例如計畫所在地的經緯度、建築規範和紀律的鬆緊，甚至對貪腐的容忍度等。再者，由於不同計畫發生意外所付出的代價不同，如飛機失事損失通常會超過汽車失事，因此對機場和公路施工品質

---

strategies after only minimal contact with the "patient," https://www.dandc.eu/en/article/why-development-professionals-tend-think-they-know-it-all.

[32] 賈擁民將Visiting-Economist Syndrome翻譯爲「走馬看花型經濟學家綜合症」，雖傳神但太長。詳見賈擁民譯，傑里米·阿德爾曼原著，《入世哲學家：阿爾伯特·赫希曼的奧德賽之旅》，第543-544頁。

[33] 百度文庫譯爲《考察中的發展項目》，http://wenku.baidu.com/view/d0b08e0616fc700abb68fc8a.html。

的「錯誤容忍度」亦有所不同。有鑑於此，赫緒曼將其決策區分爲兩類，一類是可以保持現狀，另一類是如不改善計畫則無法成功者。[34]

　　不同於亞當・斯密在《國富論》（*The Wealth of Nations*）中提到「看不見的手」（invisible hand，又譯無形之手），赫緒曼在《發展計畫之考察》探討的「隱藏之手」（hiding hand）係指人類在從事社會經濟行爲的過程中，有一隻「手」遮蔽了各種實踐過程的困難，導致無法事前看到非預期結果，這樣反而促使他們勇於邁開探索實作的步伐，甚至激發潛能。

　　赫緒曼認爲：「創造力總是來得很突然，因此我們從不指望它，在它到來之前也缺乏勇氣相信創造力。換句話說，我們不會有意識地參與那些明確要求有創造力才能成功的任務。因此，充分發揮自身創造性資源的唯一途徑就是誤判任務的內容，在把眞正的創造力呈現給自己的時候，要用一種更常規、更簡單、更容易理解的方式。」[35]「隱藏之手原則」係指人們通常不主動尋找挑戰，但常因錯誤地認爲新任務沒有挑戰性而接受它或投身其中，因爲這些任務看起來更容易，儘管事實並非如此。該書的結論之一是資本密集（capital-intensive）的先進科技比勞力密集（labor-intensive）的技術更適用於低度工業傳統的國家；結論之二是應該要戒除「訪問經濟學家症候群」，因爲外來的和尙不一定會念經。

　　1986年4月至5月赫緒曼在福特基金會（Ford Foundation）贊助下再度考察了墨西哥、智利、阿根廷和巴西。同年10月他在拉丁美洲學會（Latin American Studies Association）發表考察心得報告並接受該會頒發的The Kalman Silver獎。該報告除肯定拉美近30年的發展外，他更回顧了智利和阿根廷的「工業化」（industrialization）和「去工業化」（deindustrialization）、墨西哥的「去進口替代」（de-substitution of imports）、巴西的「急行軍式工業化」（forced-march industrialization）及其電腦工業的「預防進口」（import-preemption）、阿根廷和巴西以「非正

---

34　Albert O. Hirschman, *Development Projects Observed*, p. 131.
35　Malcolm Gladwell, "The Gift of Doubt: Albert O. Hirschman and the Power of Failure."

統震盪療法」（heterodox shock therapy）對抗通膨，最後談到上述國家如何改變意識形態面對債務問題。[36]

## （四）國貿結構

　　政治經濟學經典通常都涉及國際政治經濟體系及跨時間或跨空間的比較。從1776年亞當・斯密的《國富論》，到1944年卡爾・波蘭尼（Karl Polanyi）的《大轉型》（*The Great Transformation*），再到1962年亞歷山大・戈先克隆（Alexander Gerschenkron）的《歷史視角下的經濟落後》（*Economic Backwardness in Historical Perspective*）莫不如此。

　　赫緒曼於1945年出版的《國家實力與國際貿易的結構》（*National Power and the Structure of Foreign Trade*）也不例外。[37]該書除聚焦於國際貿易對國內經濟的影響，更分析德國如何透過減少與大國之間的貿易量和增加與小國之間的貿易量，從而提高自己在地緣政治上的支配地位。該書回答了國際關係上的一個難題：為何納粹德國從與富裕國家的貿易轉為與保加利亞、匈牙利和羅馬尼亞等弱小鄰國的貿易？他的解釋是，德國的轉變是為了獲得對這些國家經濟上，繼而是政治上的主導權。因為，相對富裕的國家較能控制整個地區的經濟主權。[38]

　　該書另一重要貢獻在於設計了如何測量「市場集中度」（Market Concentration Rate）的統計性指標。「市場集中度」是對整個行業市場結構集中程度的測量指標，它用來衡量企業的數目和相對規模的差異，不僅是市場勢力的重要量化指標，更可藉以瞭解市場的競爭和壟斷程度。哈佛大學教授桑斯坦（Cass R. Sunstein）認為該書雖在當時乃至現代都被忽略，卻有助於解釋當前諸多困境，例如不斷成長中的中國經濟實力及其伴隨而來的政治

---

[36] Albert O. Hirschman, 1987, "The Political Economy of Latin American Development: Seven Exercises in Retrospection," *Latin American Research Review*, Vol. 22, No. 3, pp. 7-36.

[37] Albert O. Hirschman, *National Power and the Structure of Foreign Trade* (Berkeley: University of California Press, 1945 & 1980).

[38] 黎文，〈赫希曼的長途冒險〉，《文匯報》，2013年5月20日，http://whb.news365.com.cn/tp/201305/t20130520_1153177.html。

影響。[39]

## （五）選擇出口

　　1970年赫緒曼發表了題為《退出、聲音和忠誠：回應公司、組織和國家的衰落》（*Exit, Voice, and Loyalty: Responses to Decline in Firms, Organizations, and States*）的經典著作。[40]他在該書導言提到：「我希望向政治學家證明經濟學概念有其用處，也想讓經濟學家相信政治學概念有其用處。」[41]該書討論了公司、組織和國家為何衰落及防止衰落的途徑。根據他的研究，組織維持成員的忠誠有兩種途徑，一是為其成員提供滿意的服務，二是容許成員發出「聲音」批評，從而令組織改進其服務。組織如既不能提供滿意的服務，又不容許發出「聲音」，或在發出「聲音」後服務依然得不到改善，那麼成員就會選擇「退出」，一旦選擇了「退出」，組織的衰落將變得不可避免，因為通常只有能力較強的才有資格退出。[42]

　　「退出」和「聲音」之間存在「此消彼長」的翹翹板關係，「此一模式也可以用簡單的『液壓模型』（hydraulic model）描述：商品質量下滑或組織績效衰退導致消費者成員不滿，這種壓力會沿著退出或聲音這兩個管道發洩出來，從退出這個管道釋放出來的壓力愈大，剩下來的、有助於煽動激情聲音的壓力就愈小」。[43]根據國際貨幣基金（IMF）1998年對「人才外流」（brain drain）的研究，拉美及加勒比海地區向美國移民中，以蓋亞那「人才外流」最嚴重，其中70%受過高等教育，依次為千里達及托巴哥

---

[39] Cass R. Sunstein, "An Original Thinker of Our Time," *The New York Times*, May 23, 2013, available at: http://www.nybooks.com/articles/archives/2013/may/23/albert-hirschman-original-thinker/.

[40] Albert O. Hirschman, *Exit, Voice, and Loyalty: Responses to Decline in Firms, Organizations, and States* (Cambridge, MA: Harvard University Press, 1970)；大陸版本：盧昌崇譯，赫希曼原著，《退出、呼籲與忠誠：對企業、組織和國家衰退的回應》（上海：上海世紀出版集團，2015年）；台灣版本：李宗義、許雅淑譯，《叛離、抗議與忠誠》，（台北：商周出版，2018年）。

[41] *Ibid.*, p. 19.

[42] 鄭永年，〈中國的知識和財富「退出」潮說明瞭什麼？〉，《聯合早報》，2010年7月31日。

[43] Albert O. Hirschman, *A Propensity to Self-Subversion* (Cambridge, MA: Harvard University Press, 1995), p. 13.

（60％）、薩爾瓦多（26％）、巴拿馬（19.5％）、尼加拉瓜（19％）、宏都拉斯（16％）。[44]

1989年柏林圍牆被推倒、東德解體後，赫緒曼於1993年從東德移民史的角度寫了一篇題為「退出、聲音和民主德國的命運」的文章，再次闡釋他「退出」和「聲音」的理論。[45]該文可算是對1989年東德崩潰時的觀念史研究，依然是使用「退出」和「聲音」的概念，但那段歷史顯然證明了「退出」與「聲音」作為自由民主制度下兩種基本的公民選擇，它們是可以互補的，在某種狀況下，它們會成為一個整體共同擴張或受到制約。所以，1989年在東歐發生的事情讓全世界的人們都獲得「神聖的驚喜」。

1980年代至1990年代，哥倫比亞幾乎成為毒品、暴力犯罪和游擊戰的同義詞，400萬哥倫比亞人離開家園，數以萬計的中產階級專業人士外流。本世紀以來，委內瑞拉前總統查維茲（Hugo Chávez）曾宣誓要將該國打造成「21世紀社會主義」的樂土，但經過10年大刀闊斧改革，委內瑞拉流失了不少人才，大量知識分子移居國外，致使該國的經濟競爭力下降，社會發展也每況愈下。委國駐聯合國前大使阿里亞（Diego Arria）表示：「以前，這是一個充滿機遇的、富有的國家，人們不會有不安全感，沒有人願意離開。而今，這裡犯罪猖獗，並有近乎種族隔離式的壓制性政治制度。委內瑞拉現在成了一個移民輸出國家。」[46]此一現象不只發生在拉丁美洲，全球各地都可能發生。

## （六）偏賴希望

赫緒曼在1971年出版的《偏賴希望：發展與拉美論文集》（*Bias for Hope: Essays on Development and Latin America*）一書中曾謂：「過去20年

---

[44] William J. Carington and Enrica Detragiache, July 1998, "How Big is the Brain Drain?" *International Monetary Fund Working Paper*, WP-98-102, available at: https://ssrn.com/abstract=882624.

[45] Albert O. Hirschman, 1993, "Exit, Voice, and the Fate of the German Democratic Republic: An Essay in Conceptual History," *World Politics*, Vol. 45, No. 2, pp. 173-202.

[46] 〈查維茲十年革命委內瑞拉大量人才外流〉，《中國評論新聞網》，2009年7月21日，http://hk.crntt.com/doc/1010/2/7/2/101027202.html。

的基本演變是從完全相信存在一種解決社會和經濟問題的基本方案，轉向更具質疑精神、更加務實的態度，即從意識形態的確定性轉向更開放、更折衷、更具懷疑精神的追問。」[47]這種源自智利、巴西和墨西哥經驗的「可能主義」（possiblism），實際上是對政治經濟學的另一種關注，亦即赫緒曼所說的，「是在任何情況下從狹窄的概念框架中找到擺脫之道」。[48]

## （七）隧道效應

　　赫緒曼把人們對來自於他人獎賞的快樂與人們對自己快樂的偏好「按字典順序進行了排列」（Lexicographic ordering），創作了他最有影響力的一篇論文：「經濟發展過程中不斷變化收入不平等的容忍度」。[49]在該文中，赫緒曼提出了經濟學中的一個隱喻，即「隧道效應」（Tunnel Effect）。對於這個隧道效應的發現過程，《退出、呼籲與忠誠：對企業、組織和國家衰退的回應》書中是這樣記述的：

　　「赫緒曼用它來刻劃人們的情緒從滿足變爲憤慨的動態過程，並用它來揭示決定了這種情緒變化的預期變化的奧祕。有一天，赫緒曼在波士頓洛根機場隧道入口處陷入了一場交通大堵塞，他耐心地觀察了其他司機的情緒變化，也細心地品味了自己的情感變化。當擁堵開始緩解時，赫緒曼注意到，那些被堵在紋絲不動的車道上的司機在看到相鄰車道上的車子開始移動時，心情顯然變得舒暢了一些，因爲他們預期到，既然別的車道已經疏通了，那麼他們自己所在的這個車道應該也很快就會變得暢通。然而，這些司機在等待了一段時間後，就開始不耐煩地按起了喇叭，他們開始羨慕別的車道的司機；很快地，他們的心情從輕鬆變成了

---

[47]　轉引自賈擁民譯，赫緒曼原著，《自我顚覆的傾向》（北京：商務印書館，2014年），第183頁。

[48]　Albert O. Hirschman, *Bias for Hope: Essays on Development and Latin America* (New Haven, Conn.: Yale University Press, 1971)；賀緒曼，《偏賴希望》，頁29。

[49]　Albert O. Hirschman and Michael Rothschild, November 1973, "The Changing Tolerance for Income Inequality in the Course of Economic Development," *The Quarterly Journal of Economics*, Vol. 87, No. 4, pp. 544-566, available at: https://www.jstor.org/stable/1882024.

嫉妒，而嫉妒又轉變成了憤怒，因為這些司機開始覺得有人在欺騙他們。這樣一來，他們的心情也就變得比原來還要糟糕很多──他們曾經覺得受到了幫助，因此大感欣慰，現在又覺得被剝奪了，因此非常憤怒。」[50]

　　稍後基於再度訪問巴西的經驗，他寫下這樣一個標題：「對隧道效應的修訂」，其重點為：「在經濟快速增長的時期，決策者有可能相信，形勢一片大好，一切都盡在掌握之中。在這種心態的主導下，對『偉大成就』的宣傳，以及對高增長率能否維持的憂慮，就會淹沒那些來自『忘恩負義群眾』的、與『主旋律』不一致的聲音。同時，由於社會辯論的焦點也完全集中在經濟問題上，這可能會誤導政府，使政府以為主要問題仍然是經濟，儘管人們真正想要的其實是完全不同的東西。在這種情況下，政府就會成為自己壓制表達自由的政策的受害者。」[51]

## 四、學術貢獻

　　赫緒曼一直都很積極和拉丁美洲的社會科學界互動，特別是對財力不足的研究機構。他曾協助成立的研究中心包括阿根廷的國家與社會研究中心（Centro de Estudios de Estado y Sociedad, CEDES）以及巴西研析與計畫中心（Centro Brasileiro de Analise e Planejamento, CEBRAP）。

　　1970年代中期，赫緒曼曾協助智利反對派創建首批智庫。拉丁美洲研究學會（La Corporación de Estudios para Latinoamérica, CIEPLAN）自1976年成立至今的總裁福克斯利（Alejandro Foxley）認為赫緒曼對拉丁美洲存有「偏賴希望」，他「不僅發展偉大的思想，更成為啟發拉美諸多學者、社會科學家，乃至民主體制擘劃者的靈感泉源」。[52]

---

[50] 轉引自賈擁民譯，傑里米・阿德爾曼原著，《入世哲學家：阿爾伯特・赫希曼的奧德賽之旅》，第584-585頁。

[51] 同上註，第607頁。

[52] Alejandro Foxley, "A Tribute to Albert O. Hirschman," *Inter-American Dialogue*, May 23, 2013.

　　拉美好幾個國家的重要政治人物都曾或多或少受「可能主義」的影響，如墨西哥前總統薩利納斯（Carlos Salinas de Gortari）和智利前總統艾爾文（Patricio Aylwin）任內的財政部長福克斯利；[53]巴西前總統卡多索（Fernando H. Cardoso）則是赫緒曼著作的忠實讀者。[54]

　　日裔學者福山指出：「赫緒曼不只是書房裡的理論家，也是一位有實踐精神的經濟學家，他在田野調查上投入了很多精力，其中在拉丁美洲花費的時間尤多，他曾多次代表各種國際研究機構為古巴、巴西的經濟政策提供諮詢。巴西前總統卡多索就曾在回憶錄裡描述時為年輕學者的他在巴西偏遠地區的村莊偶遇赫緒曼的經歷。」[55]

　　中央研究院研究員吳介民指出：「台灣學術界瞭解赫緒曼學問根底的人，或有若干。但他在台灣似乎尚未激起炙豔的學術火花。而在歐美和拉丁美洲，隨著時光的淘洗，赫緒曼作為思想家的地位愈發鞏固。」[56]以他在1970年發表的《退出、聲音和忠誠：回應公司、組織和國家的衰落》為例，至今仍可吸引學界持續擴展其研究。如2021年牛津大學教授懷海德（Laurence Whitehead）在《抗議》（Protest）創刊號的第一篇文章指出：「赫緒曼對研究抗議政治的貢獻是多重的。其一是對集體行動（collective action）提供微觀基礎（micro-foundations）；其二是把抗議這種政治行為更廣泛地連結到社會科學的理論化，特別是在經濟〔本益〕模型化；其三因為抗議不僅可帶給其抗議對象壓力，還可以迫使其調整反應，赫緒曼提供了兩者之間的互動狀況。」[57]

　　冠以人名的獎項通常在當事人過世後設置，如拉丁美洲研究協會

---

[53] 福克斯利曾擔任智利財政部長（1990-1994）及外交部長（2006-2009）。

[54] 高靜、謝文澤、王鵬、郭存海譯，哈威爾・桑蒂索（Javier Santiso）原著，《拉丁美洲經濟政策的務實性》（*Latin America's Political Economy of the Possible: Beyond Good Revolutionaries and Free- Marketers*）（北京：世界知識出版社，2009年），第121-132頁。

[55] Francis Fukuyama, "Albert O. Hirschman, 1915-2012," pp. 93-95.

[56] 吳介民譯，赫緒曼原著，《反動的修辭》（*The Rhetoric of Reaction: Perversity, Futility, Jeopardy*）（台北：左岸文化出版社，2013年）。

[57] Laurence Whitehead, November 17, 2021, "The Politics of Protest Processes: A Portrayal," *Protest*, Vol. 1, No. 1, pp. 7-28, available at: https://brill.com/view/journals/prot/1/1/article-p77.xml.

（Latin American Studies Association, LASA）為紀念本書另一位大師所設置的歐唐諾民主獎（The Guillermo O'Donnell Democracy Award）。但美國社會科學研究協會（Social Science Research Council, SSRC）於2007年就設立了該會最高榮譽之赫緒曼獎（The Albert O. Hirschman Prize），該獎頒發的對象必須為具備「國際性」（international）及「科際性」（interdisciplinary）的社會科學研究、理論和公共溝通上有卓越學術成就者，該獎項的條件相當程度反映了赫緒曼本人跨界的特質。截至本文截稿前之得獎者也都實至名歸（名單見表1-1），如2014年該獎得主之一巴納吉（Abhijit Banerjee）於2019年獲得諾貝爾經濟學獎；更難得的是早在1998年就已獲得諾貝爾經濟學獎的沈恩，成為該獎2016年的得主。可見赫緒曼獎的學術涵蓋面向更甚於諾貝爾獎，因此成為更值得追求的目標。

　　再以2009年諾貝爾經濟學獎為例，得主歐思莊（Elinor Ostrom）不僅是該獎項首位女性得主，更特殊的是，她並不是純粹的經濟學家，而是一位政治學者。專攻政治經濟學的她以不同於傳統經濟學家的觀點解決公共財問題，其研究重心多著眼於傳統模式對公共財產的不良管理，她認為未必得設立中央機構或是將其私有化兩種方式才能有效管理。中央研究院院士朱敬一認為她的研究「與當今主流經濟學的方法論南轅北轍；但瑞典皇家學會不自限於狹隘的經濟學定義，而回歸18世紀『社會科學原本一家』的太極初始狀況，有助於學門開拓視野見解」，[58]此一現象應可歸功於赫緒曼。

　　赫緒曼逝世後，《經濟學人》在前述專文指出，諾貝爾經濟學獎之所以從來不曾頒給赫緒曼這位實至名歸的學者，或許就是因為他的作品難以歸類，他早已跨越頒獎分類範疇。[59]赫緒曼的貢獻不僅限於發展經濟學或政治經濟學，在整個社會科學界都有其不可磨滅的地位。

---

[58] 朱敬一，〈用白話文介紹本屆諾貝爾經濟獎得主〉，《中國時報》，版A8，2009年10月26日。

[59] "Exit Albert Hirschman," *The Economist*, December 22, 2012, available at: https://www.economist.com/business/2012/12/22/exit-albert-hirschman.

表1-1　赫緒曼獎得主名單

| 年度 | 姓名 | 專長學科 | 獲獎時任職單位 |
|---|---|---|---|
| 2022 | Edward Glaeser | 城市經濟學、勞工經濟學 | Harvard University |
| 2020 | James C. Scott | 政治學、比較政治學、人類學 | Yale University |
| 2018 | Sheila Sen Jasanoff | 政治理論、科學和技術研究 | Harvard University |
| 2016 | Amartya Sen | 福利經濟學、社會選擇理論（1998年諾貝爾經濟學獎得主） | Harvard University |
| 2014 | Abhijit Banerjee/ Esther Duflo | 發展經濟學（Banerjee於2019年獲諾貝爾經濟學獎） | Poverty Action Lab, MIT |
| 2011 | Benedict Anderson | 國際關係、比較政治學、民族主義 | Cornell University |
| 2009 | Charles Tilly（2008年4月過世） | 社會學、政治學、歷史學 | Columbia University |

資料來源：1. 作者自行整理。
　　　　　2. https://www.ssrc.org/programs/council-initiatives/the-albert-o-hirschman-prize/.

# 第二部分　案例研究：赫緒曼視角下的智利政經發展（2019～2022年）

「博里奇（Gabriel Boric）贏得初選時承諾『假如智利是新自由主義的出生地，也將是它的墓地』，〔此一承諾〕已成爲全球尋求過去50年來右派經濟政策替代方案的口號。……他正再次把智利打造成全球社會、經濟和政治的實驗室。」[60]

## 一、概述

2019年10月14日智利前總統皮涅拉（Miguel Juan Sebastián Piñera）接

---

[60] Joseph Stiglitz, "Gabriel Boric," *Time*, May 23, 2022, available at: https://time.com/collection/100-most-influential-people-2022/6177693/gabriel-boric/.

受英國《金融時報》訪問時表示：「阿根廷和巴拉圭已經進入衰退，墨西哥和巴西陷於停滯，秘魯和厄瓜多正在經歷深刻的政治危機，在這方面，智利看起來像一片綠洲。」[61]隨後皮涅拉更親自撰文表示「將竭盡所能不陷入民粹主義」。[62]

皮涅拉顯然未料到，2019年10月6日首都聖地牙哥市早晚尖峰期地鐵票價由800智利披索漲至830披索數日後引發的抗議遊行，竟演變成破壞地鐵站和縱火等暴力行為。10月19日凌晨，皮涅拉宣布聖地牙哥市進入緊急狀態，10月25日反政府示威再度激化，據當地媒體估計，在首都參加遊行的人數約100萬至120萬人，他們呼籲經濟改革並要求總統下台。10月28日皮涅拉雖宣布撤換八名內閣成員，但未能阻止暴力示威。截至2020年2月，死亡達36人，為皮諾契（Augusto Pinochet）垮台30年來最嚴重的社會動亂。[63]

2019年12月2日，皮涅拉宣布將於2020年4月26日舉行公民投票，決定是否修改軍政府時期制定的憲法，然因新冠危機公投延後半年舉行。2020年10月25日舉行的修憲公投，選民需回答兩個題目：（一）你「是／否」同意制定全新的智利憲法？（二）如同意制定新憲法，你支持「全民直選制憲大會」（Constitutional Convention）或是「混合式制憲大會」（Mixed Constitutional Convention）？前者為制憲委員100%由民眾選舉產生，後者為50%由選舉產生、50%由國會議員擔任。結果78.28%選票贊成制定新的憲法，79.00%贊成全新的制憲委員會。2019年12月24日皮涅拉發布第21200號總統令，命制憲大會負責起草新憲法任務。

2021年4月11日當選制憲大會的155名成員中，包括環保人士、社區領

---

61　John Paul Rathbone and Jude Webber, "FT Interview: Sebastián Piñera," *The Financial Times*, October 14, 2019, available at: https://www.ft.com/content/4455a222-ea84-11e0-b0f5-00144feab49a.

62　Chile president Sebastián Piñera, "We Are Ready to Do Everything to not Fall Into Populism," *The Financial Times*, October 17, 2019, available at: https://www.ft.com/content/980ec442-ee91-11e9-ad1e-4367d8281195.

63　J. Patrice McSherry, "Chile's Struggle to Democratize the State," February 24, 2020, available at: https://nacla.org/news/2020/02/24/chile-struggle-democratize-state-plebescite.

袖、律師、教師、經濟學家，還有家庭主婦。傳統政黨代表爲少數，且無任何政治力量擁有動用否決權所必需的三分之一，草案決議須獲得三分之二同意。2021年7月4日制憲會議正式成立。

2021年11月21日智利總統首輪選舉共有七位候選人，結果無人得票過半，得票率最高的前兩名候選人在12月19日第二輪對峙中，年僅35歲的左翼聯盟「贊成尊嚴」（Apruebo Dignidad）候選人加夫列爾・博里奇以55%得票率擊敗55歲的右翼聯盟「智利前進」（Chile Vamos）候選人安東尼奧・卡斯特（José Antonio Kast）。《紐約時報》認爲，博里奇是繼阿葉德（Salvador Allende）後最自由派的總統。[64]博里奇在勝選演說中再次重複2019年以來示威的基調和總統選戰中的口號：「智利是新自由主義的搖籃，也將是它的墳墓」（Chile was the cradle of neoliberalism, and Chile will be its grave）。

經過10個月的討論，2022年5月憲法草案開始在制憲大會內部審議，其中影響最大的內容之一是關於礦權國有化的第27條，該條在5月7日表決時僅獲得66票，遠低於絕對多數的103票（155位委員中的三分之二），5月14日環委會所提多個版本也全都未達絕對多數門檻，而未能納入憲法草案。

由於博里奇得以當選總統主因之一在於學運期間展現的領袖魅力，因此，憲法草案的重要提案之一是高等教育將免費。公開表態支持憲法草案的重要政治人物之一是前總統、聯合國人權事務前任高級專員巴舍萊（Michelle Bachelet）。2022年9月4日針對制憲委員所提新憲法草案公投結果爲62%反對38%贊成，博里奇成爲跛腳總統。

復旦大學韋森教授認爲：「赫緒曼留給全人類的思想遺產確實是巨大的，這不僅包括他的十幾本學術專著和幾十篇學術論文，也包括他發現的許多經濟學概念和原理，包括不平衡發展理論、基尼係數、赫芬達爾－赫緒

---

64　Gabriel Boric, "a Former Student Activist, is Elected as Chile's President," *The New York Times*, December 19, 2021, available at: https://www.nytimes.com/2021/12/19/world/americas/chile-president-election.html.

曼指數、隧道效應、涓滴效應等——也許這每一個發現都值得獲半個諾貝爾經濟學獎。」[65]因此以下四節從跨界大師赫緒曼觀點探討智利2019年至2022年政經發展案例。第二節說明智利動亂政治根源在於未能徹底擺脫「訪問經濟學家症候群」，第三節解釋其經濟根源在於未能使民眾感受「涓滴效應」（Trick-down Effect），第四節探討其社會根源在於未能有效避免「隧道效應」，第五節討論可能的影響。

## 二、政治根源：訪問經濟學家症候群

　　1973年智利政變之前，擔任智利大學（University of Chile）社會經濟研究中心（Centro de Estudios Socio Económicos, CESO）主任的社會學家多斯桑托斯（Theotônio Dos Santos），在《從恐怖到希望——新自由主義的興衰》一書中論及法西斯式和準法西斯式的強權暴政跟新自由主義在意識形態和政治上進行控制之間的關係時，直白地說：「芝加哥大學那幫缺德的傢伙們找到的第一個政府是智利政府，該政府憑藉奧古斯都・皮諾契的法西斯統治將他們引進了極其重要的經濟領域，這並非是種巧合；而全世界到處吹捧他們的柴契爾和雷根政府與其本國工會運動發生激烈衝突，就更不是巧合了。」[66]

　　1975年《紐約時報》專欄作家劉易士（Anthony Lewis）曾謂：「當然，任何一個政治或經濟理論都可能被人曲解誤用。但是如果只有芝加哥學派經濟理論在智利實施必須以高壓統治爲代價，那它的作者是否應該負起某種責任。我們對於學術界扮演的社會角色，不免心有所危。」[67]檢視20世

[65] 韋森，〈序一現世政治：經濟學家赫希曼的思想之旅〉，載於賈擁民譯，傑里米・阿德爾曼原著，《入世哲學家：阿爾伯特・赫希曼的奧德賽之旅》，第XXIV頁。

[66] Theotônio Dos Santos, "Do Terror à Esperança—Auge e Declínio do Neoliberalismo," in *From Terror to Hope—Rise and Fall of Neoliberalism* (Aparecida, SP: Idéias & Letras, 2004)；赫名瑋譯，特奧托尼奧・多斯桑托斯原著，《新自由主義的興衰》（北京：社會科學文獻出版社，2012年）；張天潘，2012年10月31日，〈新自由主義的委屈〉，《南風窗》，第22期，第96頁。

[67] Anthony Lewis, "For Which We Stand, II," *The New York Times*, Octoebr 2, 1975, p. 38, available at: https://www.nytimes.com/1975/10/02/archives/for-which-we-stand-ii.html.

紀下半葉拉美民主發展，「在軍政府時期，拉美共產黨和左派政黨被取締和壓制，右派於是承擔了在軍政府統治下爭取民主權利和實現國家民主化的重任，如智利的基督教民主黨。以右派為首的反對派與軍政府談判，通過制定新憲法舉行選舉，實現國家的民主化」。[68]

賈德・戴蒙（Jared Diamond）認為1973年之後的智利「確實有選擇性變化且變化重大。它先打破了長期以來盡量減少軍事干預的傳統，接著大刀闊斧斷然改變經濟策略，採取徹底放任的態度，解決了長期遊走在干不干預經濟之間的緊張關係。當軍事干預政權無法逆轉時……〔雖然〕恢復了民主政體，但保留了軍方引入的自由市場經濟改變」。[69]

關於「新自由主義」（Neoliberalism）的歷史，大衛・哈維（David Harvey）在其《反資本主義編年紀事》（*The Anti-Capitalist Chronicles*）一書中指出：「無論是就問題的性質還是問題在政治上得到處理的典型方式而言，智利最近的事件看來都具有代表性。我長期關注智利，是因為早在1973年，智利成為新自由主義轉向的先行者之一：那一年，皮諾契將軍藉由軍事政變推翻民選的社會主義總統阿葉德，隨後起用『芝加哥小子』（Chicago Boys）經濟學家，由他們將新自由主義經濟模式強加於智利。」[70]這和赫緒曼1967年的《發展計畫之考察》結論之一不謀而合：應該要戒除「訪問經濟學家症候群」，因為外來的和尚不一定會念經。在《邁向進步之旅》一書中，赫緒曼曾指出智利嘗到通膨問題苦果「再次顯示傾向於移植外國的制度、且毫不修改地認真執行。」[71]

值得一提的是，赫緒曼在1991年出版的《反動的修辭》（*The Rhetoric*

---

68　楊建民，2018年2月，〈拉美政治中的「左」「右」現象研究〉，《拉丁美洲研究》，第40卷，第1期，第90-91頁，http://ldmzyj.ajcass.org/UploadFile/Issue/aplv5arl.pdf。

69　莊安祺譯，賈德・戴蒙（Jared Diamond）原著，《動盪：國家如何化解危局、成功轉型？》（台北：時報出版，2019年），第182-183頁。

70　許瑞宋譯，大衛・哈維原著，《反資本主義編年紀事》（台北：時報出版，2022年），第38頁。

71　Albert O. Hirschman, *Journeys toward Progress: Studies of Economic Policy-Making in Latin America*, p. 180.

*of Reaction*）似乎預見了30年後智利的這場動亂。該書源自於赫緒曼對1980年代雷根（Ronald Reagan）主政時期新自由主義興起的擔憂，他觀察到「民主政治竟然是不斷在構築自己的圍牆」，他感興趣的不是保守主義的心靈或人格，而是它們的論證與修辭。他將反對社會改革的保守主義修辭分類成三種敘事公式：「悖謬論（適得其反）、無效論（徒勞無功）、危害論（顧此失彼）」，並論證這三種敘事公式不但過度簡化、充滿邏輯缺陷，並且不當中斷應有的辯論。[72]

《反動的修辭》中文版譯者吳介民指出：「最新一波的資本主義擴張，借著『新自由主義』符碼橫掃全球：『開放』、『私有化』、『解除管制』是其中的關鍵字……赫緒曼並非馬克思主義者，也不是生態人類學觀點的信奉者；但他這本書，卻是我們在當代抵抗新自由主義之『反動論述』的有力武器。」[73]1995年赫緒曼接受法國《世界報》採訪時曾明白表示站在「與新自由主義者對立的那一方」。[74]

阿德爾曼（Jeremy Adelman）認為：「赫緒曼蔑視那些專門向他人兜售自己信念的人，在這個方面，最突出的一個人可能是米爾頓・傅利曼（Milton Friedman）了，這位芝加哥學派經濟學家的取向和赫緒曼相反，他身披名人的黃金聖衣，以對市場經濟確定性的幾乎令人窒息的強調而成了公共政策領域的新保守主義思想大師。」[75]

「芝加哥小子」是新自由主義進入智利的引路人。1953年美國駐智利國際合作辦公室主任派特森（Albion Patterson）和芝加哥大學經濟系主任舒爾茨（Theodore Schultz）一起訪問智利，他們對當時以普雷維什（Raúl

---

[72] 吳介民譯，赫緒曼原著，《反動的修辭》（*The Rhetoric of Reaction*）。

[73] 吳介民，〈如何破解反動的修辭？〉，《想想論壇》，2013年2月12日，https://www.thinking-taiwan.com/content/528。

[74] 廖美，〈赫緒曼的學術關懷〉，載於吳介民譯，赫緒曼原著，《反動的修辭》，第21-44頁。詳見Le Monde, September, "Un entretien avec Albert Hirschman," *Le Monde*, 1995, pp. 24-25, available at: https://www.lemonde.fr/archives/article/1995/09/24/un-entretien-avec-albert-hirschman_3854092_1819218.html。

[75] Jeremy Adelman, *Worldly Philosopher: the Odyssey of Albert O. Hirschman*, p. 599.

Prebisch）爲首的拉美經濟學家深感厭惡，認爲拉美經濟學家都是「粉紅色」的，他們離社會主義思想太近了。兩人商量設立一個項目，專門由芝加哥大學來訓練一批年輕的、思想正確的智利經濟學家。此一名爲「智利項目」（Chile Project）的建議得到福特基金會支持，並於1955年和智利天主教大學簽約以利教授和研究生交流。1956年至1963年計有26名智利學生在芝加哥大學接受經濟學家阿諾德‧哈柏格（Arnold Harberger）學術指導，1963年智利天主教大學經濟系的13名教師中，有12名畢業於芝加哥大學，因此被稱爲「芝加哥小子」。[76]

　　1973年智利政變後，皮諾契總統被告知一群反對阿葉德政府的經濟學家在同年5月已悄悄準備了一份名爲「磚頭」（El Ladrillo）的機密經濟計畫，之所以如此稱呼係因爲報告長達189頁「厚如磚頭」。根據1975年美國參議院情報委員會的調查報告，該經濟計畫是與中情局合作制定的。[77]難怪「赫緒曼毫不留情地把這些人稱爲販賣『虛假確定性』的不自量力的思想二道販子」。[78]

　　智利新自由主義改革的設計師米爾頓‧傅利曼可算是「訪問經濟學家症候群」的嚴重患者。智利政變兩年後的1975年，傅利曼曾與皮諾契總統會面45分鐘，儘管當時皮諾契「幾乎沒有表明他本人或政府的感受」，但他要求傅利曼給他寫一封信闡述他對智利經濟的看法，他也這樣做了。[79]次年傅利曼獲得諾貝爾經濟學獎。

　　傅利曼曾於1970年在《紐約時報》發表過一篇題爲「企業的社會責任就是增加自身的利潤」（The Social Responsibility of Business Is to Increase Its Profits，以下簡稱「企業社會責任」）的文章。他在那篇知名的文章中指出，企業經營者的目標只有一個，就是爲股東獲取最大的利益，執行長不

---

[76] Daniel Matamala, "The Complicated Legacy of the 'Chicago Boys' in Chile," *Promarket*, September 12, 2021, available at: https://www.promarket.org/category/money-in-politics/.

[77] Covert Action in Chile 1963-1973, p. 40, available at: http://webarchive.loc.gov/all/20130706111810/http%3A//www.intelligence.senate.gov/pdfs94th/94chile.pdf.

[78] Jeremy Adelman, *Worldly Philosopher: the Odyssey of Albert O. Hirschman*, p. 469.

[79] https://genius.com/Milton-friedman-letter-to-president-augusto-pinochet-annotated.

該爲「提供工作、消除歧視或避免汙染環境」而操心。公司的高階主管沒有爲所欲爲的自由，他們只是股東僱用的員工。如果他們在閒暇時用自己的錢做慈善工作，那是沒問題的。但在工作時，他們必須責無旁貸地爲股東獲取最大利益。傅利曼甚至認爲那些爲員工與社會操心的執行長是在「鼓吹純粹的社會主義」。[80]

該文結論指出：「企業有且只有一項社會責任——在遵守競爭規則的前提下，利用自己手中的資源從事一切增加其利潤的活動，即在誠信經營的前提下進行公開和自由的競爭。」被灌輸了這種思想的新一代工商管理碩士進入業界成爲1980年代垃圾債券（junk bond）、融資收購（leveraged buyout，或稱槓桿收購）與敵意併購（hostile takeover）狂潮的推動者。[81]

「企業社會責任」曾被譽爲「山上寶訓」（sermon on the mount），但近年來卻受到學界、媒體強烈抨擊。如國際貨幣基金組織2016年6月在其旗艦雜誌《金融與發展》（*Finance & Development*）發表文章質疑該組織的新自由主義傾向，並得出結論稱：「一些新自由主義政策並非促進增長，而是加大了不平等，反而危及經濟的可持續擴張。」[82]

新冠疫情爆發後，主張自由經濟的《金融時報》也對「企業社會責任」展開多次抨擊。首先是該報專欄作家拉娜 · 福魯哈爾（Rana Foroohar）2020年3月29日在「五十年來的政策讓美國自食苦果」一文中抨擊：「美國數十年來的政策都有利於私營部門，而忽視了國家和勞動者，新冠疫情暴露了這種模式的巨大弊端。」[83] 其次是同年10月22日另一位專欄

---

[80] Milton Friedman, "The Social Responsibility of Business Is to Increase Its Profits," *The New York Times*, SM p. 17, September 13, 1970, available at: https://www.nytimes.com/1970/09/13/archives/a-friedman-doctrine-the-social-responsibility-of-business-is-to.html.

[81] 〈米爾頓 · 傅利曼偷了你的退休金：《失控企業下的白老鼠》選摘（3）〉，《風傳媒》，2020年1月30日， https://www.storm.mg/article/2182179。

[82] Jonathan D. Ostry, Prakash Loungani, and Davide Furceri, Jane 2016, "Neoliberalism: Oversold?" *Finance & Development*, Vol. 53, No. 2, available at: https://www.imf.org/external/pubs/ft/fandd/2016/06/ostry.htm.

[83] Rana Foroohar, "Fifty Years of US Policy Come Home to Roost," *The Financial Times*, March 29, 2020, available at: https://www.ft.com/content/863160aa-700e-11ea-9bca-bf503995cd6f；拉娜 · 福魯哈爾，〈五十年來的政策讓美國自食苦果〉，《金融時報》，2020年3月31日，http://www.

作家安德魯・希爾（Andrew Hill）在「當傅利曼遇到新冠疫情」一文中指出：「譴責高管們爲了『籠統的社會利益』（general social interest）而花股東的錢，沉溺於『虛僞的粉飾』（hypocritical window-dressing）半個世紀後，企業社會責任的理念正在復興。」[84]最後《金融時報》首席經濟評論員馬丁・沃爾夫（Martin Wolf）於同年12月8日發表的「傅利曼的企業學說是錯誤的」可算是補上致命的一擊，他在文中坦承，對於「企業的社會責任是增加利潤。我以前也篤信這一觀點。後來我發現自己錯了」。[85]綜上所述，2019年起的智利動亂政治根源應可追溯到赫緒曼提出的「訪問經濟學家症候群」，傅利曼及其訓練出來的「芝加哥小子」均難辭其咎。

## 三、經濟根源：涓滴效應無法證實

2008年全球性金融危機之後，大陸媒體開始認爲：「新自由主義的侷限性和內在不足逐漸顯現，『華盛頓共識』最終脫魅，而隱藏在新自由主義思潮和『華盛頓共識』外衣之下的西方國家霸權也暴露無遺。……拉美國家和前蘇東國家經濟轉型的曲折歷程及至今仍頻頻遭遇金融和經濟動盪的現實，力證了『華盛頓共識』的失敗，成爲另一種版本的『通向奴役之路』。」[86]

諾貝爾經濟學家斯蒂格利茨（Joseph E. Stiglitz）也在2019年指出：「新自由主義相信市場是通往共同繁榮的最可靠道路，這樣的信仰在今天已經奄奄一息了。陷入這種境地也不是沒有道理的。對新自由主義和民主信心的同時減弱既非巧合也非單純相關。新自由主義已經破壞民主近40年

---

ftchinese.com/story/001087015。

84　Andrew Hill, "When Milton Friedman, Prophet of Profit, Met a Pandemic," *The Financial Times*, October 22, 2020, available at: https://www.ft.com/content/10ac7863-2b3e-46a1-866b-2576b3be2d95；安德魯・希爾，〈當弗里曼遇到新冠疫情〉，《金融時報》，2020年12月8日，http://www.ftchinese.com/story/001090529/。

85　Martin Wolf, "Milton Friedman was Wrong on the Corporation," *The Financial Times*, December 8, 2020, available at: https://www.ft.com/content/e969a756-922e-497b-8550-94bfb1302cdd.

86　王磊，〈從新興市場的金融波動看「華盛頓共識」帶來的世界之殤〉，《光明網—學術頻道》，2018年5月25日，https://www.gmw.cn/xueshu/2018-05/25/content_28976248.htm。

了。」[87]無論窮國或富國，菁英階層都聲稱他們以「實證研究爲基礎」所承諾新自由主義政策會導致更快的經濟增長，而這些福利也將源源不斷，導致包括最貧困階層在內的所有人都能過更好的生活。但40年後反映結果的資料卻是：「增長已經放緩，而增長的成果絕大多數都流向了極少數最高階層。隨著股市飆升而工資停滯不前，收入和財富都在向上聚攏，而不是向下流動。」斯蒂格利茨強烈質疑「涓滴效應」是否存在，也間接印證了赫緒曼的「極化涓滴效應」（Polarization Trickle-down Effect）。

智利迪亞哥波塔雷斯大學（Diego Portales University）教授那碧亞（Patricio Navia）認爲，「動亂既非智利百姓對恢復民主後經濟模式失望的指標，也非國際左翼民粹企圖顛覆右翼政府的陰謀」，背後三個嚴重的問題是經濟太依賴銅業、貧富不均太嚴重及日益惡化的政治體系。[88]值得探究的是，1990年至2020年間「左派聯盟」（La Concertación/La Nueva Mayoría）所屬的基督民主黨（PDC）、社會黨（PS）執政長達24年，右派聯盟的皮涅拉擔任總統僅六年，智利動亂造成的損失，左派聯盟難辭其咎。[89]這顯然和赫緒曼在《經濟發展策略》中曾探討的「涓滴效應」有關。

涓滴理論（Trickle-down Theory）認爲政府對富人減稅與提供優待政策可改善整體經濟，最終會使社會中的貧困階層也得到生活上的改善。該理論反對以徵稅手段減少社會的貧富差距，也反對救助貧窮階層，常被用於諷刺供給面學派或自由市場。然而，天主教教宗方濟各（Pope Francis）在2013

---

[87] Joseph E. Stiglitz, "The End of Neoliberalism and the Rebirth of History," *Project Syndicate*, November 4, 2019, available at: https://www.project-syndicate.org/commentary/end-of-neoliberalism-unfettered-markets-fail-by-joseph-e-stiglitz-2019-11.

[88] Patricio Navia, "Chile's Riots: Frustration at the Gate of the Promised Land," *Americans Quarterly*, October 21, 2019, available at: https://www.americasquarterly.org/article/chiles-riots-frustration-at-the-gate-of-the-promised-land/.

[89] 1989年12月「基民黨」艾爾文（Patricio Aylwin）獲勝並於次年3月11日就任總統；1993年12月「基民黨」候選人傅雷（Eduardo Frei Ruiz-Tagle）當選並於次年3月就職；2000年1月「社會黨」拉哥斯（Ricardo Lagos Escobar）當選，任期爲六年；2006年1月「社會黨」之巴舍萊當選，成爲智利建國195年來首位女性總統，任期四年；2010年1月右派聯盟皮涅拉當選，結束左派聯盟長達20年統治；2013年12月巴舍萊當選左派聯盟重新執政；2017年12月皮涅拉當選右派聯盟重新執政。

年11月26日發表的首篇宗座勸諭（apostolic exhortation）《福音的喜樂》（*The Joy of the Gospel*）中強烈抨擊「涓滴經濟學」。教宗指出：「涓滴理論假設自由市場鼓勵經濟增長，不可避免將給世界帶來更大的公正和包容。此一從來沒有被證實過的觀點，表達對那些揮舞著經濟力量和現行經濟體制既原始又天眞的信任。與此同時，那些被排除者仍在等待。」[90]

諾貝爾獎得主、紐約大學教授史潘思（Michael Spence）團隊的研究報告指出，缺乏包容性和助長不平等的增長模式通常會遭遇失敗。造成這種失敗的並不完全是經濟原因，那些受發展手段負面影響以及缺乏充分機會分享發展福利的人將會變得愈來愈沮喪。這種狀況會助長社會兩極化，從而導致政治不穩定、社會陷入僵局或作出短視決策，爲經濟表現帶來嚴重的長期後果。[91]

《金融時報》專欄作家福魯哈爾甚至認爲「美國的私部門已不再服務眞實經濟」，因此川普企圖透過稅改達到「涓滴效應」簡直是妄想。[92]《紐約時報》專欄作家科恩（Roger Cohen）對涓滴效應反思如下：「10年前，世界陷入了全球金融危機的泥潭。那些對此負有責任的人逃之夭夭。今天的造反是有罪不罰和不公平的產物。」[93]2019年智利動亂根源之一與低端人口是否感受「涓滴效應」有相當關聯。

以《華爾街日報》和美國傳統基金會（The Heritage Foundation）發布的「2020經濟自由指數」（Index of Economic Freedom）爲例，智利得分

[90] Michael McGough, "Pope Francis Takes on 'Trickle-Down' Economics," *Los Angeles Times*, November 26, 2013；Eric Brown，〈教皇方濟各《福音的喜樂》出版狠批資本主義〉，*International Business Times*，2013年11月27日。

[91] Michael Spence, "How Inequality Undermines Economic Performance," *Project Syndicate*, December 26, 2018, available at: https://www.project-syndicate.org/commentary/inequality-weakens-economic-performance-by-michael-spence-2018-12.

[92] Rana Foroohar, "Donald Trump's Trickle-Down Delusion on Tax," *The Financial Times*, October 1, 2017, available at: https://www.ft.com/content/736ca456-a50f-11e7-b797-b61809486fe2.

[93] Roger Cohen, "As a Disorienting Decade Closes, a Perilous One Begins," *The New York Times*, December 11, 2019, available at: https://www.nytimes.com/2019/12/11/opinion/western-democracies-china-russia-protests.html.

76.8分，在拉丁美洲地區排名居首，其次是烏拉圭居全球第40位。[94]然而，根據拉美與加勒比經濟委員會（ECLAC）統計，智利也是拉美地區貧富最為懸殊的國家，1%的富人掌握26.5%的財富總量，而占人口比例超過50%的低收入族群只占有全國財富總量的2.1%。[95]

1980年代以來智利維持了30多年較快的經濟增長，跨越了「中等收入陷阱」所定義的1萬美元門檻，2010年智利受邀加入具有「富國俱樂部」之稱的經濟合作暨發展組織（OECD），至2018年人均收入已接近1.6萬美元。[96]但智利也是該組織成員國中貧富差距僅優於哥斯大黎加的國家，因此有人形容2019年智利動亂為「經濟政變」。

不少學者將智利2019年動亂歸咎於皮諾契執政時期的新自由主義政策。美國瑞奇蒙大學（University of Richmond）政治學教授普里布林（Jennifer Pribble）認為：「這是一個快速但不平等的經濟增長的故事、政府不願擔當其監管和社會政策角色的故事，以及政治階層不願改變國家經濟和社會模式的故事。」[97]我們當然不能因智利爆發動亂而全盤否定拉美國家實施經濟改革的必要性，但智利案例說明面對經濟改革產生的社會成本，政府在社會發展領域的干預不是愈少愈好，而是不可或缺。否則就如同上海大學拉美研究中心主任江時學所形容的，「看不見的手」會成為「看不見的拳頭」。[98]其中又以教育造成的影響最顯著。

皮諾契自1990年下台後，執政超過20年的左翼民主聯盟對教育改革著墨有限。1990年智利只有20萬大學生，2010年已增加到110萬，可是在1990

94　該指數採用百分制，涉及市場開放度、政府規模、監管效率和法治四個領域，https://www.heritage.org/index/ranking。

95　張原峰，〈反常的智利〉，《金融時報中文網》，2019年11月5日，https://big5.ftchinese.com/story/001084996。

96　崔守軍、劉祚黎，〈反思「智利模式」之殤〉，《觀察者》，2019年10月28日，https://www.guancha.cn/cuishoujun/2019_10_28_522936.shtml。

97　Jennifer Pribble, "Chile's Crisis was Decades in the Making," *The Financial Times*, October 27, 2019, available at: https://www.ft.com/content/81801886-f650-11e9-bbe1-4db3476c5ff0.

98　江時學，〈莫讓「看不見的手」變拳頭〉，《環球網》，2019年10月30日，https://opinion.huanqiu.com/article/9CaKrnKnv3L。

年之後，智利就沒有設立過任何一所新的公立大學，超過一半的大學是私立學校，學費高昂名列世界之冠，高等學府成了有錢人家子弟才能就讀的高貴學府。

此一現象實乃新自由主義的延續。傅利曼早在1955年就曾提出教育券（school voucher）概念。[99]具體做法是把學校的管理和運作從教育官僚手上解放出來，將教育經費以教育券的形式發給家長，讓家長用腳投票選擇最合適的學校。教育券的主要目的之一就是取消准入限制，並鼓勵更多民營資本進入教育市場，或稱為「教育市場化」。智利在1981年教育改革時因面對經濟危機壓力，中央政府通過民營化和地方化兩手策略甩掉了教育這個「包袱」，改革後政府教育投資降低了18%。主要以接受政府補貼的私立學校（亦稱教育券學校）獲得了更多的教育資金，公立學校經費則被大量轉移到這些教育券學校。[100]

智利教育投資在拉美國家中名列前茅。近十幾年教育開支在GDP中的比重也在穩步增長。儘管如此，教育市場化的結果也導致明顯的階級化，公私立學校之間教學品質差距增大引發社會不滿。2006年巴舍萊上台後，因增加大學入學考試費用和削減學生通行證津貼的法案引起全國性的學生運動，智利中等學校學生希望藉此機會促使教育系統全面改變提升教育品質。同年4月起連續六周發生罷課和遊行，100萬名罷課學生所占據的學校，高達1,000所中學和幾乎所有的大學。智利中學生因須著西裝打領帶的校服一向被稱為「企鵝」，因此該次事件亦稱為「企鵝革命」（Penguins' Revolution）。[101]

根據經濟合作暨發展組織（Organisation for Economic Co-operation and Development, OECD）2011年的報告，智利是教育階層隔離情況最嚴重的國

---

[99] Milton Friedman, "The Role of Government in Education," in Robert A. Solo (ed.), *Economics and the Public Interest* (Rutgers University Press, 1955), pp. 123-144.

[100] 蘇奎，〈被美國忽悠了有多可怕？80名高中生引發國家大騷亂！只因30年前埋下一顆雷⋯⋯〉，《澎湃網》，2019年12月11日，https://m.thepaper.cn/newsDetail_forward_5205665。

[101] 吳宗軒，2010年1月1日，〈2006智利企鵝反叛學生運動之研究〉，淡江大學拉丁美洲研究所碩士論文，第93頁。

家之一，不同社會背景學生融合程度小於0.5，而經濟合作暨發展組織國家的均值爲0.75。以小學爲例，80%左右的低收入家庭學生在公立學校就讀，而高收入家庭只有6%進入公立學校，近90%中高收入家庭的學生都進入不同類型的私立學校，公立學校幾乎成爲劣等教育的代名詞。改革後，公立學校和教育券學校相比私立學校的差距反而擴大了。換句話說，支持教育券的新自由主義者所宣稱的自由競爭可以帶來整體教育品質提升的美好願望並未實現。[102]

赫緒曼認爲傅利曼有關教育券的論文「鼓吹將市場機制引入公共教育，是經濟學家偏見的最佳說明」。[103]劍橋大學公共政策教授柯伊爾（Diane Coyle）則認爲：「2020年代將是抹除『把問題留給市場去解決』（left to the market）這一概念的最後一個10年。這一觀念至今已存在了大約40個年頭，已給社會和環境造成了不可計量的破壞。」[104]此一看法不僅適用於智利的教育市場化，也證明智利民眾未能感受到「涓滴效應」。

## 四、社會根源：隧道效應

2010年智利受邀成爲經濟合作暨發展組織成員國後，南開大學拉美研究中心韓琦教授曾謂：「最近20多年智利現代化的經驗是，強調政治、經濟和社會三方面的轉型。正確定位政府、市場和社會三者的作用，使三者各司其職，形成互動，協調發展。……智利的現代化已經背離了正統的新自由主義，其選擇了一條自由主義與干預主義相結合的『中間道路』。」但他也指出：「如果與其他發達國家相比，智利仍存在諸如教育品質較差、基尼係數過高、社會流動水準低和機會不平等……智利的現代化仍有很長的路要走。」[105]西南財經大學拉美研究中心歐陽俊教授則認爲：「引發〔2019年〕

---

[102] 蘇奎，〈被美國忽悠了有多可怕？80名高中生引發國家大騷亂！只因30年前埋下一顆雷…〉。
[103] 李宗義、許雅淑譯，赫緒曼原著，《叛離、抗議與忠誠》，第67頁。
[104] Diane Coyle, "The End of the Free-Market Paradigm," *Project Syndicate*, January 8, 2020, available at: https://www.project-syndicate.org/commentary/digital-economy-ends-free-market-paradigm-by-diane-coyle-2020-01.
[105] 韓琦，2013年，〈拉美發展史上的「哥德巴赫猜想」—智利現代化的經驗及借鑒意義〉，《人

智利動亂的根源不是因為智利採取了市場導向的經濟改革政策,而是智利的改革出現了偏差。智利實施了融干預主義與自由主義於一體的經濟政策,試圖藉此得到二者優處的綜合,但得到的往往只是二者劣處的疊加。」[106] 上述兩位學者的視角,顯示智利動亂根源和百姓對發展成果的感受高度相關。

美國皮特森國際經濟研究所(Peterson Institute for International Economics)資深研究員波利(Monica de Bolle)認為,2019年拉丁美洲爆發連鎖性社會動亂最佳的解釋是「隧道效應」。[107] 赫緒曼於1972年如何發現「隧道效應」並使其成為經濟學重要的隱喻已於第一部分說明,於此不再贅述。

值得補充的是,「隧道效應」也有助於瞭解1990年代起引發政學界廣泛興趣的「國民幸福」(Gross National Happiness, GHN)。經濟學家關注幸福與絕對收入、參照收入、預期收入、需要收入、失業、通貨膨脹、政府支出等經濟變數之間的關係,並試圖探究背後的影響機制。其中所謂「相對收入」(relative income)係指個體自身收入與「參照收入」(reference income)之差。「相對收入」會使人產生「相對剝奪感」(relative deprivation),對幸福感產生間接效應,「隧道效應」因而產生,「比如,當參照群體收入提高時,個體便對自身未來的收入形成好的預期,而這種好的預期會提升個體幸福感。」[108]

美洲開發銀行(IDB)前總裁莫雷諾(Luis Alberto Moreno)認為:「高度的貧富不均使得拉丁美洲成為『世界的病人』(world's sick man),該地區的暴力比率全球最高、經濟表現最差,社會動亂加劇。」[109] 以智利為例,民主政權輪替雖已30年,卻未能建立基本的社會安全體系,徹底民營

民論壇・學術前沿》,第22期,http://www.rmlt.com.cn/2013/1212/198164.shtml。

[106] 歐陽俊,2019年10月2日,〈如何看待當前拉美的亂〉,上海大學拉美中心。

[107] "Latin America Faces a Second 'Lost Decade'?" *Democracy Digest*, November 18, 2019, https://www.demdigest.org/latin-america-faces-a-second-lost-decade/.

[108] 郝身永、韓君,2013年,〈經濟增長、收入差距與國民幸福—幸福經濟學研究的經驗啟示〉,《社會科學》,第3期,第47-52頁。

[109] Luis Alberto Moreno, "Latin America's Lost Decades," *Foreign Affairs*, January/February 2010.

化的健保醫療與退休金經營績效不彰，使得民眾無法負擔相對昂貴的醫療費用，退休族的年金收入也難以維持生活，加上教育費用昂貴，龐大的中下階層群眾陷入「舉債度日」的惡性循環。難怪民眾在遊行中高喊「不是30披索，是30年」，30年指的是1990年獨裁政權結束後，始終未感受到經濟改革的成效，貧富差距導致的憤怒終於爆發。

　　波士頓大學教授海涅（Jorge Heine）認為引發智利動亂的原因之一是「公共挫折感」（public frustration），而罪魁禍首就是從1980年底建立的私有化退休金制度。[110]以養老金為例，其「私有化顯然是得到了新自由主義的啟發，是出自勞動與社會保障部長何塞‧皮涅拉（José Piñera）的傑作，而他本人則是自由市場的忠誠衛士和芝加哥弟子陣營內私有化集團的鐵桿分子」。[111]

　　1981年起，智利軍政府對養老金制度進行私有化改革，儘管改革具有積極意義，但仍存在覆蓋面小、管理成本高等問題。巴舍萊政府尋求提高最低養老金和讓所有婦女享有養老金，並將社會保障擴大至年輕人。為此智利政府建立了一個監管養老金管理公司的體系，並創建了一項穩定的互助基金。2008年1月政府還通過法案建立一個由國家財政資助的養老金體系，旨在彌補私人養老金制度在覆蓋面、效益和透明度方面存在的缺陷。[112]

　　智利有六家養老金基金管理公司（Administradoras de Fondos de Pensiones, AFP），每家公司允許管理五個基金，基金公司可以選擇股票、債券以及部分海外資產進行投資，允許投資於基建、農林、銀行、地產、醫藥等多個行業。[113]參保人有權在不同養老金管理公司的30個不同計畫中選

[110] Jorge Heine, "Solving Chile's Crisis Starts with Fixing Its Pension System," *Americas Quarterly*, January 8, 2020, available at: https://www.americasquarterly.org/article/solving-chiles-crisis-starts-with-fixing-its-pension-system/.

[111] Javier Santiso, translated by Cristina Sanmartín and Elizabeth Murry, *Latin America's Political Economy of the Possible: Beyond Good Revolutionaries and Free- Marketers* (Cambridge, Massachusetts: The MIT Press, 2006), p. 103.

[112] Bertelsmann Stiftung Indicator, *BTI 2012—Chile Country Report*, 2012, p. 18.

[113] 六家養老金基金管理公司名稱為Capital、Cuprum、Habitat、Modelo、Planvital、Provida，rankia.cl/blog/fondos-pensiones-afp/3111937-mejores-afp-chile-2020#titulo3。

擇，並可在不同公司之間轉換。參保人員需向養老金管理公司繳納管理費，主要爲管理公司提供利潤來源及彌補管理成本，而管理費用也是由市場價格決定，一般在5%左右。基金公司將投資收益存入個人帳戶累積，在達到領取養老金給付標準時，參保人員可以選擇分期領取或者轉化爲終身年金。[114]

　　養老金私有化建立之初宣稱參保者可領到退休前薪資的70%（替代率），但根據經濟合作暨發展組織的統計，2017年的替代率未達40%，低於經濟合作暨發展組織國家平均的58.7%。以2018年平均值爲例，男性可領到15萬披索（約200美元），女性可領到11萬披索，僅爲最低工資的三分之一。[115]由於養老金過低引發的強烈「相對剝奪感」爲2019年動亂原因之一，因此皮涅拉總統於2020年1月15日被迫承諾提出養老金改革方案。

　　2020年7月23日智利國會通過法案允許公民提前提領退休基金，以減緩新冠疫情導致百姓陷入財務困境。根據新法，同年7月30日起勞工可在未來一年內自退休金帳戶領出最高10%的退休金，也就是總規模約2,000億美元的退休基金，最多將釋出200億美元緩解民眾財務困境。智利國會總計三度通過預提退休金方案，提領金額累計497億美元。[116]由於前三次預提累計金額動搖了幾十年來支撐自由市場的退休基金結構，2021年12月初，智利國會否決第四度預提退休基金提案，2022年博里奇總統就職後，國會於4月28日再度否決延長預提退休基金的期限。

　　在探討智利動亂影響之前，回到韓琦和歐陽俊談到的「干預主義」。主張國家干預主義的西方經濟學家認爲，現實的市場並非經濟學假設理想的完全競爭市場，因此不僅認爲市場自我調節能力有限，也承認市場失靈。國家干預主義與新自由主義的論爭是西方近現代經濟思想史的重要組成部分，且論爭在不同的歷史時期和不同的具體經濟背景下，呈現不同的具體內容和表

---

[114] 劉建華，〈托「芝加哥弟子」的福，讓智利人「老無所依」〉，《觀察者網》，2019年10月25日，https://read01.com/mzgBdNK.html#.Y-2nn3ZBzIU。

[115] Jorge Heine, "Solving Chile's Crisis Starts with Fixing Its Pension System."

[116] "Impact of Withdrawals from Chilean Pension Funds on the Economy and Individuals," *Pension Notes*, No. 58, December 2021, available at: https://www.fiapinternacional.org/wp-content/uploads/2021/12/NP-58-Impacto-de-los-retiros-FP-chilenos-sobre-economia-y-personas-eng-1.pdf.

現形式。以本世紀第一次嚴重的國際金融危機爲例，爆發前後西方國家干預主義經濟學家和新自由主義經濟學家在危機可能性、危機嚴重程度和發展趨勢，以及危機原因和應對危機政策等問題進行過激烈爭辯。該危機使新自由主義受到沉重打擊，國家干預主義則在理論和政策占上風。[117]

由於本文討論的智利動亂從2019年持續到2020年10月25日的修憲公投，乃至2022年9月再以公投決定是否通過憲法草案。期間適值新冠疫情爆發，智利對疫情處理可屬拉美最佳。[118]這兩大事件在時間上的巧合重疊或可提供觀察干預主義能否有效運作的視窗。

## 五、結語

世界銀行前副行長林毅夫曾謂：「在過去，都是全球南方國家向北方國家學習理論和經驗。這些理論和經驗實際上都是建立在北方發達國家的經濟、社會和政治文化基礎之上。北方國家的產業、技術、發展階段、社會政治法律文化等，就變成這些理論的暗含前提。在海外國際合作的時候，如果把這些理論和經驗拿到發展中國家，暗含前提不一樣了，就會出現『淮南爲橘，淮北爲枳』的問題。雖然出發點非常好，但是帶來的效果跟原來的預期有很大的差距。」[119]智利2019年至2022年政經發展案例相當程度反映上述現象，其影響分析如下。

從全球層面來看，至少有以下雙重影響。其一是民主政治已成經濟菁英俘虜。曾任聯合國、世界銀行、亞洲發展銀行顧問、現任劍橋大學發展研究中心主任韓裔學者張夏准2007年在《富國的糖衣》中，曾以「壞撒瑪利亞人」（Bad Samaritans）形容富裕國家的虛僞。2020年他爲該書再版撰寫

[117] 吳易風、王晗霞，2011年10月，〈國際金融危機和經濟危機背景下西方國家干預主義和新自由主義的論爭〉，《政治經濟學評論》，第2卷，第4期，第16-42頁。

[118] "Bello: Vaccination is Going Well in Chile. Why Not Its Neighbours?" *The Economist*, March 6, 2021, available at: https://www.economist.com/the-americas/2021/03/06/vaccination-is-going-well-in-chile-why-not-its-neighbours.

[119] 林毅夫，〈沒有所謂中國「債務陷阱」，不發展才是最大的陷阱〉，《觀察者網》，2022年4月16日，https://www.guancha.cn/LinYiFu/20220416635179s.shtml.

的序文中憂心地指出：「我先前提到在富裕國家中，許多被新自由主義『遺棄』的民眾引發暴動，但就連智利、哥倫比亞和黎巴嫩，即一般公認新自由主義政策相對成功、社會接受度也高的國家，近來居然也出現政治動亂與暴動。」[120]

　　朱雲漢和鄭永年則認為，在過去數十年裡，西方世界呈現出一個令人費解的矛盾現象，即政治上愈來愈民主，但經濟上愈來愈不民主。政治上，自1970年代開始，隨著西方民權運動的崛起開始實行「一人一票」民主，迄今「一人一票」成為西方民主最堅實的合法性基礎。這也是所有民主人士所持有的理想。但經濟上又如何呢？經濟民主意味著經濟上更加平等。西方的左派（政治自由派）也一直期望通過政治上的「一人一票」來實現經濟民主。但從經驗看來，西方經濟已經和人們的期待背道而馳，即變得愈來愈不平等。這一矛盾很難解釋，也是西方社會所面臨的巨大挑戰。人們給出的唯一解釋，就是民主政治已經被經濟菁英所俘獲，他們把「一人一票」轉化成為「一元一票」了。[121]

　　其二是企業社會責任恐將範式轉移。在傅利曼該篇被譽為「山上寶訓」的文章發表屆滿50年之際，美國五大保守派智庫之一的胡佛研究所在2020年第一期的《胡佛文摘》（*Hoover Digest*）重新刊登「企業社會責任」全文，但將標題改為「先知分享」（Prophet Sharing）。如何從傅利曼的「股東資本主義」（shareholder capitalism）轉型為更具人文關懷的「利益相關者資本主義」（stakeholder capitalism），或許是資本主義應該從新冠疫情和智利案例學習的教訓。[122]

　　就拉美區域層面而言，解決貧富不均問題刻不容緩。美洲開發銀行前總

---

120 張夏准，〈給臺灣讀者在動盪中前行的實用指南〉，《富國的糖衣》（台北：天下雜誌，2020年），初版，第8頁。

121 朱雲漢、鄭永年，〈自由世界秩序還是多元世界秩序？〉《文化縱橫》，2021年8月15日，https://user.guancha.cn/main/content?id=571976&。

122 向駿，〈傅利曼：蓋棺難論定〉，《聯合早報》，9版，2020年12月30日，https://www.zaobao.com.sg/zopinions/views/story20201230-1112444。

裁莫雷諾認為，拉美新冠疫情危機是長期的貧富不均累積所致。[123]再者，由於2019年以來拉美左右對峙方興未艾，太平洋聯盟（Pacific Alliance）的前景恐難樂觀。以墨西哥總統羅培茲（Andres Manuel López Obrador）為例，2020年2月他曾在記者會上對國內治安敗壞回應如下：「墨西哥社會逐漸沉淪與新自由主義模式有關。」[124]看來新自由主義模式已成為墨西哥執政不力的替罪羔羊。秘魯、智利和哥倫比亞陸續由左翼人士當選總統後，「太平洋聯盟」未來的發展值得關注。

---

[123] Luis Alberto Moreno, "Latin America's Lost Decades: The Toll of Inequality in the Age of COVID-19," *Foreign Affairs*, January/Febuary 2021, available at: https://www.foreignaffairs.com/articles/south-america/2020-12-08/latin-americas-lost-decades.

[124] "Bello: Mexico Needs Statecraft, Yet Its President Offers Theatre," *The Economist*, Febuary 29, 2020.

# 第二章　人類學大師阿圖羅·艾斯科巴（Arturo Escobar）

卓浩右

## 第一部分　艾斯科巴其人其事

### 一、前言

　　本章討論哥倫比亞裔的人類學者艾斯科巴的學術事業以及影響。艾斯科巴為當代相當活躍的人類學者，主要的研究區域為南美洲，研究的議題橫跨對於發展主義批判與反思、拉丁美洲的原住民運動、本體論轉向與多元宇宙的討論、政治生態學等。

　　藉助於傅科（Michael Foucault）的論述概念、薩伊德（Edward Said）的東方主義等幾位研究者的概念，艾斯科巴系統性地批判了發展主義對於拉丁美洲以及其他第三世界國家造成的衝擊和長遠的影響。他的《*Encountering Development—The Making and Unmaking the Third World*》一書幾乎成為後來的研究者在討論發展主義時一定要回顧和討論的經典文本。除此之外，艾斯科巴也在長期研究拉丁美洲社會運動的過程中，不停地和南美洲原住民運動中提出的各種論述進行辯證，並且由此提出多元宇宙（Pluriverse）的概念，試圖從本體論的層次上，提出一套可以讓拉丁美洲從西方知識體系中解放出來的可能途徑。也正因為在本體論上的探索以及熟稔拉丁美洲原住民運動的論述和思想，使得艾斯科巴採取建構論的立場分析自然（nature）這個概念被建構的過程。他以哥倫比亞太平洋沿海熱帶雨林區的土地利用狀況作為例子，建立了一套關於自然體制的討論，從而在政治生態學的領域中也建立起獨樹一格的理論路徑。

　　艾斯科巴晚近的研究則可以視為是將前期積累的學術能量進行了重要整

理，結合了他對於發展論述的討論、多元宇宙的概念、原住民運動以及政治
生態學的積累，近期的研究強調關係性本體論對於認識拉丁美洲當前的原住
民運動論述的重要性；同時，也開始著手探索設計領域的相關討論。即使已
經從美國北卡羅萊納大學退休回到哥倫比亞，但艾斯科巴依舊維持活躍和高
產，是當代相當重要的一位研究拉丁美洲的人類學者。

## 二、生平

　　艾斯科巴1952年生於南美洲哥倫比亞的馬尼薩萊斯（Manizales）這座
小城市，沒多久之後，艾斯科巴舉家遷徙到卡利（Cali），這座城市大約有
50萬的人口，是哥倫比亞的第三大城。在二戰後出生的艾斯科巴，可以說
從出生到成年都是伴隨著整個發展論述方興未艾且在南美洲雷厲風行的時
代。在他的自述[1]中曾經提及，他的父親是貧農出身，母親則是小鎮上的中
產階級人家的女兒。組成家庭後舉家遷徙到卡利，爲的就是追求較好的生
活，同時也是希望能夠給予他們的小孩一個光明的未來。在這樣的家庭中
成長，即使經濟上並不算寬裕，但是其父母依舊試圖提供最好的教育環境
給艾斯科巴。而他也很爭氣地進入了卡利本地的瓦爾大學（Universidad del
Valle）就讀化工系。

　　依據艾斯科巴對於自身成長經歷的描述，在他接近大學畢業的時候，他
確定了自己並不想要成爲一位化學工程師。因爲在當時的哥倫比亞，成爲一
位化學工程師大致上就等同於在大型跨國企業中工作。如果以他自己的話來
說，他並不想成爲一個汙染者（polluter）。同時，他也發現了自己對於糧
食與飢餓相關議題相當有興趣，因此，他以一份關於聯合國飢荒報告的研究
作爲申請文件，成功地申請到康乃爾大學的營養與食物科學所就讀碩士。畢
業後則是先回到哥倫比亞的國家計畫部服務一年之後，再前往加州大學柏克
萊分校（UC Berkeley）攻讀發展哲學、政策與規劃這個跨學科學程的博士

---

1　關於艾斯科巴的生平，可以參考其2018年的短文：Arturo Escobar, February 2018, "Farewell to
Development," available at: https://greattransition.org/publication/farewell-to-development。

班。在艾斯科巴求學的時代，對於第三世界國家的飢荒議題，幾乎不可避免地會接觸到當時主流的發展主義論述。他回憶在柏克萊攻讀博士班的那段時光中，當他們在課堂上討論營養、公共衛生等議題時，都是循著當時的主流典範進行的；亦即，第三世界國家應該要追求發展，跟隨著美國和西方國家的腳步，才能夠改善人民的營養和健康狀況。同時，也是因為對於飢餓問題持續且深入的研究，使得學生時代的艾斯科巴逐漸瞭解到，飢餓的問題從來就不只是單純的科學問題，同時也是政治問題。這樣的發現，也影響到他之後整個學術知識體系的發展。

在1987年從加州大學柏克萊分校拿到博士學位之後，輾轉任教於美國、哥倫比亞、芬蘭、西班牙和英國等地的大學，在本世紀之初開始任教於北卡羅萊納州立大學教堂山分校（University of North Carolina at Chapel Hill），並且於2018年時以特聘教授的身分榮退。退休之後艾斯科巴馬上回到哥倫比亞，在他成長的故鄉擔任兼任教授至今。

在他求學的期間，發展主義的風潮盛行於整個西方世界之中。二戰之後的世界秩序主要是由美國主導，而當時不論是政府敘事或者是國際金融機構，比如說世界銀行或者是國際貨幣基金組織，乃至於在歐美一般大學的課堂討論中，都充斥著以樂觀的發展主義論述理解國際政治經濟局勢。這樣的敘事方式對他來說是可疑的。在哥倫比亞求學的期間，拉丁美洲的大學生之間流行的讀物是新馬克思主義（Neo-Marxism）這個傳統下的依賴理論，以及法蘭克福學派等對於工業社會進行嚴厲批判的歐陸學者的著作。這些著作在艾斯科巴的思想中植入了懷疑拉丁美洲以及其他第三世界國家的未來，是否真的只有一條名為發展的道路可以前進。而這樣的懷疑與探問，也就成為艾斯科巴的學術生涯中恆常的主軸。可以說，艾斯科巴的學術生涯就是建立在不停地和發展主義進行對話，並且試圖擘劃發展以外的另一種世界藍圖之上的。

## 三、理論

### （一）背景：發展主義、依賴理論與拉丁美洲

　　在二次世界大戰之後，滿目瘡痍的歐洲和世界經濟體系一樣需要重建。在這個重建的過程中，美國挹注了大量資金在歐洲實行馬歇爾計畫，同時也主導二戰後新的世界秩序至今。馬歇爾計畫的成功使得歐陸各國得以快速重建之外，也迎來了接下來近20年經濟成長蓬勃發展的時期；在冷戰格局下，鐵幕之外的國家呈現出前所未有的團結狀態。整個所謂的西方社會當時呈現著一種欣欣向榮且洋溢著樂觀的氛圍，發展主義正是在這種樂觀氛圍中生成的思想和政策產物。

　　除此之外，由於二戰之後幾個過去的殖民帝國如英法德西等國，皆在戰爭中元氣大傷，並且逐漸失去對於殖民地的控制力，因此有許多過往的殖民地在二戰之後獨立成為新興國家。在冷戰格局之下，為了要避免這些新興國家為蘇聯所吸納，美國政府因此開啟了一連串的推廣資本主義和投資的計畫，發展主義在這樣的時代脈絡中，逐漸成為美國援外政策背後的主流思維與論述。

　　即使有許多相互競爭的模型在討論哪一條路徑才是發展國家正確的道路；發展主義仍有一些共同的基礎：視西方社會是工業化和現代化的已開發國家，具有較好的生活品質和政治體制。因此，任何其他還未臻至工業化和現代化境界的開發中國家，都應該以西方世界作為榜樣，效法他們的政策、追隨這些先進者的發展腳步，最終必能趕上這些西方國度躋身於已開發國家之林。在二戰之後流行的這種發展主義思維，也時常被稱之為現代化理論。在現代化理論中，普遍認為政府需要實施特定政策來刺激經濟的發展與成長，於此同時也需要改變國家法規和政治體制以合乎現代國家的需求，這樣才能讓新興國家脫胎換骨成為現代化國家。

　　即使抱持著現代化理論思維的學者提出了不同的現代化模型彼此競逐，但在這些解釋模型中，過去最為流行的是「羅斯托經濟成長階段論」

（Rostow's Stage of Growth）。[2]羅斯托（Walt Rostow）認為，所有的國家在追求經濟成長時必經過五個階段，分別是：1.傳統社會期；2.經濟起飛的前準備期；3.經濟起飛期；4.逐漸成熟期；5.大量消費期。所有國家在經濟發展的過程中，都會經歷過這幾個不同的時期。值得一提的是，羅斯托提出這套理論模型的背後，有著強烈的政治動機，正如同書名所昭示的：《The Stages of Economic Growth: A Non-Communist Manifesto》（Rosrow, 1990），[3]他的研究動機中有相當濃厚的反共成分存在。也因此，羅斯托當時強力地說服美國政府採用他的觀點，形成美國在20世紀中葉之後外交政策的重要參考依據，從而深刻地影響到了美國與拉丁美洲諸國的互動，以及這些拉丁美洲國家從20世紀中葉至今的發展軌跡。

　　當時序進入1980年代之後，過去這種追求現代化思維的發展主義論述發生改變；現代化理論認為，國家的發展過程中，政府體制和政策對於經濟發展扮演了重要的角色；但新自由主義則認為，不管是怎樣的政策措施都會對市場造成干預，並且對於經濟發展造成不好的影響。因此，新自由主義者強調私有化、小政府、放任自由市場競爭與發展，並且批判以政府作為引導經濟發展主要行動者的現代化理論。這套被稱為新自由主義的經濟思維，在1989年的華盛頓共識（Washington Consensus）中，成為世界銀行和國際貨幣基金組織對拉丁美洲面臨的債務危機所提出的改革措施的基本原則。

　　即使現代化理論和新自由主義思潮對於經濟發展背後的動力有著非常不同的見解，而這種見解上的差異也實際影響到了開發中國家的政策設計和效果。不過，不論政策思維發生了多劇烈的改變，從早期的現代化理論到新自由主義思維，其背後對於追求經濟成長的發展主義論述都維持不變。發展主義的幽魂一直到此時此刻，都還深深地牽擾著拉丁美洲諸國的政治經濟和社會狀況。

---

[2]　Walt Whitman Rostow, 1959, "The Stages of Economic Growth," *The Economic History Review*, Vol. 12, No. 1, pp. 1-16.

[3]　Walt Whitman Rostow and W. W. Rostow, *the Stages of Economic Growth: A Non-Communist Manifesto* (Cambridge University Press, 1990).

　　發展主義作為以美國為首的西方國家和國際機構長期以來對待開發中國家的主要思維，影響了許多政策的發展。而發展主義對於開發中國家的承諾，也就是只要依循一定的經濟發展路徑就可以取得經濟成長，並且躋身已開發國家之林，這個承諾在拉丁美洲並沒有真的發生。因此，大約從1960年代開始，一批身處拉丁美洲的研究者，即提出了和發展主義截然不同的模型，也就是依賴理論來解釋拉丁美洲面臨的困境（Prebisch, 1962）。[4]

　　依賴理論[5]認為，拉丁美洲並沒有走在發展主義所描繪的康莊大道而朝著已開發國家前進，這中間出現的問題是因為那條康莊大道根本不存在。發展主義宣稱所有的國家都會經歷單一、線性演化式的經濟發展階段，在依賴理論的觀點中看起來並不正確。依賴理論學者認為，每一個國家都有其獨特性，因此不可能有一種一體適用的發展階段可以適用所有的國家。

　　使用了「核心」、「邊陲」的概念，[6]依賴理論的學者認為，世界經濟的發展並不是依照古典經濟學理論所言，在國際自由競爭市場中，不同的國家最終均會達至彼此之間的比較優勢而受惠。相反地，在國際貿易的過程中，開發中國家持續向已開發國家輸出天然資源，但並不會因此受益，反而會因為主要的生產技術掌握在已開發國家手上而持續地遭到剝削。依賴理論學者認為，邊陲國家輸出自然資源、經濟作物的價格永遠追不上核心國家後端商品的價格，於是，長期下來成為一種邊陲依附核心的狀況。[7]

　　由此，國際貿易在依賴理論的觀點中，和發展主義中所描述的最終會讓所有參與貿易的國家都受惠的烏托邦世界不同；國際貿易並不會讓國家之間

4　Raul Prebisch, 1962, "The Economic Development of Latin America and Its Principal Problems," *Economic Bulletin for Latin America*.

5　Baidyanath N. Ghosh, *Dependency Theory Revisited* (Routledge, 2019); Raul Prebisch, 1962, "The Economic Development of Latin America and Its Principal Problems," *Economic Bulletin for Latin America*.

6　Daniel Chirot and Thomas D. Hall, 1982, "World-System Theory," *Annual Review of Sociology*, pp. 81-106.

7　Young Namkoong, 1999, "Dependency Theory: Concepts, Classifications, and Criticisms," *International Area Review*, Vol. 2, No. 1, pp. 121-150; Moshe Y. Vardi, *Fundamentals of Dependency Theory* (IBM Thomas J. Watson Research Division, 1985).

的地位變得更平等，相反地，國際貿易反而會維持和再生產核心國和邊陲國之間存在的不平等關係。

　　基於上述的理論觀點，依賴理論的學者認為，世界秩序並沒有因為這些新興國家脫離了殖民地的位置而發生太多的改變。唯一的差別只是過去的這些帝國主義國家以政治和軍事手段進行控制，而現在改以經濟手段進行，但實質上的剝削關係依舊存在。因此，這些新興國家在既有的國際秩序和世界貿易的競逐賽中，如果不改變做法的話，永遠沒有翻身的一日。為了要改變這種不平等的剝削關係，依賴理論學者認為，邊陲國家需要做的事情是減少對於核心國家的依賴。因此，需要從發展進口替代工業[8]開始，逐漸減少來自核心國家的進口商品，轉而以自行生產的商品來滿足國內的需求；待產業發展成熟之後，回銷核心國家由此扭轉核心和邊陲的不平等關係。

　　事實上，不論發展主義思維或者是批判發展主義的依賴理論，背後都還是預設了類似的世界秩序；亦即，在西方國家萌芽發展的資本主義擴張到世界各地的過程。即使是依賴理論的研究者也都接受了這樣的預設，因此依賴理論的研究者其實跟發展主義的研究者分享了共同的命題：「在資本主義擴張的過程中，開發中國家要如何脫貧致富？」兩個學術陣營之間最大的分野，是在於提出的解決方法不同而已。

　　不論是發展主義中的現代化理論、新自由主義思潮，或者是和發展主義相對抗的依賴理論，在時間的檢視之下都被證明是有問題的。不過，這些理論相互競逐、批判以及依據這些理論思維而產生的實踐，深刻地影響了二次世界大戰之後拉丁美洲的歷史軌跡。

　　可以想見的是，這些理論不僅僅只是在北美學界之中被爭論，也會同時在拉丁美洲的學院當中被傳授、討論與辯證。艾斯科巴求學的階段身處在這樣的學術環境中，而他的家鄉哥倫比亞，則正是這些理論實踐的地點之一。我們可以說，正是在這樣的環境中求學和成長，形塑了艾斯科巴整個學術生

---

8　Werner Baer, 1972, "Import Substitution and Industrialization in Latin America: Experiences and Interpretations," *Latin American Research Review*, Vol. 7, No. 1, pp. 95-122.

涯中不停探問的主題，而這個主題是：除了發展以外，拉丁美洲有沒有其他的可能？

## （二）發展主義論述所建構的單一知識體系

「除了發展以外，拉丁美洲有沒有其他的可能？」要回答這個問題，必須先釐清發展主義這個概念當中，到底包含了什麼？在艾斯科巴看來，發展作為一種論述，最早是在二戰之後出現的一種由全球菁英以及權力核心者所共享的進步概念。為了能夠讓全球都能雨露均霑地分享到進步的果實，由核心國家的學者專家以及政治機構擘劃一系列以經濟成長為目的的發展計畫在開發中國家實施。不過這些全球菁英的夢想，最後卻被證實是這些開發中國家人民的惡夢。發展和進步的美夢並沒有兌現，卻造成了許多的未發展和赤貧，以及伴隨而來的隱形剝削與壓迫。

艾斯科巴正是在發展主義發興未艾的時代中求學成長，身為哥倫比亞人，對於發展主義在拉丁美洲造成的影響有著第一手的觀察。因此，在其學術生涯的早期，艾斯科巴致力於闡述發展主義到底是什麼、應該怎麼被認識，以及，當我們實際探討發展主義在第三世界國家中執行的那些發展計畫從當地人的觀點來看，造成了什麼衝擊與影響。因此，在艾斯科巴的學術生涯早期所進行的研究中，幾乎都是在探討發展主義的特徵以及實際在哥倫比亞所造成的影響。而這樣的研究路徑，可以說是在1995年出版的《*Encountering Development—The Making and Unmaking of the Third World 9*》一書最具有代表性。

在這本書中，艾斯科巴從幾個不同的層面來描述發展作為一種論述，[10]從二次世界大戰之後對於全球的衝擊與影響。首先，發展主義論述將貧窮問題化。在冷戰格局下，為了要防堵共產主義擴張，因此西方國家將其視野投

---

9　Arturo Escobar, *Encountering Development: The Making and Unmaking of The Third World*, Vol. 1 (Princeton University Press, 2011).

10　Arturo Escobar, 1984, "Discourse and Power in Development: Michel Foucault and the Relevance of His Work to the Third World," *Alternatives*, Vol. 10, No. 3, pp. 377-400; *Ibid.*

向了第三世界，而這些位於西方核心國家的政治領袖以及學者專家，忽然發現了位處拉丁美洲、亞洲和非洲的第三世界國家充斥著貧窮的問題。這個突然被發現的貧窮問題一夕之間就成為國際政治當中重要的議題；「消滅貧窮」的口號充斥在各種國際社群的聚會場合。政治人物提出宣示，學者專家研擬計畫，之後再由國際金融機構注資，由專業的「發展」團隊進駐第三世界國家執行這些核心國家設計出來的發展計畫。

　　他同時也指出，發展主義論述的背後有著一系列歷史發展下的積累。比如說，在1930年代經濟大蕭條之後，凱因斯學派的理論提供了國家政府、國際社會干預經濟發展的理論基礎；而冷戰期間西方國家出於對共產主義擴張的恐懼而試圖全力圍堵，在這樣的時代氛圍中，發展主義也顯得特別強調市場經濟的重要性以及個人的能動性，但於此同時也相對地忽略了社群發展的可能性。除此之外，在拉丁美洲執行的發展計畫，往往是依附在當地既有的權力架構之中進行的。也就是說，發展計畫是建立在在地男性霸權的權力分配基礎上。因此往往也會忽略在經濟發展的過程中，女性所扮演的角色以及女性的需求。諸如此類的狀況，都使得發展計畫基本上帶有非常濃厚的西方中心主義的色彩，站在西方的角度去規劃「為了第三世界國家人民著想」的發展計畫。

　　除了發展主義論述本身具有這種西方中心觀點的特色之外，對於艾斯科巴來說，更重要的事情在於，當第三世界國家接受了這些國際機構或者西方強權建議的發展路徑與計畫的同時，他們除了被納入了既有的單一世界體系之外，也被強迫接受了那些蘊藏在發展計畫中的西方文化價值。

　　艾斯科巴進一步申論，其實發展論述中所蘊含的西方文化並不是全新的概念，[11]而是西方文明當中許多的舊瓶裝新酒。透過科學知識與科技詞彙將許多文化性的概念重新包裝之後，隨著這些發展團隊的進駐，也一併登陸第三世界國家。隱藏在科學知識中立理性的背後，是特定的西方文化價值。而

---

[11]  Arturo Escobar, 1999, "The Invention of Development," *Current History*, Vol. 98, No. 631, pp. 382-386.

當第三世界國家接受了這種以科學樹立起的評估標準的同時，也就接納了一套實則帶有西方色彩的價值觀念在評估自身的國家狀態。

除此之外，艾斯科巴也指出，當發展計畫打著科學的大旗，欲以科學方法解決第三世界國家的貧窮時，是把貧窮問題化之後交由相關的技術部門，比如說經濟學者來解決。在這樣的狀況下，貧窮問題被視為是單純的科學問題，可以透過科學所發展出來的理論知識來消弭。在這個把第三世界國家以專業知識問題化的過程中，所有遭遇到的問題都可以被理性客觀的科學方法解決。這個客體化的過程排除了第三世界國家本身的歷史文化脈絡，以及地方政治所可能帶來的影響。換言之，在地的聲音在這個問題化的過程中被消音，不同地點之間的差異性被抹除。第三世界國家成為一個集合名詞，其中的意涵則是和西方社會不同的，處於多種問題交織，唯有倚賴經濟發展才能擺脫當前困境的國家類型。

因此，發展主義論述的核心，是「以科學知識解決第三世界國家的社會問題」這樣的概念。在這個概念之下，即使對於解決實際社會問題的路徑方式有差異，也無損於發展論述所居處的優勢位置。艾斯科巴以此解釋了即使西方學界對於經濟發展的典範發生過數次轉移，比如說在第（一）部分中我們曾經提及的，從凱因斯學派強調的政府積極介入和規劃經濟發展路徑的大政府路線，到後來強調放任市場自由競爭的新自由主義路線；這些經濟理論的典範轉移都無涉於發展主義論述所立下的，解決第三世界國家社會問題的那一套分析架構。

接著，艾斯科巴以綠色革命作為例子，說明這種發展主義論述在第三世界國家開展之後所帶來的實質衝擊。綠色革命的初衷是希望能夠消滅飢餓，讓世界能夠在先進、科學的農耕改革下大量增產，讓飢荒成為歷史名詞而不再出現於世界的任何一個角落。帶著這樣的良善動機，大批西方的農業科學家帶著他們的專業知識來到第三世界國家，希望透過農耕技術的改革來改善這些第三世界國家的糧食生產狀態。這些專家對於提高農業生產的做法，就是以科學化機耕、大量使用化肥等在西方農業中盛行的生產方式來進行。然而，使用這些在西方農業中發展出來的耕作方式有其特定的條件，比如說機

耕需要土地所有權集中，以大面積的耕作方式才能帶來足夠的經濟效益。化肥則時常需要搭配特定的基改種子，而且不論是化肥或者種子都需要從特定的管道取得，往往是需要以現金來購買國外進口的產品。因此，不論是機耕需要的土地或者化肥所需的現金，這都意味著能夠負擔綠色革命所帶來的這一套農業生產觀念的在地農人，往往是原本就已經有一定經濟基礎的富農。而那些原本就居於飢餓、生存水平線上下的貧農，在這一波的改革之中，反而會因為持有的土地過於破碎無法採用機耕，或是沒有足夠現金資本使用化肥等因素，使得產品沒有辦法在市場上和富農競爭，最後只能被迫賣掉土地成為農工或者搬入城市成為勞動者。換言之，大量的小農在這波綠色革命的發展浪潮中無產階級化，退出原本可以自食其力的生計農作，由此反而創造更多飢餓者在內的社會問題，綠色革命不僅沒有解決飢餓反而創造了飢餓。

　　艾斯科巴在書中有著相當生動的描述，他質疑這些西裝筆挺、搭乘商務艙，落地後旋即入駐五星級飯店的世銀發展專員是否真的曾經下鄉看過他們精心策劃的綠色革命在拉丁美洲鄉村中所產生的衝擊。他認為，這些世銀發展專員是在特定的知識體系接受訓練，對於農業生產的知識和想像也都是來自此一特定的知識體系，並且缺乏對於第三世界國家鄉民社會的認識。在這種條件下，當發展專員帶著他們的計畫實際接觸到這些鄉民時，他們其實是沒有辦法解讀鄉民對於綠色革命的反應背後所具有的社會文化意涵。不過這些事情對於世銀發展專員來說也許並不是那麼重要，因為他們的任務本來就是要來發生改變。於是他們改造這些無法辨識的鄉民社會，使得其中某些農人成為成功的商人，並且被納入知識體系中被安放在一個可以被理解的位置上。而那些無法理解的鄉民則會在無產階級化之後成為剩餘人口，接著被綠色革命所帶來的經濟成長給吸收。在艾斯科巴眼中，綠色革命就像是一齣西方國家扮演著家父長的角色，無私教誨第三世界國家的小孩怎麼讓自己吃飽的大戲。

　　在此，艾斯科巴也觸及了在發展主義論述中的性別問題，他認為即便在同一個時代的西方社會中女性主義理論的蓬勃發展，女性權益獲得了許多的改善；而女性在經濟活動中的角色以及貢獻也逐漸被注意。不過這些女權意

識並沒有被納入發展論述之中。本該被拆除的父權結構並沒有隨著經濟成長而發生；相反地，艾斯科巴也指出，發展計畫在執行的過程中時常是依附在父權結構中進行的。同時，在發展論述中，第三世界的女性其實一開始並不存在，後續即便開始出現在討論之中，往往也只是被當成生產和再生產者；也就是說，不管是哪一個時期的發展論述中，女性都只是可以被剝削的對象，是一種工具性的存在。[12] 即使西方女性主義者意識到了第三世界國家女性不論是在經濟或者社會生活等各種層面中面臨的「困境」，並且希望能夠提供協助；對於「困境」的辨識以及協助的內容，也都是從西方女性主義者自身的問題意識出發，把自身所遭遇的問題當成所有女性都會面對的問題，從而忽略在地文化脈絡以及其他因素的影響。在他看來，女性主義者這樣的思考路徑和發展論述如出一轍，不僅沒有辦法拆除第三世界國家的父權結構，反而鞏固了這種父系霸權的運作型態。

　　至此，艾斯科巴完整地分析了發展主義作為一種思想體系、一種論述所具有的形貌。在此做一個簡單的整理，艾斯科巴所說的發展主義論述，是一種抱持著西方中心思維的知識體系，這個知識體系將第三世界當作研究的客體納入其中，使得第三世界國家在這個特定的知識系統當中具有可視性。[13] 一旦成為可識別、辨識的研究客體之後，就會進一步地成為可以被監控、凝視和管理的對象。同時，在科學知識體系中存在的第三世界國家及其問題，是一種在這個知識體系中被生產和辨識出的問題，和實際第三世界國家真正的生活狀態未必有直接的關聯性。換言之，艾斯科巴認為，發展主義論述創造出了一種東方主義式的視角，並且以這種視角凝視著第三世界，持續地創造出各種發展計畫。

　　同時，透過發展計畫的執行，拉丁美洲以及其他第三世界國家就這樣逐步地被納入西方強權主導的世界體系之中，成為這個單一宇宙中的成員。在

---

[12]　Arturo Escobar, *Encountering Development: The Making and Unmaking of the Third World*, Vol. 1.

[13]　Arturo Escobar, 1988, "Power and Visibility: Development and the Invention and Management of the Third World," *Cultural Anthropology*, Vol. 3, No. 4, pp. 428-443.

這個單一世界之中，所有的標準和規則都是以西方強權爲核心所建立的，而以發展的名義滲透到開發中國家，從而使得這些後進國家只能長期處於低度發展的狀態，並且成爲世界體系中持續被剝削的依附者。

在釐清了發展主義對於拉丁美洲以及其他第三世界國家所造成的影響之後，對於艾斯科巴來說，最重要的事情不是批判發展主義，同時也不是如同依賴理論那般，提出一套看似不同的，實則殊途同歸的發展路徑。他認爲，在這個單一的宇宙當中，拉丁美洲國家是很難能夠跳脫既有的秩序。同時，任何由上而下的解決方案，都只是重蹈發展主義的覆轍，脫離並且忽視地方文化和社會脈絡而難以有效。因此，在釐清並且批判發展主義對於拉丁美洲以及其他第三世界國家帶來的影響的同時，艾斯科巴也試圖尋找其他的可能。對他來說，所謂其他的可能是同時在本體論上的探索以及在日常的實踐之中。以下，將簡述他在本體論層次的探索。

## （三）從單一知識體系到多元宇宙

大致上來說，艾斯科巴從1980年代開始任教之後，其主要的出版都是以探討發展主義作爲一種論述以及發展作爲一種在第三世界國家的實踐所造成的影響。不過，他的學術生涯中不僅僅只是批判發展主義對於第三世界國家造成的傷害，同時也致力於在理論上提出不同的可能。對於艾斯科巴來說，發展主義作爲一種論述，將整個第三世界國家納入了西方知識體系之中，從此，整個地球就在單一的系統之中而不再有其他的可能。因此，唯有在本體論上進行改變，才有可能讓拉丁美洲以及其他的第三世界國家走出困境。

因此，在理論的探索上，艾斯科巴並沒有停留在解析發展主義的影響，而是一方面在本體論上探索不同於發展主義作爲一種論述所建構出來以西方爲中心的單一宇宙（universe），而是從拉丁美洲進行中的社會運動作爲靈感，汲取不同秩序和體系的可能性，艾斯科巴將之稱爲多元宇宙

（pluriverse）。[14]在此值得一提的是，艾斯科巴的思想其實是和拉丁美洲的社會運動緊密扣合的。

　　1994年1月1日是墨西哥和美國、加拿大簽訂北美自由貿易協定（North American Free Trade Agreement, NAFTA）正式實施的日子，同時也是墨國南方以原住民為主要組成的游擊隊薩帕達民族解放軍（Zapatista，以下簡稱薩帕提斯達）和墨國政府宣戰的日子。薩帕提斯達起源於墨國南方以原住民為主要人口，經濟上以農業為主的恰帕斯州（Chiapas）。[15]他們選在這天起義正是表達對於以經濟發展為名的自由貿易協定最深刻的疑慮。而也因為墨國政府正在大力宣傳希望能夠藉由NAFTA帶來的經濟發展快速脫貧並且躋身已開發國家之列，因此對於以武裝鎮壓薩帕提斯達顯得猶豫。在十數天的武裝衝突之後，墨國政府迫於國內外的輿論壓力而與之和談，由此，這場武裝抗爭也很快地轉型成為一場長期且影響深遠的社會運動。薩帕提斯達提出的理念與論述，以及他們在自治區的實際運作，對於拉丁美洲其他國家的社會運動，都帶來了重要且深遠的影響。

　　值得一提的是，選在NAFTA正式實施的這一天起義，薩帕提斯達傳達了強烈的反全球化、反自由貿易的主張。在他們看起來，全球化與自由貿易是剝奪了墨西哥原住民選擇自己生活方式的主要原因；讓他們無從選擇地被納入世界經濟體系之中，並且成為這個體系的底層。因此，要改善墨國原住民生活狀況的做法並不是追求經濟發展，而是從根本上拒絕成為這個全球化的一部分，讓他們在自己的土地上使用環境中提供的自然資源，追求屬於自身的生活方式。

---

[14] Arturo Escobar, 2015, "Transiciones: A Space for Research and Design for Transitions to the Pluriverse," *Design Philosophy Papers*, Vol. 13, No. 1, pp. 13-23; Arturo Escobar, "Sustaining the Pluriverse: The Political Ontology of Territorial Struggles in Latin America," *The Anthropology of Sustainability*, pp. 237-256; Arturo Escobar, "Thinking-Feeling with the Earth: Territorial Struggles and The Ontological Dimension of The Epistemologies of The South," *Knowledges Born in the Struggle*, pp. 41-57.

[15] George Allen Collier and Elizabeth Lowery Quaratiello, *Basta!: Land and the Zapatista Rebellion in Chiapas* (Food First Books, 2005).

　　薩帕提斯達提出的這個社會運動路線既基進且草根，這點也可以從他們提出的口號：「一個可以容納許多世界的世界」（Un Mundo Donde Quepan Muchos Mundos）看出來。對於政治，薩帕提斯達提出的藍圖根本上地拒絕了由上而下的治理模式，透過大量的傾聽和共做，試圖找到所有人都可以接受的規則。而在薩帕提斯達的占領區中，任何人皆可以提案，只要能夠得到共識，所有的提案都有得到實行的機會。這樣的理念不僅影響到後來拉丁美洲其他國家社會運動的發展，同時也對於學界在思考後發展、後結構時代時有重大的啓發。

　　艾斯科巴指出，多元宇宙這個概念有其不同層次的意義。在概念層次上，和多元宇宙這個概念相對照的是單一宇宙，而在這個脈絡中，單一宇宙指涉的是一個強調現代化、全球化的單一世界。而多元宇宙這個概念的提出，在概念層次上的其中一個意義是藉由這個概念來干擾、攔截那個把所有的人群與地區都納入單一世界視爲是理所當然的，來自現代化理論的基本假設。

　　多元宇宙這個概念的意思是，我們需要從一個全球化資本主義的單一世界轉型到一個具有多元性的世界之中。[16]在這個全球化資本主義的單一世界中，人們在單一的世界秩序只能追求一樣的目標，比如說經濟成長、效率、極大化的利益、各種指標化的評鑑等。同時，也正如同艾斯科巴對於發展主義的討論一般，第三世界國家被納入了一個單一的標準和知識體系中被審度。在這種條件下，第三世界國家的人民面對的往往不是經濟發展的果實透過涓滴效應分流給他們，更多的時候，這些人群面對的是各種榨取利益的經濟活動，剝奪他們的土地、傳統生計模式、文化等，從而從根本地改變了他們的生活方式。

　　因此，多元宇宙這個概念，強調的是除了發展、全球化、經濟成長以

---

[16] Arturo Escobar, "Thinking-Feeling with the Earth: Territorial Struggles and the Ontological Dimension of The Epistemologies of The South;" Arturo Escobar, *Pluriversal Politics: The Real and the Possible* (Duke University Press, 2020).

外，我們（通常是在第三世界國家的脈絡中）是否還有其他組織社會的可能？多元宇宙這個概念提示了我們對於世界、對於社會的想像其實有很多種不同的可能。雖然艾斯科巴近期的研究中強調設計和多元宇宙之間的關聯性，[17]但是他同時也強調，對於社會生活不同的想像形式其實一直都存在，只是在發展主義的大纛之下失去能見度。多元宇宙這個概念，能夠幫助我們重新探索這些既已存在的生活方式以及對於世界的思考。

　　由此，也就來到艾斯科巴對於多元宇宙的第二個層次的討論。如果說第一個層次的意義，指的是多元宇宙的概念是在彰顯這個世界不必然只能存有單一秩序，在不同的區域、不同的人群之中，對於世界的想像可以有很大的不同。那麼多元宇宙的第二層意義，則是指出這些不同的實際內容，也就是一種本體論上的差異。艾斯科巴認為人和非人物種之間的關係在資本主義社會中，被定義成是一種榨取／剝削的關係。這點也許從馬克思對於生產的描述中可以很清楚地看見。馬克思認為所有的生產都是人類對於某種自然資源加工，將自然資源轉換成人類可以使用的物品。[18]把各種形式的自然資源轉換成可為人類所用的作為，可以被視為是從資本主義時期以來，人與環境、人與自然之間的關係的基本調性。但是在多元宇宙的概念中，人和自然環境之間的關係並不僅限於利用和改造的關係，而是有各種不同可能的形式存在。

　　在現代性概念下所建構出的世界強調分工、階級、區辨等的概念，這些概念用在理解和建構世界的各種層面上。以艾斯科巴的話來說，現代性思維下建構起的單一宇宙，其實就是一個二元對立的世界，透過不停地區辨、分化來理解人與人、人與物、人與自然之間的定位。由此，多元宇宙這個概念也就出現了本體論層次的意義；他指出，這種二元對立架構起世界秩序的方式，和許多拉丁美洲的原住民對於世界的理解非常的不同，艾斯科巴

---

[17] Arturo Escobar, 2011, "Sustainability: Design for the Pluriverse," *Development*, Vol. 54, No. 2, pp. 137-140; Arturo Escobar, *Designs for the Pluriverse*.

[18] Karl Marx, Capital volume 1 (Lulu. com, 2018).

以「關係式本體論」（Relational Ontology）[19]來描述這種不同的理解。這種關係式本體論是架構在延續性而非斷裂性之上的，所以多元宇宙的概念一個很重要的部分，即在於生命是不停的延續，不同的生命之間是相互依賴的，且是一直處在動態進行的過程中。在這樣的狀況下，任何的分割與對立都是武斷的。在他看來，這種延續性的概念使得多元宇宙成為一個和人類世（Anthropocene）截然不同的思考路徑。

正因為多元宇宙這個概念是從本體論的層次開始拒絕了強調發展的現代性理論所打造出來的單一世界，並且從人與自然環境、人與其他生命／非生命體之間的關係開始反思這個世界的其他可能性。自此之後，艾斯科巴的研究超越了單純對於發展主義的批判，而開始探索在後發展時代中，主要是從拉丁美洲原住民族群所發起的各種社會運動中所提出的關於生活的多重可能。同時，這也使我們可以連接到艾斯科巴另外一條探索的路徑，也就是政治生態學的討論。

## （四）政治生態學

從艾斯科巴的自述中，即可看出最早引起他的興趣想要深入研究的主題是飢餓，而這個議題必然會跟農業與自然環境等主題有密切關係。因此，當他以人類學的田野調查和民族誌研究作為研究方法研究發展主義對於拉丁美洲帶來的影響時，他觀察到發展與成長對於環境帶來的破壞，以及當地居民在環境受到汙染的狀況下所受到的影響。而正如同他關注飢餓的政治因素一般，對於艾斯科巴來說，發展所帶來的環境汙染與破壞，並不單純只是科學技術的問題，同時也是政治問題。因此除了本體論的思考和對於社會運動的關注之外，艾斯科巴的學術事業中，也有很大的一部分是在政治生態學領域的討論。

---

[19]　Arturo Escobar, 2010, "Latin America At A Crossroads: Alternative Modernizations, Post-Liberalism, Or Post-Development?" *Cultural Studies*, Vol. 24, No. 1, pp. 1-65; Arturo Escobar, "Thinking-Feeling with the Earth: Territorial Struggles and the Ontological Dimension of The Epistemologies of The South."

　　在政治生態學中，艾斯科巴先是指出他的反本質主義的立場：「自然」其實是一個相當晚近，並且和現代性密切關聯的概念。類似於他對於發展的討論，其認為自然這個概念其實也是在西方科學至上的思維下所打造出來的產物。事實上，當前人們不論是對於自然、環境汙染、環保等耳熟能詳的詞彙與觀念，在他看來也都是西方典範下的產物。同時，自然這個概念並不是超然物外的，也就是說，雖然長期以來自然一直被認為是外於人類的一種範疇和存在，但是事實上這個範疇的建構本身，就是一種西方文化積累下的產物。[20]

　　基於上述的思考，艾斯科巴將政治生態學定義為：「研究歷史和生物學的多重接合，以及在這種接合中必然衍生出的文化中介。」這個定義並不涉及任何既有的範疇，比如說自然、環境或者文化，而是強調政治生態學研究的是文化、自然環境、社會與人等元素之間相互交織的過程；換言之，生態、自然這些概念以及概念所承載的內容，都是一種建構的過程，由此也就宣示了他反本質主義的立場。[21]

　　接著，艾斯科巴以非常生動的描述來進行他對於自然體制的討論。他舉了位於哥倫比亞太平洋沿岸雨林區的想像狀態為例，說明在這個區域中住著拉丁美洲原住民和在殖民時代被帶來這裡的非裔居民，這兩個不同社群的人在幾個世紀中的各種活動，讓這個區域充滿了特定型態的生活軌跡和地景。順著河流而下，則可能會碰到從殖民時代就建立起來的小城鎮和少數白人。接著，也可能會碰到非常不同的地景，這種地景則是在廣大的區域當中種植相同的經濟作物，是一種資本主義式地利用自然環境後所呈現出的地景樣貌。最後，艾斯科巴帶著讀者來到了一片原住民族的土地上，這裡有著奇特的訪客，幾位可能代表著大型藥廠或者其他大型機構的基因生物學專家前來採集物種多樣性的標本。這些專家來此是希望能夠在雨林多樣性的基因庫當

---

[20]　Arturo Escobar, 1999, "After Nature: Steps to an Antiessentialist Political Ecology," *Current Anthropology*, Vol. 40, No. 1, pp. 1-30.

[21]　*Ibid.*

中尋找未來可用、可被商業化的樣本。

　　藉由這種對於地景的描述以及地景背後成因的說明，他進一步地把目前對於自然的認識分成三種不同的自然體制（Nature Regime），分別是有機自然體制（Organic Nature Regime）、資本主義自然體制（Capitalist Nature Regime）以及科技自然體制（Technonature Regime）。艾斯科巴特別強調，這些自然體制的區辨並不是一種本質化的區辨；同時這些體制之間也不是一種相互取代、線性演化的關係。[22] 相反地，他認爲這些自然體制可被視爲是由多組不可化約的關係所建構而成的社會整體，是一個沒有中心和起源的接合場域；同時，每個體制內部以及體制之間都存在著雙向接合的關係。因此，這些體制在他的定義中，同時存在且相互重疊，哥倫比亞的雨林區所呈現出的地景分布恰好說明了這種狀態。

　　艾斯科巴認爲，每一種體制當中都對於人和非人、人和自然等幾組不同的關係有著截然不同的理解。比如說，在有機自然體制中，人、自然和超自然之間呈現的關係就和西方社會的理解不同，而這些不同的理解，是社會、文化、生物在歷史過程中不同的接合形成的。由此，他強調了對於所謂自然的理解，其實是一種建構下的產物，而這也構成了艾斯科巴的政治生態學的基本立場。

　　在確立了反本質論的基本立場之後，艾斯科巴也帶入了關於權力和論述的討論。比如說大約在1990年代成爲國際社會中時常被討論的生物多樣性概念，在他看來，就是一個在全球化時代中，藉由科學術語包裝之後所形成的特殊論述建構。在這種論述當中，占有主要話語權和控制地位的是國際組織，大型NGO、資金充沛的醫療與生技公司，以及坐落在西方國家的大學和研究機構。藉由生物多樣性概念的推廣，使得這些機構得以控制土地、研究取向、地方知識以及伴隨研究成果而來的智慧財產權等。換言之，強調當代的環境汙染造成物種滅絕危機等的問題，需要藉由保存生物多樣性來達至永續發展這類的論述，其實是類似於發展主義藉由科學語彙在第三世界國家

---

22　*Ibid.*

擴張的過程如出一轍，是透過科學的包裝，再一次地將這些地方知識納入以西方強權主導的生態秩序與論述之中。[23]

艾斯科巴指出，拉丁美洲原住民對於環境的概念和當前在社會科學界中相當流行的人類世[24]概念有很大的不同。人類世強調的是在工業革命之後，人類對於自然環境的破壞和剝削形塑了當前地球的狀態。換言之，人類世的概念強調的是人作為主要行動者對於地球造成了什麼傷害。艾斯科巴指出，人類世主要討論的角色依然是國家、大型企業，是一種以當代科技技術為核心來架構的知識體系，以及對於這種知識體系的反省。同時，在人類世這個概念的背後，依舊假設了人和自然的二分，只是在人類世中，人類需要肩負起改變自然並且造成環境危機的責任。換言之，人類世這個概念依舊沒有跳脫出以人類和西方科學為中心的論述典範。

艾斯科巴認為，如果我們要解決當前面對的生態危機，就必須要跳脫以人為中心的思維模式，回到關係性思考之中；因為相關性（relationality）[25]是構築生命的基礎要件。也就是從一個本體論上的改變開始，徹底地改變我們對於人與非人生命、人與生態之間關係的理解，才有可能走出這場生態的危機。

從這些討論之中，大致上可以看到艾斯科巴的學術思想發展以及對於不同議題領域的興趣背後有其一致的軌跡。從對於發展主義的批判和反思開始，到多元宇宙這個概念的討論與拓展，以及在政治生態學領域上對於建基在西方現代性思維中以二元對立作為基礎的本體論反思。這些看似不同的學

---

[23] Arturo Escobar, "Cultural Politics and Biological Diversity: State, Capital, and Social Movements in the Pacific Coast of Colombia," *The Politics of Culture in the Shadow of Capital*, pp. 201-226; Arturo Escobar, 1998, "Whose Knowledge, Whose Nature? Biodiversity, Conservation, and the Political Ecology of Social Movements," *Journal of Political Ecology*, Vol. 5, No. 1, pp. 53-82.

[24] Simon L. Lewis and Mark A. Maslin, 2015, "Defining the Anthropocene," *Nature*, Vol. 519, No. 7542, pp. 171-180; W. Steffen, J. Grinevald, P. Crutzen, and J. McNeill, 2011, "The Anthropocene: Conceptual and Historical Perspectives," *Philosophical Transactions of the Royal Society A: Mathematical Physical and Engineering Sciences*, Vol. 369, No. 1938, pp. 842-867.

[25] Arturo Escobar, 2015, "Degrowth, Postdevelopment, and Transitions: A Preliminary Conversation," *Sustainability Science*, Vol. 10, No. 3, pp. 451-462.

術領域背後，其實都有著共通的思想源頭，這個源頭即是拉丁美洲原住民發起的各式社會運動。在接下來的段落中，將會簡單地介紹這些對於艾斯科巴的思想有重要影響的社會運動，以及從艾斯科巴的理論出發，可以對於拉丁美洲當前的狀況有哪些不同的理解。

# 第二部分　案例研究：拉丁美洲原住民Buen Vivir社會運動

## 一、After Arturo：在多元宇宙中探索新的可能

　　這個段落的名稱雖然叫做After Arturo，但是必須先說明的是，即便艾斯科巴在2018年時從美國北卡大教堂山分校退休，但是事實上從北美的學院退休這件事情並沒有真的終止他的學術生涯，他依舊保持活躍和多產，並且持續地在各個不同的領域中產生深遠的影響，同時，也不停地提出新的概念和探索新的可能。因此，就這層意義上來說，我們並沒有真的處於「後艾斯科巴時代」，我們還在見證他在理論思考上不停地推進與推陳出新。在這樣的狀況下，要評估艾斯科巴的理論造成了哪些影響其實有些困難，畢竟許多的理論發想是在相關社群的討論中激盪而出。不過，本文中花了大量篇幅討論的《*Encountering Development*》一書，對於發展和後發展相關的討論來說，不論立場如何，都是討論發展主義必須要回顧的一本經典。正如麥格雷戈（Andrew McGregor）[26]所言，在後發展的討論中，這本書是「影響最深遠，也是最廣泛地被閱讀的文本」。依據麥格雷戈的看法，在此之前，人們關注的是怎樣的發展路徑是比較理想的，但在艾斯科巴之後，發展本身是否值得被追求，成為一個可以思考和討論的問題。正如同傅柯對於論述的定義一般，當發展成為一種論述，那也就只是競爭中的諸多論述之一，不再具

---

[26] Andrew McGregor, 2009, "New Possibilities? Shifts in Post Development Theory and Practice," *Geography Compass*, Vol. 3, No. 5, pp. 1688-1702.

有至高無上且不可被挑戰的地位。這不僅可以說是艾斯科巴最重要的學術貢獻之外，同時也開啓了拉丁美洲各國當前在政策設計時的新思維。

　　一定程度上，我們可以說當前拉丁美洲許多草根社會運動以及其中幾個國家的政策思維，都受到了艾斯科巴所討論的社會運動以及他對於這些社會運動的理論思考所影響。因此，本節將試圖從艾斯科巴的理論視角，來探討在後發展時代拉丁美洲幾個國家在經濟政策思維上的轉變。

　　艾斯科巴所建構起的理論思維，對於人類學以及其他相關的學科產生了深遠的影響。然而，他的影響力並不侷限在人類學或者相關的社會科學之中。畢竟，誠如他對自己的描述一般，從大學時代開始就不只是在知識上尋找拉丁美洲的出路，同時也在社會實踐上努力。在成爲大學教授之後，他對於自己的定位並不只是一位單純的研究者或是大學教室裡的老師，而是一位研究型社會運動者（Research Activist）。

　　和多數的人類學者一樣，艾斯科巴的理論建構並不是在研究室的安樂椅上完成，而是在田野調查中和研究夥伴透過共做共食共同討論中形塑。除了前述1994年興起的薩帕提斯達運動，刺激了艾斯科巴提出發展主義作爲一種論述，將整個拉丁美洲以及其他第三世界國家納入單一知識與價值體系之外，薩帕提斯達運動使得艾斯科巴察覺了在地的原住民運動對於拉丁美洲的局勢造成重要改變的可能性。而除了薩帕提斯達之外，泛安地斯的各原住民族如玻利維亞的艾馬拉人（Aymara），厄瓜多的克丘亞人（Quechua），以及散布在智利和阿根廷之間的巴塔哥尼亞（Patagonia）草原上的馬普切人（Mapuche），約從2000年代開始，以原住民婦女爲主要組成的社會運動提出了美好生活（Buen Vivir）的主張。

## 二、Buen Vivir：打造Buen Vivir的社會運動

　　Buen Vivir如果照字面意義可以翻爲「美好生活」，是一個從泛安地斯族群的傳統觀念Sumak Kawsay[27]衍生出來的概念。不過，Buen Vivir運動不

---

[27] Sumak Kawsay爲克丘亞語，具有「美好生活」、「豐饒的生活」之意。

能被定義爲原住民文化復振運動，因爲這個運動的訴求並不是強調在西班牙殖民前的原住民文化正統性；而是強調在目前的條件下，拉丁美洲的原住民乃至於全人類，有沒有一種不同於發展和資本主義的可能。同時，如果依照目前公認美好生活運動的重要研究者古迪納斯（Eduardo Gudynas）[28]所言，Buen Vivir的思想內涵即便有其安地斯原住民的傳統思想起源，但卻是晚近十數年之間，在這些原住民社群中透過不斷的討論而形成的一套思想。因此，Buen Vivir其實是一套雜揉了安地斯原住民世界觀、當代女性主義、馬克思主義和後發展等各家論述的一套思想體系。從這一點出發，就已經拒絕了艾斯科巴所描述的西方本體論那種範疇之間具有清楚邊界的思考方式。Buen Vivir拒絕被指認爲非西方傳統文化的遺產，而和西方概念有壁壘分明的界線，由此拒絕被納入那個既有的對立知識體系之中。

　　Buen Vivir是一種不同於資本主義與發展論述思維來建構社會生活的思考。如果用艾斯科巴的話來說，就是在本體論的多元宇宙中，一種新的可能。必須強調的是，這種所謂的美好生活，並不是一種個人層次的追求，而是一種集體的幸福生活。Buen Vivir強調人與人、人與自然之間的和諧。和資本主義以及發展主義中內涵的人定勝天的概念不同，當人們替自然資源標上價格的同時，也就等於暗示了人類擁有這些自然資源。在拉丁美洲，跨國企業和商業領域提出的「自然資本」概念充分顯示了這樣的思維。在這種自然資本的思維之下，河流不再是河流，而是可被利用的水資源；雨林不再只是孕育生物的環境，而是碳封存的載體，同時也是生物多樣性和潛在可被利用的未知基因庫。當一切自然都有價格時，昭示了資本主義和發展主義對於人和自然關係的預設，同時也揭露了資本主義之下對於一切範疇的思考邏輯。

　　但是，這也不代表Buen Vivir就揚棄了一切市場經濟。事實上，Buen Vivir並沒有拒絕市場經濟的存在，或者只強調市場經濟造成的惡果。相反地，這個運動認爲市場經濟的確能夠帶來某些好處，只是從一般消費者開

---

28　Eduardo Gudynas, 2011, "Buen Vivir: Today's Tomorrow," *Development*, Vol. 54, No. 4, pp. 441-447.

始，我們必須要調整一些行為模式，才能真正地追求一個全人類集體的美好
生活。比如說，即便近期許多企業在販售商品時都強調自己產品是低碳足
跡、低環境汙染的，但是如果人們因為這些因素而購入更多的商品，則加總
起來對於地球的傷害也未必就會比較低。因此，避免無限制地擴張和競逐利
潤，有效率地利用資源而非無止盡地榨取，才是人類可以和自然共存的路
徑。

　　Buen Vivir所理解的人與自然的關係中，人並不是自然的擁有者，充其
量只是自然資然的保管者。因此，對於自然資源，人類只能取用所需的數量
而不能無限制地榨取。這樣的思考強調的是在社會、文化、環境和經濟等各
個層面上的發展是相互平衡的。在這些不同的層面中，不存有階序關係，亦
即沒有任何一個層面優先於另外一個。平衡與和諧可以說是Buen Vivir的核
心思維。因此，人和自然的關係並不是兩個對立不同的範疇，人是屬於自然
的而不是去宰制和剝削自然的，所有生命和非生命的元素都整合在自然（安
地斯原住民稱之為Pachamama）之中。任何對於自然的破壞，都會對人類
自身的生活品質造成損害。[29]因此，對於生態環境的思考以及人和自然的關
係，Buen Vivir都主張應該要是一種互惠的關係。

　　從這樣的核心思維出發，對於這個世界，Buen Vivir的主要訴求之一是
「Basta de Terricidio」（停止謀殺地球），這個概念強調的是，現在的發展
不僅僅只是讓拉丁美洲原住民沒有辦法好好地生活，同時也危急到人類整體
沒有辦法有尊嚴的生活。發展主義對於地球的破壞，不只是正在殺害生態系
統，同時也是那個精神層次的生態體系，或者說，是精神層次面向的生命。

　　如果從艾斯科巴的理論立場觀之，Buen Vivir代表的正是拉丁美洲從以
發展主義主導的思維所建構起的單一世界中跳脫出來，是多元宇宙中的一種
本體論形式。換言之，Buen Vivir代表的是在後發展時代中，一種摸索新路
徑的可能性。這種可能性不僅只是單純地拒絕發展主義所立下的評估進步的

---

[29]　Jorge Guardiola and García-Quero Fernando, 2014, "Buen Vivir (Living Well) in Ecuador: Commu-
　　nity and Environmental Satisfaction without Household Material Prosperity?" *Ecological Economics*,
　　No. 107, pp. 177-184.

標準，而是從最基礎的本體論層次上提出新的理解世界的可能。因此，這不僅是艾斯科巴多元宇宙概念的實際體現，同時也是他近期提出的新概念關係性本體論（Relational Ontology）的最好例證。也就是說，Buen Vivir提出的主張，正如艾斯科巴的討論一般，不再是將世界視爲是由壁壘分明的範疇性本體論所建構起來的，而是一系列的關係所構成。

## 三、厄瓜多的Buen Vivir實踐

　　Buen Vivir運動在2000年左右興起之後，其主張和思想很快地受到拉丁美洲的學界與政界的討論。在柯雷亞（Rafael Correa）於2007年成爲總統之後，厄瓜多政府在2008年時將Buen Vivir的概念納入其憲法之中，並且開始一系列以此爲基礎的政治與經濟制度的改革措施，希望能夠藉由這些制度上的改革，讓厄瓜多擺脫從2000年之後因爲實施新自由主義經濟政策而帶來的不穩定。大致上來說，在厄瓜多進行以Buen Vivir作爲基礎的改革主要從兩個層面進行：其一是強調該國原住民的自治，再來是推行一系列的經濟改革政策，嘗試發展主義典範以及榨取天然資源以外的可能。

　　厄瓜多政府在2009年至2013年以及2013年至2017年提出的國家發展計畫，都是建基在Buen Vivir論述之上，希望能夠提出一套不持續剝削自然資源但同時又能滿足人民基本生活所需的經濟模式。希望藉由「民主化生產工具、財富分配以及財產形式的多樣化」[30]的方式來達成結構性的改革，同時創造就業機會、減少貧窮和不平等。除此之外，厄瓜多政府所提出的Buen Vivir藍圖中，也保持著其計畫的開放性，試圖讓這個計畫本身不是線性、由上而下的狀況，雖然政府在其中扮演著重要的角色，但是這個依據Buen Vivir的核心精神而設計的改革藍圖，必須要是可以被爭論和修正的。因此，與其說這是一個藉由入憲來宣示的精神指標，不如說是集體發想的新

---

[30] SENPLADES (Secretaria Nacional de Planificacion y Desarrollo), Plan Nacional para el Buen Vivir 2009-2013.

形式的組織生活。[31]

　　當然，在此也必須指出的是，從現在的角度觀之，研究者不認為厄瓜多的這套經濟改革措施成功地讓厄瓜多跳脫出過去發展主義時代建立起的經濟典範，Buen Vivir的理念在實踐的過程中似乎還有許多有待改革之處。同時，學界對於厄瓜多實施的政策是否真的有貫徹Buen Vivir的精神，抑或者只是打著美好生活的旗號行老舊發展主義思維之實等也都還在爭論之中。事實上，在這場「到底Buen Vivir是否能夠成為取代發展主義的新典範？」的爭論中，我們都還是可以看到艾斯科巴所建立起的理論視野對於我們思考拉丁美洲的政治經濟狀態時所帶來的影響。舉例來說，當研究者試著以既有的經濟評定標準來決定厄瓜多的國家發展政策是否成功，同時是否有達成Buen Vivir的訴求時；艾斯科巴的理論提醒我們，也許需要先檢視這些標準是否也是過往發展主義思維下所建構出來的標準，使用這樣的標準來評判以Buen Vivir思維構築的相關政策是否恰當？這樣的做法是否會讓拉丁美洲國家又重新掉回發展的迷思與窠臼之中？光是這樣的討論本身，就可以看到艾斯科巴的理論對於理解當前拉丁美洲現況的有效性。

　　不過，厄瓜多的政策成功與否非本文主要探討的主題。在此，只是想要藉由厄瓜多的嘗試來作為例子，說明艾斯科巴對於發展主義的反省，以及後續對於多元宇宙、政治生態學等各個層面的討論所建構起的理論觀察，對於我們瞭解當代拉丁美洲的發展來說，直到今日都還是深具洞見。同時，即便已經從北美的學院中退休回到故鄉哥倫比亞，艾斯科巴至今依舊非常活躍，持續嘗試以不同的方式來回答「除了發展以外，拉丁美洲有沒有其他可能的出路？」這個問題。由此，更讓我們看見，支撐他一生的學術事業和理論建構的背後，是那對於拉丁美洲這片土地最深刻的關懷。

---

[31]　Alberto Acosta, 2013, "Extractivism and Neoextractivism: Two Sides of the Same Curse," *Beyond Development: Alternative Visions from Latin America*, No. 1, pp. 61-86.

## 四、結語：探索多重世界中的無限可能

　　本章介紹當代拉丁美洲重要的人類學者阿圖羅‧艾斯科巴。二次世界大戰後在哥倫比亞出生的艾斯科巴成長的過程中，見證了發展主義思潮化爲無數個發展計畫滲透進入了拉丁美洲的日常生活之中。其學術生涯的發展軌跡，可以說是以對於發展主義的反思作爲起點。藉助傅柯的論述概念以及薩伊德的東方主義觀點，分析發展主義作爲一種論述，是如何將拉丁美洲在內的第三世界國家納入西方知識體系之中。以艾斯科巴自己的話來說，發展主義將第三世界國家納入以二元對立的本體論爲根基，以資本主義和發展擴張爲主要目的的單一世界之中。艾斯科巴對於發展主義的討論，可以說是奠定了後發展時代對於發展主義的認識。但艾斯科巴並沒有在此停下腳步，而是不停在田野的積累中、在和拉丁美洲的社會運動者共同合作之中，不停地從不同的學科視角探討「在發展主義之後，拉丁美洲的可能出路？」這個問題。

　　因此，除了直面發展主義對於第三世界國家的影響之外，艾斯科巴也在政治生態學以及社會運動等相關議題上有諸多的理論貢獻。他反思了自然這個概念的建構，並且對於當前許多國際社會中耳熟能詳的詞彙，比如說生態危機、生物多樣性等的概念提出質疑。懷疑這又是西方世界再一次以科學爲包裝，但實則以資本積累作爲底層動機對於第三世界國家的剝削行動。這些批判不論是對於學界、政界乃至於一般常民來說，都是非常具有啓發性的討論。

　　而除了對於西方經過科學包裝之後的強力論述提出另闢蹊徑的質疑與批判以外，艾斯科巴也結合了拉丁美洲的社會運動，不停地探索在發展與資本主義之外的其他可能。比如說，受到薩帕提斯達的啓發，艾斯科巴自1990年代中期之後對於多元宇宙的討論，都可以視爲是在抽象知識和本體論的層次上，提出一條不同於當前西方典範理解世界的路徑。而近期對於關係性本體論以及設計與人類學、設計的本體論等的相關討論，也都可以視爲是在這條路徑上持續的新嘗試。

　　本章簡述了艾斯科巴的生平以及至今的學術生涯，不過必須說明的

是，因為他的著作等身，同時研究興趣與領域也非常廣泛，要在一章之中窮盡艾斯科巴諸多領域中的學術積累幾乎是不可能的任務。因此，本章只挑選了其中幾個筆者認為重要，同時也確實在學界引起廣泛討論並且進而影響拉丁美洲政界和社會運動發展的幾個主要理論路徑做一介紹，希望能夠引起讀者們對於這位當代重要的拉丁美洲人類學者其理論的興趣，並且能夠用艾斯科巴的視野來理解當代拉丁美洲的努力與困境。

# 第三章　社會學大師奧蘭多・法爾斯—博達
## （Orlando Fals-Borda）

黃富娟

# 第一部分　法爾斯—博達其人其事

## 一、大師挑選原因

　　1950年代拉丁美洲在依循西方國家「現代化進程」（Modernization）卻無法兌現「發展」承諾下，重整發展模式和論述的聲浪此起彼落。1950年末到1960年代拉丁美洲的經濟學和社會學者，從殖民歷史、經濟社會結構以及邊陲國家角度，提出震驚全球的「依賴理論」（Dependency Theories），試圖挑戰西方主流發展模式強加於拉美的發展限制。此外，關注「發展」的社會學者，亦重回本土脈絡尋求對於社會發展的理解，並催生百花齊放的「新社會學」（The New Sociology）。[1]這些加劇的南、北對立及國家—社會衝突，滋養著拉丁美洲社會學，並催生出兩種對立的論述：其一，堅持西方理性哲學與美國科學社會學傳統。採取「價值中立」態度，配合量化工具和「實證主義」（Positivism）研究取向；其二，反駁「歐洲中心主義」（Eurocentrism）與殖民主義的其他途徑。試圖超越「實證主義」傳統，轉向汲取馬克思主義思想，重新詮釋拉美社會發展。[2]

　　這個世代催生了多位頗具聲望的社會學者，分布在發展社會學、政治社會學與知識社會學等多個次領域。包括：墨西哥的巴伯羅・岡薩雷斯—卡薩諾瓦（Pablo González-Casanova）探討墨西哥民主、發展與剝削之間

---

[1] Joseph A. Kahl, "The New Sociology in Latin America," *The Latin American Sociologists* (NJ: Transaction Books, 1988), p. 76.

[2] *Ibid.*, pp. 8-9.

的關係，尤其側重在分析「權力」作爲一個完整社會過程，其結構與運作對於鞏固內部控制、形構多層剝削體系的作用，形成「剝削社會學」（La Sociología de la Explotación）；阿根廷的吉諾·赫馬尼（Gino Germani）從現代化進程衍生的失序出發，針對社會群體、政治意識形態和國家發展之間的關係，提出阿根廷「民粹主義」（Populism）與「威權法西斯主義」（Aauthoritarianism Fascism）等政治意識形態與群眾政治之源起、特徵及對國家發展影響；[3]巴西的費爾南多·卡多索（Fernando Henrique Cardoso）在資本主義「核心—邊陲」（core-periphery）結構造就的「依賴情境」與「低度發展」（underdevelopment/subdesarrollo）上，主張「國家」可訴諸干預政策、籌組發展聯盟，經由不斷衝撞結構，來引導國家轉型，形成「依賴發展論」（Dependent Development Theory）；[4]以及哥倫比亞的奧蘭多·法爾斯—博達（Orlando Fals-Borda）從農民與農村發展出發，在考察資本主義擴張如何惡化邊緣群體生存處境並激化社會衝突上，提出結合「研究」與「政治運動」的「參與行動研究」（Participatory Action Research，以下簡稱PAR）作爲抗衡西方發展模式的抵制策略。

在上述學者中，前兩位社會學者的影響力，相對侷限在西語國家。眞正能夠享譽國際社會，跨越學科和社會藩籬，並獲得廣泛應用的社會學理論，當屬法爾斯—博達的PAR。法爾斯—博達作爲拉丁美洲重要的思想家之一，也是「行動研究」的創始人之一。他終其一生致力於將社會科學應用於解決當代社會問題，而獲得發展社會學、知識社會學、社會政治運動與成人教育等多個領域的推崇。

本文選擇法爾斯—博達作爲研究對象，是基於以下幾個理由，第一，法爾斯—博達創建了拉丁美洲第一個社會學系，具社會學之父的指標性地位；第二，法爾斯—博達的PAR理論，結合「研究」與「實踐」，將社會草

---

3　*Ibid.*, pp. 8-21.

4　卡多索最初倡導的是「與依賴相連的發展」，後續學術定義都直接使用依賴發展論。Fernando Henrique Cardoso and Enzo Faletto, *Dependencia y desarrollo en América Latina* (Buenos Aires: Siglo, 1977), p. XXI。

根團體納入知識生產協作，來共同決定社會轉型的方向。這不僅促成知識與權力的解放，成就「知識民主」（knowledge democracy），更形成「內生倡議」（endogenous proposal）作為抗衡西方主流發展模式和知識霸權的抵制策略。PAR更被視為是連結多元典範「認識論」（epistemology）的研究法；[5]第三，法爾斯—博達是一位結合「學術作為一種志業」和「政治作為一種志業」的社會學者。他主張研究者具備推動社會轉型的政治使命。這讓他超越同一世代停留在「法蘭克福學派」（The Frankfurt School）社會批判層次的學者，成為真正跨出學術象牙塔的實踐家；第四；PAR跨學科與經驗取向的研究方法，積極連結全球南方的基層運動組織與成人教育機構，並成就PAR在多目的和多領域政治運動之應用。

　　2008年法爾斯—博達辭世。當年美國應用人類學學會（Bronislaw Malinowski de la Sociedad de Antropología Aplicada, SAA）授予他「馬林諾夫斯基獎」（Premio de Bronislaw Malinowski）殊榮。2009年拉丁美洲社會科學委員會（El Consejo Latinoamericano de Ciencias Sociales, CLACSO）更將法爾斯—博達列入「人類世紀」（Siglo del Hombre）大師系列選集，並推崇其思想是一種「帶有情感思考的社會學」（Una sociología sentipensante）。[6]哥倫比亞政府設立「法爾斯—博達社會科學研究國家獎」（Premio Nacional de Investigación en Ciencias Sociales Orlando Fals Borda）最高殊榮，以茲紀念。此外，波哥大教育機構為感念他對內戰受害者的貢獻，亦將機構命名為「法爾斯—博達法律社會協會」（El Colectivo Sociojurídico Orlando Fals Borda）。[7]

---

[5]　Lonnie L. Rowell and Eunsook Hong, "Knowledge Democracy and Action Research: Pathways for the Twenty-First Century," in Lonnie L. Rowell et al. (eds.), *The Palgrave International Handbook of Action Research* (NY: Palgrave Macmillian, 2017), pp. 70-71.

[6]　Victor Manuel Moncayo, coor., *Una sociología sentipensante para América Latina-Orlando Fals-Borda Antología* (Bogotá: Siglo del Hombre Editores y CLACSO, 2009), available at: http://biblio-teca.clacso.edu.ar/ar/libros/coedicion/fborda/?fbclid=IwAR1jpIKojAFZKd2iWlpzAJpwO3p_mzsyu_xAoi8i--BZ_EUd6OoTq1czHws (accessed on August 6, 2022).

[7]　Banrepcultural: La Red Cultural del Banco de la República de Colombia, "Orlando Fals-Borda," available at: https://enciclopedia.banrepcultural.org/index.php/Orlando_Fals_Borda?fbclid=IwAR3pli

## 二、生平簡介

　　法爾斯－博達作為哥倫比亞社會學者和知識分子，出身於1925年哥倫比亞的巴蘭基亞（Barranquilla），歿於2008年波哥大，享年83歲。他終其一生致力於推動PAR，並成為少數幾位享譽國際的拉美社會學者。他中學以前在巴蘭基亞就讀。1944年取得國際教育協會（Institute of International Education, IIE）傳教士獎學金，赴美國杜比克大學（University of Dubuque）就讀英國文學，並在明尼蘇達大學（University of Minnesota）取得社會學碩士。之後，他爭取到古根漢獎學金（Guggenheim's Scholarship），並轉往佛羅里達大學（University of Florida）社會學系攻讀博士，於1955年取得博士學位。由於法爾斯－博達的學術養成期，主要在1940年代至1950年代美國社會學界「結構－功能主義」（Structural-functionalism）蔚為主流中汲取養分。因此，畢業之初他深信社會科學亦可使用自然科學實證研究方式，建立在精確科學方法與步驟上。[8]

　　1955年學成返國，他先後受雇於哥倫比亞教育部、農業部與勞工部等數個政府部會及多個汎美機構，執行經濟與社會議題研究。包括：美國杜魯門總統對開發中國家技術援助的「第四點計畫」（The Point Four Program），偕同哥倫比亞農業部推動「美國－哥倫比亞農業技術服務」（Servicio Técnico Agrícola Colombiano-Americano, STACA）；1957年參與勞動部在哥倫比亞四個省分[9]考察人口統計；1958年他以「美洲國家組織」（Organización de Estados Americanos, OEA）顧問身分參與巴西的熱帶住宅計畫；1959年至1961年在農業部擔任計畫經理人，積極推動農業和農村發展。同一時期，法爾斯－博達亦參與「聯合國教科文組織」（The United Nations Educational, Scientific and Cultural Organization, UNESCO）在拉美

---

RIFIC5svR1kcp2foil2vVglQyp_FOEXynvhFF9Cw97GSV_54wlrRc (accessed on July 18, 2022).

[8]　Juan Mario Díaz, 2018, "The Making of an Intellectual: Orlando Fals-Borda, 1948-1958," *Revista de Estudios Colombianos*, Vol. 52 (julio-diciembre), pp. 6-11.

[9]　安蒂奧基亞（Antioquia）、考卡（Cauca）、昆迪納馬卡（Cundinamarca）和喬科（Chocó）四省。

多國社區推動社區教育計畫。[10]

　　此一階段，法爾斯─博達先後接觸政策研究、發展技術援助，並執行農業、住宅、人口和教育研究等多個調查計畫。他在哥倫比亞農村調查小農生產小麥和大蒜的生產成本和收益時，意識到農民存在一種自己的「生活哲學」（philosophy of life），這無法單純使用量化工具來捕捉經濟行為。這種學用之間的落差，迫使他反思「實證主義」強調科學程序的研究取向，以及「結構─功能主義」的整體主義和社會均衡分析途徑，對於社會實在（social reality）的解釋力。他亦逐漸意識到「經濟」存在「人性面向」（human dimension），必須從社會結構和文化的整合途徑來理解。[11]此外，他也觀察到現代化理論強調的「成長中心」及增加農民收益，並無法真正改善社會與個人發展困境。取而代之，他主張「教育」作為推動農村現代化和社會轉型的關鍵。[12]1950年代哥倫比亞政府積極推動土地改革，並引發國內激烈論戰。這亦促使他的研究旨趣從農村與農民生產，擴及到理解農民生計和農村社會轉型問題，以及統治菁英回應社會轉型的能力。[13]上述經歷都促使他重新思考何謂「研究」？如何「研究」？以及「學術作為一種志業」是否具備社會使命？也促成他從西方學術象牙塔走向了社會。

　　1960年代「依賴理論」席捲拉丁美洲，同一時期，1959年古巴革命成功的示範作用，更激發左派社會運動及游擊戰的遍地開花。當時，法爾斯─博達開始反思笛卡爾（René Descartes）以降的「理性主義」、「實證主義」[14]以及帕森斯的「結構─功能主義」等西方中心主義對於開發中國家的影響。[15]他主張這在某種程度上阻礙了開發中國家發掘並認同自身文化和社

---

[10]　Juan Mario Díaz, "The Making of an Intellectual," pp. 6-12.

[11]　*Ibid.*, p. 12.

[12]　*Ibid.*, pp. 6-12.

[13]　Banrepcultural: La Red Cultural del Banco de la República de Colombia, "Orlando Fals-Borda."

[14]　例如：涂爾幹（Émile Durkheim）的「科學理性主義」與波普（Karl Popper）強調批判的理性主義之科學哲學、邏輯和方法。

[15]　Orlando Fals-Borda, 1979, "Investigating Reality in Order to Transform It: The Colombian Experience," *Dialectical Anthropology*, Vol. 4, No. 1, p. 35.

會實在。然而，現代化理論與國家發展援助，卻無力回應拉美在發展過程中遭遇的不均、貧窮及缺乏實質民主等多重困境。這些衝擊都催促他必須超越西方學術傳統，回到自身脈絡來重新檢視哥倫比亞（Fals-Borda, 2006: 353）。基於此，法爾斯—博達興起了創辦社會學院的想法。

1959年，法爾斯—博達偕同「解放神學」（Liberation Theology）倡導人之一的卡米洛・托雷斯（Camilo Torres Restrepo）在哥倫比亞國立大學（National University of Colombia）創設拉丁美洲第一個社會學院。創辦學院主要目的，是希望創建一個根植於哥倫比亞社會實在的社會學派。這需經由考察與理解社會真實生活，推動系統性的分類與編碼來完成。1959年至1967年間，他接任社會學系主任。[16]

1960年代至1970年代，法爾斯—博達的研究取向出現重大轉折。1960年代拉丁美洲社會運動蓬勃發展，加上他與卡米洛・托雷斯的友誼，激發他投身社會實踐的熱忱。他開始萌生整合知識分子、群眾運動以及哥倫比亞游擊隊等社會陣線，共同推動社會轉型，形成「承諾社會學」（sociología comprometida）。[17]他日益左傾路線，更導致他與國家和主流學術的「疏遠」，這可從幾個事件中得到印證。

1962年法爾斯—博達與古茲曼（Germán Guzmán）和烏瑪娜・盧納（Eduardo Umaña Luna）共同出版了《哥倫比亞暴力》（*La Violencia en Colombia*）。該書主要在探討1950年代哥倫比亞的「暴力」，並使用大量訪問與口述歷史，試圖拼湊社會的「集體記憶」（collective memory），以詮釋「暴力」在人民生活中的創傷，也奠定了這本書作為「暴力學」（Violentología）代表作。然而，該書因質疑教會和警察煽動「暴力」，並導致20世紀中葉農民的流離失所，引起社會輿論廣泛辯論。[18]1969年法爾

[16] "Orlando Fals-Borda," *El Espectator*, Agosto 14, 2008, available at: https://www.elespectador.com/opinion/editorial/articulo-orlando-fals-borda/ (accessed on July 18, 2022).

[17] Banrepcultural: La Red Cultural del Banco de la República de Colombia, "Orlando Fals-Borda."

[18] "Orlando Fals-Borda," *El Espectator*; Carles Bergquist, 1990, "In the Name of History: A Disciplinary Critique of Orlando Fals-Bordas Historia doble de la costa," *Latin American Research Review*, Vol. 25, No. 3, pp. 158-159.

斯―博達更出版了《哥倫比亞的顛覆與社會變遷》（*Subversion and Social Change in Comlombia*）一書。該書在檢視哥倫比亞400年歷史進程上主張，一個社會從傳統情境到顛覆情境之間的轉變，應視為是內在於社會的自我調適過程。哥倫比亞經歷15世紀西班牙入侵推翻原住民生活與政治體制、19世紀獨立後從殖民政治與經濟結構，走向與自由主義的妥協，以及20世紀社會主義顛覆運動等。[19]從社會變遷角度來看，哥倫比亞是一個不斷由新社會群體挑戰不合時宜之政治與社會秩序，並尋求重建符合社會需求之新秩序的國家。此一漫長過程，「顛覆」是對抗不公與不合時宜體制的手段。因此，他試圖以「正向顛覆」（positive subversion）賦予其正當性。[20]

另一個關鍵表態是1969年藍柏（James J. Lamb）邀請法爾斯―博達赴任美國麻州「社會變遷與發展研究中心」（Centre for the Study of Developmnet and Social Change）董事一職。他拒絕並回覆：「我一直試圖將自己與我所接受的北美學術遺產分開，且我發現自己愈來愈與它不一致。……出於這個原因，我不能認同目前美國對第三世界實施經濟和社會政策的任何機構。」[21]

1970年代，法爾斯―博達日益彰顯的批判性思維，也標示著他與「歐洲中心主義」學術傳統的「斷裂」。[22]他主張勒納（Daniel Lerner）與羅斯托（Walt Rostow）倡導的現代化理論，[23]已證實在拉丁美洲應用失敗。且西方「代議民主」（Representative Democracy）造就了寡頭政治，更讓拉美淪為政治受害者。[24]為抗衡殖民主義，他開始思索第三世界如何填

---

[19] Kristin Tornes, 1973, "Reviewed Work(s): Subversion and Social Change in Columbia by Orlando Fals Borda," *Acta Sociologica*, Vol. 16, No. 1, pp. 72-74.

[20] Orlando Fals-Borda, 2006, "The North-South Convergence: 30 Years First-person Assessment of PAR," *Action Research*, Vol. 4, No. 3, p. 533.

[21] Juan Mario Díaz, "The Making of an Intellectual," p. 6.

[22] Orlando Fals-Borda, "The North-South Convergence," p. 533.

[23] 例如：勒納的傳統社會過渡到現代社會（The Passing of Traditional Society）、羅斯托的經濟發展史觀（The Stages of Economic Growth）等。

[24] Orlando Fals-Borda, 1986, "Reflexiones sobre democracia y participación," *Revista Mexicana de Sociología*, Vol. 48, No. 3, p. 10.

補與西方知識「斷裂」之後的空白。1970年法爾斯－博達在國際社會學協會（International Sociological Association, ISA）創立「社會變遷創新過程研究委員會」（Research Committee on Innovative Processes in Social Change）。1977年他在哥倫比亞卡塔赫納（Cartagena）召開第一次「PAR世界大會」（PAR World Congress），邀請五大洲學者探討知識和創新的壟斷及傳播。[25]最終，他意識到「知識」作為一種權力，需從重建發展論述出發，並萌生整合「社會知識」和「政治實踐」的企圖心。[26]

　　1970年代至1980年代是法爾斯－博達的PAR思想形成期。尤其是1972年他偕同一群跨學科與社會實踐取向的知識分子，組成「拉洛斯卡社會行動與研究」（"La Rosca" de Investigación y Acción Social，以下簡稱拉洛斯卡），並進駐哥倫比亞的科爾多瓦（Córdoba）和蘇克雷（Sucre）兩個省考察農民土地抗爭運動，[27]目的在整合研究與社區觀點，形成知識生產協作機制，並將研究結果導入土地抗爭運動中。[28]

　　1975年法爾斯－博達在與農民和知識分子廣泛「對話」基礎上，出版了《哥倫比亞農業問題的歷史》（*Historia de la cuestión agraria en Colombia*）。[29]1979年另一本代表性著作《海岸雙重歷史》（*Historia Doble de la Costa*）則訪問數千名在地老齡人口對於社會變遷的記憶，嘗試恢復關鍵歷史、重塑「集體記憶」，以揭露被掩蓋的社會實在。此外，《海岸雙重歷史》強調研究對象的「地域脈絡」（The Regional Context），試圖恢復因現代化消逝的人民生活和歷史文化，重建一種基於文化地域真實性的新區域秩序（un nuevo ordenamiento regional）。[30]

---

25　Marja-Liisa Swantz, "Participatory Action Research as Practice," in Peter Reason and Hilary Bradbury (eds.), *The Sage Handbook of Actin Research: Participatory Inquiry and Practice* (London: Sage Publication, 2008), p. 40

26　Orlando Fals-Borda, "The North-South Convergence," p. 533.

27　Joanne Rappaport, 2015, "Introducción a la edición especial de Tabula Rasa: Orlando Fals Borda e Historia doble de la Costa," *Tabula Rasa*, Vol. 23 (julio-diciembre), p. 11.

28　Orlando Fals-Borda, "The North-South Convergence," p. 533; "Orlando Fals-Borda," *El Espectator*.

29　Banrepcultural: La Red Cultural del Banco de la República de Colombia, "Orlando Fals-Borda."

30　Orlando Fals-Borda, 1973, "Reflexiones sobre la aplicación del método de Estudio-Acción en Colom-

　　進入1980年代，法爾斯一博達主張第三世界國家知識分子必須回應自身「本體論」的問題，這包括：我們是誰？我們從何而來？我們該走向何處？因此，他主張「探究社會實在，以推動社會轉型」（investing social reality in order to transform it）。這須結合跨學科力量，強調研究自主性、拒絕知識殖民，同時採取「質化優先」（primacy of the qualitative）研究途徑，從探究經驗實在，形成「批判社會科學」（The Critical Social Science）。[31]此一階段，法爾斯一博達更試圖整合社會學、經濟學、歷史學、人類學、解放神學、後殖民哲學本體論與成人教育，以在跨學科中汲取養分，並將「拉洛斯卡」在哥倫比亞的經驗，推廣到多個拉美國家。[32]

　　1985年法爾斯一博達開始倡導「知識」、「人民權力」（people's power）與「參與式民主」之間的關係。他與其團隊經由跨國合作，累積經驗個案，並出版了《知識與人民權力》（*Knowledge and People's Power*）。此外，法爾斯一博達受1970年巴西教育家保羅 · 弗雷勒（Paulo Freire）所著《受壓迫者教育》（*Pedagogy of the Oppressed*）的啟發，積極投入「拉丁美洲成人教育委員會」（Consejo Latinoamericano de Educación de Adultos, CEAAL）。1986年他更參與「國際基層倡議組織」（International Group for Grass-Roots Initiatives, IGGRI），試圖連結全球草根組織，催化「政治化」的成人教育，並培育社會政治運動積極分子。[33]

　　這段時間，他的研究取向致力於連結草根人民團體和政治運動，並將研究從「微觀」的農民與社區發展，擴及應用到經濟、醫療、城市與區域發展等多個面向實踐。[34]這些經歷都逐步強化PAR的學科整合與實踐取向特

bia," *Revista Mexicana de Sociología*, Vol. 45, No. 1, pp. 58-59; "Orlando Fals-Borda," *El Espectator.*

[31] Orlando Fals-Borda, 1980, "The Negation of Sociology and Its Promise: Perspectives of Social Science in Latin America Today," *Latin American Research Review*, Vol. 15, No. 1, pp. 162-165.

[32] Muhammad Anisur Rahman and Orlando Fals-Borda, "A Self-Review of PAR," in Orlando Fals-Borda and Muhammad Anisur Rahman (eds.), *Action and Knowledge: Breaking the Monopoly with Participatory Action-Research* (NY: The Apex Press, 1991), p. 27.

[33] Daniel Mato, 2004, "Communication for Social Change in Latin America: Contexts, Theories and Experiences," *Development in Practice*, Vol. 14, No. 5, p. 675.

[34] Muhammad Anisur Rahman and Orlando Fals-Borda, "A Self-Review of PAR," pp. 26-27.

質，並走向創建一套基於地域真實、經驗取向和需求導向的知識生產機制，作為受壓迫者回應發展困境的策略。他日益激進的左翼思想，更讓他徹底成為左翼社會實踐家。然而，法爾斯－博達卻從未自我標榜是一位馬克思主義者。[35]

1991年法爾斯－博達總結20年累積的研究成果，並偕同另一位共同作者阿尼蘇爾・拉赫曼（Muhamand Anisur Rahman）出版了《行動與知識：打破壟斷的參與行動研究》（*Actin and Knowledge: Breaking the Monopoly with Participatory Action-Research*）一書，奠定了他在PAR的權威。1997年在卡塔赫納舉辦的「PAR世界聚合大會」（PAR World Convergence Congress）中，更延伸探討了知識、空間與時間概念對於社會、政治、經濟與文化運動的貢獻。最後，該會議呼籲全球南方國家應積極推動PAR，以擴展多元認識論的知識生產，並引導南北知識體系的聚合。[36]1998年法爾斯－博達更在會議基礎上，出版《人民參與：前面挑戰》（*People's Participation: Challenges Ahead*）一書。

儘管如此，在1979年至1990年代之間，法爾斯－博達也面臨政府和社會輿論的批評聲浪。由於哥倫比亞長期深陷政府軍和游擊隊的交戰狀況，並導致國土分裂、領地劃界衝突，甚至在部分國土出現政治真空狀況。而法爾斯－博達卻主張，部分區域缺乏正式權威並不意味著「無政府狀態」，且國家亦經常使用暴力等激進言論。此外，他與妻子瑪麗亞・克莉絲汀（María Cristina Salazar）因同情受政府鎮壓的武裝游擊隊「四月十九日運動」（EL Movimiento 19 de Abril，以下簡稱M-19），而被政府指控是游擊隊的理論家。[37]直到1990年M-19轉型為合法政黨「M-19民主聯盟」（La Alianza Democrática M-19），法爾斯－博達被推選為黨主席，並代表參與1991年哥倫比亞新憲法草擬，協助規劃一份基於地域特殊性的分權治理模式，這

---

[35] Kristin Tornes, "Reviewed Work(s): Subversion and Social Change in Columbia by Orlando Fals Borda," p. 72.

[36] Lonnie L. Rowell and Eunsook Hong, "Knowledge Democracy and Action Research," pp. 70-71.

[37] Banrepcultural: La Red Cultural del Banco de la República de Colombia, "Orlando Fals-Borda."

成爲他參與新憲法制定的主要貢獻。[38] 此外，由於他早期著作《海岸雙重歷史》指向重建一種基於地域與文化眞實性的新區域秩序，促成法爾斯—博達於1992年得以接任「國土規劃委員會」（Comisión de Ordenamiento Territorial）秘書長，負責重整行政區。後續，他更領導了哥倫比亞左翼政黨「政治與社會陣線」（El Frente Social y Político）和「替代民主極點」（Polo Democrático Alternativo）的整合。[39] 上述經歷都讓法爾斯—博達從學術研究，跨足到社會運動及政治參與。

　　進入21世紀，拉美國家在反「華盛頓共識」（Washington Consensus）上，興起一波向左轉的「粉紅浪潮」（Pink Tide）。左派政府紛紛尋求替代新自由主義的發展模式。當時，法爾斯—博達批判新自由主義與全球化強加「一體適用」發展模式於第三世界。然而，這套模式不僅助長雙元分化，更讓「發展」淪爲替少數人創造財富，並摧毀多數人賴以生存的資源、文化與精神文明。而興起於全球南方的PAR，則是爲了抗衡此一趨勢而生。[40]

　　2001年1月，法爾斯—博達偕同莫拉—奧塞霍（Luis Mora-Osejo）向學界發布一份反知識殖民的「宣示」（manifest）。他們主張歐美權威知識典範孕育於寒帶區域，受其歷史文化和物資基礎形構，而自成一套思想體系。然而，所有「再生產」都發生在「脈絡」、在一個複雜且開放的系統，[41] 受到氣候土壤、文化價值、生態與政治環境等多重因素的形構，具強烈「內

[38] Orlando Fals-Borda, "Guía Prática del Ordenamiento Territorial en Colombia: Contribución para la Solución de Conflictos," (Instituto de Estudio Político y Relaciones Internacionales, Universidad Nacional de Colombia, Bogotá, 1991), http://www.mamacoca.org/e_book_Compendio_rural/Orlando_Fals_Borda_guia_practica_ordenamiento.htm (accessed on August 7, 2022).

[39] Banrepcultural: La Red Cultural del Banco de la República de Colombia, "Orlando Fals-Borda."

[40] Orlando Fals-Borda, 2000, "People's Space Times in Global Processes: The Response of the Local," *Journal of World System Research*, Vol. VI, No. 3, pp. 624-627.

[41] 法爾斯—博達在生物學者邁爾（Ernst Mayr）（1988）主張「生命系統」作爲「複雜的開放系統」概念上，整合「生活科學」與「社會科學」，並將「脈絡」定義是「開放與系統的脈絡假設」。它是開放的、動態的時空概念，承載個人、社會、物種、環境生態、規範與意義，形構價值觀和「世界觀」（weltanschauung），並引導社會與文化走向。Orlando Fals-Borda and Luis Mora-Osejo, 2003, "Context and Diffusion of Knowledge: A Critique of Eurocentrism," *Action Research*, Vol. 1, No. 1, pp. 31-31; Doris Santos, 2013, "Participatory Action Research and the Political Ream," *Conterpoints*, Vol. 354, p. 498。

生性」（endogenesis）。這導致歐洲知識與技術無法回應安地斯和亞馬遜熱帶雨林的現實，因此，「拉美解決方案」無法從國外引進。[42]法爾斯—博達試圖超越PAR作爲一套知識民主理論，轉向強調PAR是一套結合「群眾權力」（popular power）的「參與發展」（participant development）和「內生倡議」。[43]此外，他更主張，對於拉美學者和實踐者來說，培養對於社會的觀察能力，並做出相應的推論，是唯一解決方案。這將引導全球南方的知識分子走向獨立研究、成爲內部觀察者和行動者，以更全面地掌握自己研究與發展的方式及手段。[44]

## 三、理論概述

　　法爾斯—博達的主要學術貢獻，在於提出PAR。[45]PAR是一套結合「社會理論」與「政治實踐」的「知識生產協作機制」。PAR指向解放知識和政治權力，創造邊緣群體與受壓迫者足以抗衡與反抗衡的力量，以共同推動社會轉型。

　　PAR理論形成於1970年代至1980年代，但可追溯至1950年代至1960年代大時代思潮的洗禮。當時法爾斯—博達受到馬列主義的「衝突理論」、法蘭克福學派的「批判理論」，以及拉美本土催生的「依賴理論」與「顛覆理論」（Subversion Theory）的影響，走向日益批判甚至與主流對立的立場。且1968年於麥德林（Medellín）舉辦的「第二屆拉美主教會議」（II Conferencia General del Episcopado Latinoamericanos），更確立「解放神學」在拉美教會地位，[46]這同時伴隨1970年弗雷勒對於《受壓迫者教育》的

[42] Orlando Fals-Borda and Luis Mora-Osejo, "Context and Diffusion of Knowledge," pp. 32-33.

[43] Orlando Fals-Borda, 1986, "Reflexiones sobre democracia y participación," *Revista Mexicana de Sociología*, Vol. 48, No. 3, pp. 10-11; Peter AG. Lang, 2013, "Participatory Action Research and the Political Realm," *Counterpoints*, Vol. 354, p. 498.

[44] Orlando Fals-Borda and Luis Mora-Osejo, "Context and Diffusion of Knowledge," pp. 31-32.

[45] 法爾斯—博達偏好使用PAR以區隔其他不指向社會轉型的「行動研究」。

[46] 先有解放，才有神學，教會應優先選擇窮人。參閱Carlos A. Mesa, 1996, "Medellín 1968," *Anuario de historia de la Iglesia*, No. 5, pp. 420-421。

啓蒙，引導著解放理念的紮根。在時代思潮洗禮下，法爾斯─博達意識到「拉丁美洲解決方案」應從去殖民主義和解放人民出發。這涉及「本體論」問題，應重新理解自身社會，並發展適當理論詮釋自身社會發展。[47]

在上述基礎上，法爾斯─博達進一步反思「民主」和「參與」之間的關係，並主張右派倡導的「代議民主」創造了「寡頭政治」，且官僚強加的現代化與工業化進程，與人民文化及生活方式相去甚遠，甚至鼓勵剝削和生態破壞；反之，左派國家亦出現「先鋒黨」（The Vanguard）壟斷權力與國家暴力的批評，但社會主義承諾的生產力革命與發展卻未曾兌現。[48]在左右派國家治理危機當下，法爾斯─博達倡導一種由人民自主、自立地組織經濟、保留文化與生活方式的「自我發展倡議」。而PAR則是推動社會轉型的策略。[49]

PAR作為一套「知識協力生產」的理論與方法論，更是一套「內生發展倡議」。PAR的核心是「人民自由／解放」（liberation/emnacipation），直接目的是在創建「知識生成」，最終目的則是在推動「社會轉型」。為此，法爾斯─博達更提出一套實踐取向的研究方法。以下說明：

## （一）受壓迫者的解放

PAR核心是「人民自由／解放」，[50]特別是「受壓迫者」的「解放」，讓他們意識到自己有能力改變處境和環境。在此基礎上，協助他們「賦權」（empowerment），並發展一套社會大眾可識別的社會政治思想，來推動社

---

[47] Orlando Fals-Borda, "Reflexiones sobre la aplicación del método de Estudio-Acción en Colombia," p. 33; Orlando Fals-Borda, "Ciencia propia y colonialism intellectual," p. 133.

[48] Orlando Fals-Borda, "Reflexiones sobre democracia y participación," pp. 11-12; Muhammad Anisur Rahman, "The Theoretical Standpoint of PAR," in Orlando Fals-Borda and Muhammad Anisur Rahman (eds.), *Action and Knowledge: Breaking the Monopoly with Participatory Action-Research* (NY: The APEX Press, 1991), pp. 15-16.

[49] Doris Santos, "Participatory Action Research and the Political Ream," p. 498; Muhammad Anisur Rahman, "The Theoretical Standpoint of PAR," pp. 15-16.

[50] Orlando Fals-Borda, 1979, "Investigating Reality in Order to Transform It: The Colombian Experience," *Dialectical Anthropology*, Vol. 4, No. 1, pp. 33-55.

會轉型。[51]

　　那麼，受壓迫者的「解放」如何可能呢？馬克思的「歷史唯物論」
（Historical Materialism）主張所有權與生產工具等物質基礎，反映了「上
層建築」（superstructure），形塑了社會階級、思想體系和支配權力關係。
為了破除階級壓迫，必須經由勞工「覺醒」（conscientization），成為「自
為階級」（class-for-itself），並由「先鋒黨」領導無產階級革命，最終建立
一個免除差異和歧視的公有產權國家。

　　然而，法爾斯一博達雖同意物質基礎創造了支配結構與關係，但他
主張欲打破不公結構，應從破除「知識生產工具」（means of knowledge
production）的壟斷性著手。因為壟斷性知識體系讓統治階級決定何謂「有
用知識」，並取得社會控制的權力。[52]為打破支配體系，法爾斯一博達主張
建立符合第三世界現實的知識體系，來取得抗衡力量。這必須從「人民自
由／解放」開始，經由自覺人民（self-conscious people）發展出一種「內生
意識」，並藉由創造自身「知識」，取得相對於菁英階級和主流知識的社會
權力。[53]

　　由此可知，法爾斯一博達並不認同古典馬克思訴諸產權公有制來破除支
配結構和關係；反之，他主張直接從「上層建築」切入，建構競爭性發展論
述作為替代發展的策略，因此更接近葛蘭西（Antonio Gramsci）的「文化
霸權」（cultural hegemony）與「陣地戰」（war of position）。

## （二）人民知識的生成

　　為抗衡壟斷性的西方知識，讓開發中國家脫離思想和制度殖民，法爾
斯一博達主張開發中國家應致力於建立自身「知識」，這指向「知識生成」
（knowledge generation）的關鍵性。

　　法爾斯一博達對於「知識」的理解，並非奠基於「實證主義」強調的

---

[51] Orlando Fals-Borda, "Some Basic Ingredients," pp. 3-4.
[52] Muhammad Anisur Rahman, "The Theoretical Standpoint of PAR," p. 14.
[53] *Ibid.*, pp. 13-14.

「客觀知識」。他主張「社會科學」不似自然科學追求「精確科學」，[54]社會科學作爲一種知識形式，是一種文化產物。它因涉入權力和目的性，存在相對眞實，並產生階級偏頗或價值歧視，結果是圖利特定少數群體而不利其他群體。事實上，1970年代法爾斯—博達對於「知識」的「認識論」，受到多位思想家啓蒙。誠如卡爾・曼海姆（Karl Mannheim）主張，沒有任何人類思想可免受其社會背景的意識形態影響。[55]伯格與魯克曼（Peter Berger and Thomas Luckmann）亦指出，「實在」和「知識」的特定聚集，與特定「社會脈絡」有關，必須對「脈絡」做適當的社會學分析。[56]此外，列寧（Vladimir Lenin）主張「知識」是指「自在事物」（things-in-themselves）在時間和空間中移動，它源自歷史的過去，受包括權力和人類意志在內的多元因素決定，因此必須找回被掩蓋的歷史及受壓迫者抗爭的記憶，以將它們從「自在事物」轉換到「自爲事物」（things-for-themselves），這即是「知識」。[57]後續，更受到西班牙哲學家何塞・奧特加・加塞特（José Ortega y Gasset）對於「經驗存在主義」（Concept of Experience, Erlebnis）概念啓發，主張「社會實在」是：「通過對某事物的實際體驗，直觀地領會它的本質，作爲現實感受、享受和理解，從而將我們自己存在置於更廣闊、更充實的環境中」。[58]西方理性主義並無法理解個體生命在環境、結構與制度下的處境與意義，因此無法解決社會問題。

　　在上述基礎上，法爾斯—博達主張「知識」源自「在地生活經驗」（Vivencia），這需結合《費爾巴哈提綱》強調，哲學家不應僅滿足於解釋世界，而應努力改造世界，形成「眞實承諾」（authentic commitment）來

---

[54] Orlando Fals-Borda, "Investigating Reality in Order to Transform It," p. 45.

[55] Karl Mannheim, "Ideology and Utopia," in Karl Mannheim (ed.), *Ideology and Utopia: An Introduction to Sociology of Knowledge* (London: Routledge and Kegan Paul, 1936), p. 89.

[56] Peter Berger and Thomas Luckmann, "The Problem of the Sociology of Knowledge," in Berger and Luckmann (eds.), *The Social Construction of Reality* (NY: Doubleday, 1966), p. 13; Orlando Fals-Borda and Mora-Osejo, "Context and Diffusion of Knowledge: A Critique of Eurocentrism," p. 31.

[57] Orlando Fals-Borda, "Investigating Reality in Order to Transform It," pp. 33-55.

[58] Orlando Fals-Borda, "Some Basic Ingredients," p. 4.

協助理解「知識」的目標對象。[59]他主張回歸到本土脈絡，正視社會底層的生活處境和日常問題。這必須經由貼近群眾、凝聽他們聲音，來理解「社會實在」。法爾斯－博達稱之是一種「拉丁美洲實在的濾網」（Filter of the Latin American Reality）。[60]由此可知，法爾斯－博達倡導的「知識」，是從受壓迫者與邊緣群體經驗基礎上建構而成，他稱之為「人民科學」（people's science）或「人民知識」（people's knowledge），[61]這將是一門「對人民有用的科學」。[62]

　　「人民科學」是一種人民智慧，屬於基層人民的經驗性或常識性知識，也是文化遺產的一部分。它可以由民俗療法、在地農耕技術或求生技能，取得對人民有用的知識和技藝。[63]此類知識生產，仰賴「內生過程」，需從翻轉歐洲中心的「認識論」開始，承認「多元知識」（the plurality of knowledge）。每一個社會與社區都擁有「自我知識」（self-knowledge），是一種「從內部成長」（grows from within）的「地方知識」（local knowledge）。[64]「人民知識」不若學院生產的「知識」存在文字記載，它源自人民在每日生活掙扎中求生存的過程，未被編碼或轉譯成文字體系，而是存在於民間說法或日常表達方式，而成為「文化」的一部分。[65]為取得「人民知識」，研究者必須貼近群眾、傾聽他們聲音。這仰賴研究者與草根

---

[59]　原文引自《費爾巴哈提綱》第11條（Eleventh Thesis on Feuerbach）。參閱Orlando Fals-Borda, "People's Power and PAR," in Orlando Fals-Borda (ed.), *Knowledge and People's Power: Lessons with Peasants in Nicaragua, Mexico and Colombia* (New Delhi: Indian Social Institute, 1985), p. 96。

[60]　Gustavo De Roux, "Together Against the Computer: PAR and the Struggle of Afro-Columbians for Public Services," in Orlando Fals-Borda and Muhammad Ansiur Rahman (eds.), *Action and Knowledge: Breaking the Monopoly with Participatory Action-Research* (NY: The Apex Press, 1991), pp. 38-29.

[61]　Orlando Fals-Borda, "Some Basic Ingredients," p. 7.

[62]　Manchola-Castillo Camilo, 2018, "Doing a Science that is Useful for the People: Orlando Fals Borda's Legacy for an Education Committed to Social Aciton and Justice," *Educational Action Research*, Vol. 27, No. 1, pp. 146-147.

[63]　John Gaventa, "Toward a Knowledge Democracy: Viewpoints on Participatory Research in North America," in Orlando Fals-Borda and Muhammad Ansiur Rahman (eds.), *Action and Knowledge: Breaking the Monopoly with Participatory Action-Research* (NY: The Apex Press, 1991), p. 127.

[64]　Doris Santos, "Participatory Action Research and the Political Ream," p. 498.

[65]　De Roux, "Together Against the Computers," pp. 38-39.

組織團體的結合，並從他們身上學習地方經驗，以催生貼近「社會實在的科學知識」（the scientific knowledge of social reality）。[66]

發掘社會實在的過程，法爾斯―博達強調兩個重點：其一，正視「歷史重量」（the weight of history）：沒有歷史就沒有真實；其二，「地域」（the region）：內含地理、人文社會和種族政治等地方價值，存在明確時空脈絡的社會形構。[67]

PAR的直接目標是推動「人民知識」的「合法性」，並將「使用知識」的權力歸還人民。創造一種抵銷主流權力的機制，讓人民可以自己生產知識，並經由使用知識，創造並引導自己行動的指南。最終目的在推動「物質生產關係」與「知識關係」的雙重社會轉型。[68]此外，法爾斯―博達也主張「知識」的科學性或客觀性取決於其「社會可驗證」（social validation）。不同的認識論流派存在不同的驗證體系，這取決於對驗證方法的共識。這表示「知識的有效性」（validity of knowledge）是由政治與社會實踐而來的客觀結果所決定。[69]

## （三）「辯證法」與「實驗性研究法」

法爾斯―博達在思考如何將「觀察到的」與「理論」聯繫起來，而不扭曲或錯誤解讀「實在」，最適當研究方法就是運用「辯證法」（Dialectical Method）。[70]

法爾斯―博達主張，事物發展是鑲嵌在一個開放體系中，隨時間和空間而漂移改變，且經常受到包括「歷史偶然」（accidental）與「人

---

[66] Orlando Fals-Borda, "Reflexiones sobre la aplicación del método de Estudio-Acción en Colombia," p. 58; Orlando Fals-Borda, "The North-South Convergence," p. 356.

[67] Orlando Fals-Borda, "Some Basic Ingredients," p. 6.

[68] Muhammad Ansiur Rahman, "The Theoretical Standpoint of PAR," pp. 14-15.

[69] Orlando Fals-Borda, 1993, "Investigating Reality in Order to Transform It," pp. 41-43; Kevin Tayler, "Reviewed Work(s): Action and Knowledge. Breaking the Monopoly with Participatory Action Research by Orlando Fals-Borda and Muhammad Anisur Rahman," *Community Development Journal*, Vol. 27, No. 3, p. 328.

[70] Orlando Fals-Borda, "Investigating Reality in Order to Transform It," pp. 38-39.

類意志」（human volition）等多元因果影響，是多元決定論（multi-determination）。因此，尋找「社會實在」是一個不斷辯證與往返的過程，應從尋求既有的「衝突」（contradiction）出發，發覺被權力掩蓋的眞實，作爲推進社會轉型的突破性策略。「辯證法」的使用，同時應結合在一個開放系統中依循「反思－行動」節奏（reflection-action rhythm），來逼近對於「實在」的理解。這將是一個「永恆開放的螺旋循環」（ever open spiral circulation）過程。[71]這種循環辯證法，被推崇是法爾斯－博達的「本體論」（Fals-Borda's Ontology）。[72]

　　在上述基礎上，法爾斯－博達細緻地闡述實踐取向的PAR研究方法。這須從研究者的社會介入開始，他稱之爲一種「鑲入社會過程」（insertion into the social process）。在此之上，研究者須與草根組織進入知識生產的協作，這仰賴一種「實驗性研究方法」（Experimental Methodology）。[73]以下將「鑲入社會過程」與「實驗性研究方法」兩個部分獨立出來，分別說明。

## （四）研究者的「鑲入社會過程」

　　法爾斯－博達將「實踐」看作是一種政治行動，目的在「促成結構性社會轉型」。「實踐」須經由研究者投入社會觀察，獲取資訊並協助建構「人民知識」，最終推動組織性團體的「行動」。[74]此一過程，研究者必須親身參與到政治目的的社會運動，法爾斯－博達稱之爲一種「鑲入社會過程」。[75]

　　「鑲入」必須滿足兩個要素：其一，研究者的政治意識與「承諾」；

---

[71] *Ibid.*, pp. 35-42.

[72] Rojas Guerra and José María, *Prologue to Antología, by Orlando Fals-Borda* (Bogotá: Vicerectoría Académica Universidad Nacional Editorial, 2010), p. 10.

[73] Orlando Fals-Borda, "Some Basic Ingredients," pp. 3-4.

[74] Orlando Fals-Borda, "Investigating Reality in Order to Transform It," pp. 35-42.

[75] Muhammad Ansiur Rahman and Orlando Fals-Borda, "A Self-Review of PAR," p. 25.

其二，「行動」。[76]此一「鑲入」已證實受多重哲學和信念激勵。例如：人道主義、甘地或解放神學等宗教啓蒙。[77]法爾斯—博達主張，「鑲入社會過程」存在幾個要件：

1. 研究者必須成爲「帶有情感的思考者」（senti-pensante）：放下菁英主義與學術傲氣，凝聽社會底層聲音、感受「受壓迫者」的生活處境和遭遇。這必須超越單純使用「理性邏輯思維」，走向運用「同理心」（empathy），將自己轉變爲「帶有情感的思考者」。[78]

2. 權力下放（devolution）：研究者的社會介入須經由「權力下放」或「主動反饋」（proactive feedback）達成。受到弗雷勒影響，法爾斯—博達主張研究應將「被研究區域人們」納入成爲「研究者」。這是指打破「研究者」與「被研究者」之間「主體—客體」的從屬關係，翻轉「被研究者」角色爲一種對等的「主體—主體」的合作關係。[79]

3. 「鑲入」戰術：「辯證法」作爲「鑲入」戰術時，研究者必須意識到社會情境中，沒有「歷史」就沒有「實在」。「歷史」有助於瞭解對於真實的不充分解釋和不公之處，並經由不斷辯證循環來釐清真實。因此，研究者應從理解地方歷史和脈絡出發，發現既存「矛盾／爭議」，並善用它作爲切入點推動「衝突」作爲戰術鼓動，他稱之爲「激化」（activación）。[80]因此，每位研究者都必須成爲觀察與激化戰鬥的「觀察—戰士」（Observadores-Militantes）。[81]

## （五）PAR的三個階段：研究、教育與行動

　　PAR整合了研究、教育及社會運動，形成「研究、教育與行動」三位一

---

[76] Orlando Fals-Borda, "Reflexiones sobre la aplicación del método de Estudio-Acción en Colombia," pp. 53-56.

[77] Muhammad Ansiur Rahman and Orlando Fals-Borda, "A Self-Review of PAR," p. 25.

[78] Doris Santos, "Participatory Action Research and the Political Ream," pp. 507-508.

[79] Daniel Mato, "Communication for Social Change in Latin America," p. 675.

[80] Orlando Fals-Borda, "Reflexiones sobre la aplicación del método de Estudio-Acción en Colombia," pp. 55-56.

[81] Ibid., pp. 53-56.

體的「實驗性研究方法」。三個階段不必然存在連續性。[82]該研究方法有助於協助受壓迫者獲取可靠知識，作爲取得權力或抵銷權力的策略。[83]

### 1.教育：受壓迫者賦權（Empowering the Opprressed）

「人民賦權」核心在「轉變與知識之間的關係」。法爾斯—博達對於受壓迫者的「賦權」受到弗雷勒式教育的影響深遠。

弗雷勒在馬列主義的基礎上，將「意識」（consciousness）詮釋爲「走向世界的意向性」（consciousness is intentionality towards the world）。他指出人類並非全然被決定的存有，人類有能力經由批判性反思那些加諸於自己的制度、結構和權力等條件限制，並採取自願行動來改變世界。[84]此一「覺醒」（conscientization）將催生出「自爲人民」，進而參與知識生產協作。這將翻轉「主體—客體」爲「主體—主體」關係，並同步促成受壓迫者教育，並將其轉化爲動員力量。[85]

然而，「覺醒」不能經由傳統教育。傳統教育是一種政治與文化產物，文字和思想都傳遞著統治結構。「受壓迫者解放」需打破傳統教育培養「沉默文化」（cultural de silencio），走向「對話式教育」。誠如弗雷勒主張「受壓迫者」的「覺醒」，需經由「『提問式教育』（problem-posing education），讓人類發展出批判性看待自己存有與存在於世界的方式。他們將意識到世界不再是靜態現實，而是一個轉變中過程」。[86]

在其基礎上，法爾斯—博達進一步強調「覺醒」過程是通過對話與辯證的「集體自我詢問」（collective self-inquiry）和「反思」，來提高自我意

---

[82] Orlando Fals-Borda, "Some Basic Ingredients," pp. 3-4.

[83] Orlando Fals-Borda, "People's Power and PAR," in Orlando Fals-Borda (ed.), *Knowledge and People's Power: Lessons with Peasants in Nicaragua, Mexico and Colombia* (New Delhi: Indian Social Institute, 1985), p. 93.

[84] Wayne Au, 2014, "Epistemology of the Oppressed: The Dialectics of Paulo Freire's Theory of Knowledge," *Journal for Critical Education Policy Studies*, Vol. 5, No. 2, pp. 179-180.

[85] John Gaventa, "Toward a Knowledge Democracy," pp. 121-122.

[86] Wanye Au, "Epistemology of the Oppressed," p. 183；原文引自Paul Freire, *Pedagogy of the oppressed* (NY: Seabury Press, 1974), pp. 70-71。

識與能力，建立「自我知識」。這仰賴設立自願性組織來催化「集體自我詢問」。[87]

## 2.研究：社會政治思想過程（Sociopolitical Thought Processes）

　　「研究」扮演催化「教育」和「行動」的關鍵。這必須從「地域脈絡」出發，創造自我知識。在取得知識的過程中，第一手資料尤其關鍵。研究者須從培育「同理心」出發，親身「體驗」並探究地方真實；經由考察社會經濟過程、連結草根地方團體，推動一系列社會詢問，來催化「意識」，激發集體學習，並建立自我知識體系。[88]研究方法上，PAR強調採用多元技藝，但仍可歸納出幾項重點：

(1) **集體研究**：經由集體自我詢問、辯論與批判，採取對等、多層溝通策略來生產「知識」。這是一種對「社會實在」的客觀調查，可經由「社會驗證」確立為「客觀知識」。[89]

(2) **歷史關鍵恢復**（critical recovery of history）：藉由蒐集過去事件、年長者口述歷史和深度訪談等方式，拼湊「集體記憶」，目的在發掘被掩蓋的過去真實，以協助「受壓迫者」的「覺醒」並產生改變社會的鬥爭意識。[90]方法上可參照「史學」（Historiography）對於議題研究的時間與空間定位（ubicación）來輔助完成。法爾斯─博達主張，史學就是「歷史」的知識社會學，它解釋了前人思想與觀點如何形構社會實在。[91]

(3) **運用民俗文化**：運用地方文化和價值等多元再現形式，來連結情感、創造認同，作為凝聚動員基礎。[92]再現形式需使用人民可理解的方式，例如：影像、文字、藝術或音樂等多元紀錄與傳播方式，混合邏輯辯證和

---

[87] Muhammad Ansiur Rahman, "The Theoretical Standpoint of PAR," pp. 16-17.

[88] *Ibid*., pp. 16-17.

[89] Orlando Fals-Borda, "Some Basic Ingredients, " p. 8.

[90] *Ibid*., p. 8.

[91] Carles Bergquist, 1990, "In the Name of History: A Disciplinary Critique of Orlando Fals-Bordas Historia doble de la costa," *Latin American Research Review*, Vol. 25, No. 3, pp. 162-163.

[92] Orlando Fals-Borda, "Some Basic Ingredients," pp. 8-9.

因果關聯分析，來建立知識與傳播模式。[93]

　　基於「研究」涉及「學者」和「人民」兩個關鍵行動者，各自貢獻知識、技術與經驗。然而，兩種知識要素來自不同階級形構，在學術取向的理性知識和經驗知識之間，將產生一種「辯證張力」。兩種知識之總和，將允許更準確理解想要改變的現實。這將產生革命性的知識，來導正主流知識的壓迫性，並創造一種爲受壓迫階級利益服務的新知識典範。[94]

　　最後，法爾斯－博達主張，第三世界國家必須累積與自身特定的成長和進步模式一致的多元思想與行動模式。這是一種「知識總結」（knowledge summation）與「知識匯聚」（convergence）過程。[95]使用葛蘭西的術語，是指將「地方常識」轉化爲「批判性知識」，以取得「經驗知識」與「理論知識」的總和。最終目的在催生一種有利於人民的知識，他稱之爲「做一門對人民有用的科學」。[96]

## 3.實踐／行動

　　PAR強調組織一個「社會政治力量」（sociopolitical forces），作爲推動改變的行動者（animator）。「社會政治力量」存在兩個關鍵行動者：學者（外在於受壓迫者）和人民（內在於受壓迫者）。後者組織形式，通常是自主社會團體，例如：非政府組織或自助人民組織。[97]

　　由於兩個關鍵行動者之間因存在階級、教育和生活經驗的差異，將無可避免出現觀點或立場衝突。這種張力須經由不斷對話與辯證，來消弭對立價值和不對稱關係。最終，翻轉兩者之間關係爲一種平等與互惠的「主體－主體」關係。這是一種「利他」（altruistic）的參與，具「公社」的團結與共存的感情和態度。[98]

---

[93] *Ibid.*, pp. 8-10.
[94] Orlando Fals-Borda, "People's Power and PAR," pp. 96-101.
[95] Orlando Fals-Borda and Mora-Osejo, "Context and Diffusion of Knowledge," pp. 35-36.
[96] Orlando Fals-Borda, "Some Basic Ingredients," pp. 9-10.
[97] Muhammad Ansiur Rahman, "The Theoretical Standpoint of PAR," pp. 16-18.
[98] Orlando Fals-Borda, "Some Basic Ingredients," pp. 4-5.

一旦「社會政治力量」設置，將會帶動草根運動和社會倡議的崛起。這些草根團體多源自農村自願組成小團體，經由重新認同自身文化與生活模式，掀起一波「文化運動」。隨著社區文化運動的「乘數擴張」，運動將擴及到連結數個地區、省分，甚至上達國家層次。[99]最終，將PAR轉換爲「內生倡議」的替代發展選項。

## （六）PAR作爲「內生發展模式」

1980年代以降，法爾斯—博達更主張PAR不僅是「知識民主」的理論和方法，更是一套「內生發展倡議」。所謂「內生」是指「從內部成長」（growth from within）。「內生」概念又與「脈絡」相輔相成，強調「情境定義」的關鍵性。誠如法爾斯—博達主張，所有「再生產」都發生在一個開放且複雜的系統中，[100]具強烈「內生性」。因此，知識生成與建構的「參考框架」（frames of reference）須從具體的時空脈絡、文化歷史和地理中取得，這是一個「具不同形式的普遍過程」。[101]法爾斯—博達整合「脈絡」與「內生」兩個概念，提出「從內部成長」作爲抗衡殖民主義的內生模式。[102]

基於PAR作爲一套「內生發展倡議」是根植於每一個地方眞實與環境，存在強烈的「地域性」。法爾斯—博達在前人基礎上，重申「人的時空」（people's space times）概念，[103]並在1991年哥倫比亞憲法修正案中，援引它作爲創建「黑人自治社區」的依據。[104]根據薩克斯（Wolfgng Sachs）所述，「人的時空」是一個具體的社會形構。在這個時空範疇內，形塑了人民生活方式、文化認同、集體記憶和傳統習俗及互助機制，也形成集體權利優先於個人權利的共識。人們更發展出適當的生存實踐與機制，例如：土地和

---

[99] *Ibid.*, p. 6.

[100] Orlando Fals-Borda and Mora-Osejo, "Context and Diffusion of Knowledge," pp. 31-32.

[101] *Ibid.*, pp. 30-33.

[102] *Ibid.*, pp. 30-35.

[103] Wolfang Sachs, "One World," in Wolfang Sachs (ed.), *The Development Dictionary: A Guide to Knowledge as Power* (London: Zed Books, 1992), p. 112

[104] Orlando Fals-Borda, "People's Space Times in Global Processes," pp. 627-628.

糧食使用與分配，定義何謂「美好生活」（Buen Vivir），[105]這才是人類生存的最適機制。[106]

其次，法爾斯—博達試圖整合「知識」、「參與式民主」和「群眾權力」，形成「從內部成長」的「內生發展模式」。[107]法爾斯—博達在批判拉丁美洲是「代議民主」受害者下，轉為倡導推動「參與式民主」。「參與」是指個人意識到他的行為，並分享行動目標，形成一種主體與主體之間的關係。[108]「參與式民主」之本體論是「人民權力」。法爾斯—博達將「人民權力」定義為：「社會和經濟上被壓迫的草根群體，連結和系統化知識的能力，以使他們成為推動社會進步的主角，並捍衛自己階級和群體的利益。」[109]「人民權力」經常與「群眾權力」概念相互挪用。其理論基礎源自墨西哥哲學家杜賽爾（Enrique Dussel），其主張存在一種內在於個人、固有且自我指涉的根本性政治權力。[110]這是一種「制憲權」（Constituent Power），其意義上的「民主」。[111]「群眾權力」是紮根於地域，藉由地方自治組織，形成社區人民之間的水平協商機制，來促進和支持國家權力的社會化。[112]「知識」與「人民權力」的綜效，將創造一種相較於「代議民主」

---

[105] 「美好生活」是興起於安地斯原住民的一種生活風格與哲學，也是「後發展」的意識形態。原住民語稱之是Sumak Kawsay。「美好生活」主張「發展」最終目的不是「經濟成長」，而是「美好生活」，內涵個人、社會和自然之間和諧共存的「完滿生活」理念，並反對資本主義市場經濟獨尊「成長」與開發帶來的生態破壞及社會債，形成「人類世」（Aanthropocentrism）到「生物中心主義」（Biocentrism）的轉向。參閱黃富娟，2020年，〈安地斯國家替代發展之研究：秘魯、委內瑞拉與厄瓜多的比較〉，《問題與研究》，第59卷第1期，第31-32頁。

[106] *Ibid.*, pp. 627-629.

[107] *Ibid.*, pp. 30-35.

[108] Orlando Fals-Borda, "Reflexiones sobre democracia y participación," pp. 7-12.

[109] Orlando Fals-Borda, "People's Power and PAR," pp. 94-95.

[110] Enrique Dussel, *Twenty Theses on Politics* (Durham: Duke University Press, 2008), available at: https://enriquedussel.com/txt/Textos_Libros/56.Twenty_theses_on_politics.pdf (accessed on July 20, 2022).

[111] 奈格里（Antonio Negri）主張採取「制憲權」此一原始政治權力，對抗「憲定權」（constituted power），以強化實質意義上的「主權在民」。參閱黃富娟，〈發展的意識形態與玻利瓦替代方案〉，《委內瑞拉發展模式：查維茲政經實驗》（高雄：巨流圖書出版，2021年），第106-108頁。

[112] Orlando Fals-Borda, "Reflexiones sobre democracia y participación," p. 13.

更具參與和自我管理的「參與式民主」。此一民主模式，強調社區自治、民主、互惠與平等原則，不存在由上而下國家和「先鋒黨」的階層與教條。[113]

　　法爾斯—博達主張，對於全球南方而言，經由社會運動爭取政治參與，有助重構因現代化和全球化消逝的「人的時空」，彌補地方因爲政治真空或國家代理人失靈引發的失序。PAR誘發人民去創建自己領域，以在時間與空間、在社區與區域，擴展自身能力與權利。[114]人民可經由建立自主自助的權力結構，來保護並滿足地方需求。這在許多地區，甚至演變成一種自由主義或無政府主義的「參與式民主」實驗。[115]而PAR則是推進「參與式民主」和「參與發展」的方法論，可讓PAR成爲第三世界推動社會發展的戰略。[116]

　　PAR促成的「本體論」和「認識論」轉向，在某些國家興起一波「文化運動」，甚至擴及到連結「政治運動」並促成人民解放，形成一種「政治替代選項」。這種基於文化地域而來的自我認同、政治安排與經濟模式，將創造一股反制力量來抵銷全球化、工具理性和文化同質化的衝擊。[117]最終，將知識、權力和地方政治行動結合起來，成就從「微觀」轉向「宏觀」層次的「社會轉型」，[118]這亦將創建一個新形式國家。此一國家將立基於民主、本土文化孕育、人民核心價值，並強調「人道主義」與「利他主義」，目的在對抗「利維坦國家」（Leviathan），[119]並催生一個較平等的國家與社會關係。然而，法爾斯—博達主張的新形式國家，並不是重回馬克思國家，亦非代議民主下的有限參與國家；[120]反之，是去建立一個較少洛克（John

---

[113] Orlando Fals-Borda, "People's Power and PAR," p. 94.

[114] *Ibid.*, pp. 98-99.

[115] Orlando Fals-Borda, "People's Space Times in Global Processes," p. 629.

[116] Doris Santos, "Participatory Action Research and the Political Ream," p. 498.

[117] *Ibid.*, pp. 629-632.

[118] Muhammad Ansiur Rahman, "The Theoretical Standpoint of FAR," pp. 18-19.

[119] 又稱巨靈。霍布斯主張人性本惡、自利且貪婪，在自然狀態下將形成爭奪與失序。因此他主張在代議原則上建立一個強勢國家進行對內統治，並依循絕對服從原則來統管國家，以確保平等與契約履行。然而，法爾斯—博達認爲巨大國家之上因不存在其他權威，這種國家猶如巨靈，反而損及人民權利。

[120] 主流政治學者對於大眾參與的定義，多採納亨廷頓（Samuel Huntington）主張「影響政府決策

Locke）、較多克魯泡特金（Peter Kropotkin）的國家。[121]他同時主張，眞正的「參與式民主」並不適合當前中央集權的國家形式。因此，拉美迫切需要建立一種既不集中亦不強大的國家，以分散政治與知識權力、賦予人民自主權來實現日常進步，重拾身分認同及存在意義。基於此，法爾斯—博達提出「回歸土地」（retorno a la tierra）概念，[122]這是指去尋回失去的「人的尺度」（human scale）。[123]PAR激發的創造性社會政治力量，將爲其創造新的空間尺度。

由此可知，法爾斯—博達主張政治分權，並訴諸自主與自治的人民組織，作爲回應霍布斯（Thomas Hobbes）在「自然狀態」下的無政府主義，及彌補代議民主下國家代理人失靈和公共財交付失敗的弊病。這種新形式國家，並不是去推翻國家與社會之間的「社會契約」（The Social Contract），而是走向更大分權。法爾斯—博達更主張，PAR是推進「內生發展倡議」之戰略，可協助建立由下而上、由內而生的地方民主治理機制，來落實社會轉型。

## 四、學術貢獻

法爾斯—博達作爲「行動研究」的創始人之一，終其一生，最主要學術貢獻在建立整合「理論」與「實踐」的PAR，並奠定「行動研究」的一家之言。

本文歸納法爾斯—博達的PAR存在四大貢獻：作爲一套探究「知識民主」的方法論、探究「社會實在」的認識論、作爲回應新自由主義和全球化的反制策略，以及對於政治運動集體行動邏輯之補強。以下說明：

---

的行爲」，形成有限參與。參閱Orlando Fals-Borda, "People's Power and PAR," pp. 95-98。
[121] Orlando Fals-Borda, "Some Basic Ingredients," p. 6.
[122] Orlando Fals-Borda, "Reflexiones sobre democracia y participación," pp. 13-14.
[123] Orlando Fals-Borda, "People's Power and PAR," p. 99.

## （一）對於「知識民主」的貢獻

興起於全球南方的PAR，是對已開發國家如何組織並生產「知識」的內生回應。誠如葡萄牙社會學者桑多斯（Boaventura de Sousa Santos）主張，新自由主義全球化創造了單一文化和霸權科學知識體系。它讓被殖民國和壓迫者接受了一種給定的秩序。因此在壓制全球南方國家與人民解放上，扮演著關鍵作用。[124]而PAR作為一套探究「知識民主」的理論與方法論，則有助於推動多元認識論的知識。它促成知識權力和知識挪用（reappropriation of knowledge），[125]進而打破「知識殖民主義」，提供全球南方和受壓迫者一套可催生「人民知識」的方法，來糾正不對等的知識與權力關係。[126]

## （二）對於「社會實在」的貢獻

PAR反駁「實證主義」與「理性主義」的科學社會學傳統；取而代之，強調貼近人民生活經驗和地方價值的「經驗主義」，形成「本體論」與「認識論」的轉向。實際上，創建了一套探究「人民知識」，而非「客觀知識」的方法論。

就「本體論」而言，PAR反駁事物本質是「客觀存在」，強調它是歷史產物，受到政治、社會與文化價值及權力的形塑；其次，從獲取知識的「認識論」來看，PAR超越「實證主義」主張的主、客對立，轉向強調以互動式辨證破除「虛假意識」，以獲取意識上的「真實」。由此可知，是從「發現真理」轉向「揭露隱含結構」。此一方法論雖源自左派思想，但在導入全球南方和受壓迫者研究時，亦提供方法論上的創新。

研究農民運動的哥倫比亞學者古埃拉（Rojas Guerra）主張，PAR首要

---

[124] Boaventura de Sousa Santos and Nunes, Joan Arriscado Nunes and Maria Paula Meneses, "Opening up the Canon of Knowledge and Recognition of Difference," in Boaventura de Sousa Santos (ed.), *Another Knowledge is Possible: Beyond Northern Epistemologies* (London: Verso, 2007), pp. IX-XX; Lonnie L. Rowell and Eunsook Hong, "Knowledge Democracy and Action Research: Pathways for the Twenty-First Century," in Lonnie L. Rowell et al. (eds.), *The Palgrave International Handbook of Action Research*, pp. 66-67.

[125] John Gaventa, "Toward a Knowledge Democracy," pp. 123-129.

[126] Orlando Fals Borda and Muhammad Ansiur Rahman, "A Self-review of PAR," p. 31.

貢獻在提出一套探究地方實在的「永恆開放螺旋循環」之辯證法，這又稱
爲法爾斯－博達的「本體論」。[127]此外，從事行動研究與教育的英國學者艾
略特（John Elliott）認爲，所有「科學」都是一種務實理性形式，仰賴「詢
問」的民主程序，即是強調社會詢問之PAR的特點。[128]赫爾辛基大學發展研
究系主任斯萬茨（Marja-Liisa Swantz）更主張，PRA已成爲社會科學理性
辯論的一部分。[129]美國喬治城大學人類學者拉帕波特（Joanne Rappaport）
認爲，PAR有助反思如何將「社會研究」重建爲一種「參與性努力」。[130]

### （三）抵制主流發展典範之社會轉型與替代發展倡議

　　PAR與國家發展的動力有關。[131]PAR強調發展一種基於地域和文化特殊
性的「人的時空」，並結合「參與式民主」和「群眾權力」形成「內生發展
倡議」，作爲「分權」的政治替代方案。它允許低度開發社會依據自身價值
與立場，採取參與性論述或行動，來脫離殖民主義，抵制經濟全球化和現代
化的衝擊，並創造一個更美滿生活與人性化生活哲學。[132]實際上，這翻轉了
現代化理論的「國家中心」及新自由主義的「市場中心」等西方主流發展模
式，轉爲倡導依據文化地域特殊性的「從內部成長」。這不僅創建了一套地
方治理機制，也成就了由下而上、由內而外的多元發展模式。

　　哥倫比亞教育學者桑托斯（Doris Santos）主張，PAR是第三世界的
「內生發展倡議」，目的在回應新自由主義模式的危機。[133]拉赫曼則主張，
PAR是第三世界的「人民集體自我倡議」，它不僅指向知識追求，更是一套
「解放研究」的典範。[134]同樣地，羅威爾與洪（Rowell and Hong）亦認爲

---

[127] Rojas Guerra and José María, *Prologue to Antología, by Orlando Fals-Borda*, p. 10.

[128] John Elliott, "Building Educational Theory through Action Research," in S. Noffke and Smekh (eds.), *Sage Handbook of Educational Action Research* (LA: Sage, 2009), pp. 28-38.

[129] Marja-Liisa Swantz, "Participatory Action Research as Practice," p. 40.

[130] Joanne Rappaport, "Introducción a la edición especial de Tabula Rasa: Orlando Fals Borda e Historia doble de la Costa," p. 16.

[131] Marja-Liisa Swantz, "Participatory Action Research as Practice," p. 40.

[132] Orlando Fals-Borda, "People's Power and PAR," p. 95.

[133] Doris Santos, "Participatory Action Research and the Political Ream," p. 498.

[134] Muhammad Ansiur Rahman, "Some Trends in the Praxis of Participatory Action Research," in Peter

PAR就是一套權力與知識的爭奪方法。對於無力改變現況的人民，PAR倡導的知識與社會實踐協作，得讓人民從殖民主義的「認識論」中解放出來。且它作爲抗衡經濟全球化與現代化理論，更有助於解放社區、區域，以及國家的教育、文化和政治過程。[135]基於此，托內斯（Kristin Tornes）主張，PAR確實提供了一套超越馬克思主義的社會發展倡議。[136]

## （四）對於政治運動與集體行動邏輯的貢獻

PAR對於社會政治運動的貢獻，在於補強集體行動的「論述」與邏輯。PAR作爲一套社會運動的方法，倡導一種基於地理、歷史、文化地域性的知識生產協作，並經由社會詢問方式，恢復地方關鍵歷史並催生集體記憶。這有助催化人民意識覺醒，強化投身運動的承諾。由此可知，PAR作爲知識協作與社會實踐的機制，因強化了對歷史與現實的理解，重整在地論述和知識體系，而強化了集體道德、信念，提高了運動的正當性。這亦將誘發更大的參與，從而補強了奧爾森（Mancur Olson）在「集體行動邏輯」中面臨的「搭便車」（free rider）困境。

法爾斯—博達的PAR，亦影響後續社會運動學者思索「行動者」如何突破結構、制度和權力的限制，並深化對於政治主體性、能動性、文化和空間、地方自治和社會運動等多面向的社會行動和運動理論之發展。例如：蘭杜漢（Alain Touraine）的社會行動理論、柯司特（Manuel Castells）對於動員市民參與城市轉型運動之研究，[137]以及蓋格蘭（Guy Gran）[138]主張草根群體介入政治過程，是重建更公平社會，推動社會發展與轉型的關鍵性。[139]

---

Reason and Hilary Bradbury (eds.), *Sage Handbook of Action Research: Participative Inquiry and Practice* (SAGE Publications Ltd., 2008), pp. 57-58.

[135] Lonnie L. Rowell and Eunsook Hong, "Knowledge Democracy and Action Research," pp. 63-70.

[136] Kristin Tornes, "Reviewed Work(s): Subversion and Social Change in Columbia by Orlando Fals Borda," p. 72.

[137] Manuel Castells, *The City and the Grass Roots: A Cross-Cultural Theory of Urban Social Movements* (London: University of California Press, 1983).

[138] Guy Gran, *Development by People: Citizen Construction of a Just World* (New York: Praeger, 1983).

[139] Orlando Fals-Borda, "People's Power and PAR," p. 100.

　　總結上述，法爾斯－博達的PAR看似理論新穎獨創，實際上是奠立於諸多理論和時代思潮的集大成之作，並將其導入全球南方的知識、權力和人民解放運動上，成為對抗外來發展模式的內生替代發展與反制策略。其中，關鍵貢獻在於提供一套可操作和應用的方法。他在1997年召開的「PAR世界聚合大會」中整合並歸納全球經驗基礎上，提出PAR對於全球南方的三項具體貢獻：第一，結合學院和人民知識，導入群眾抗爭，可協助尋求或建立有用科學典範，作為發展模式的參照；第二，強調知識生產的協作，得讓研究者和草根團體的行動，發展出更強的道德和人文主義取向；第三，有效整合「集體行動邏輯」和「研究邏輯」。[140]

　　儘管法爾斯－博達是一位廣受第三世界愛戴的全球性拉美學者，也同樣飽受批評。由於PAR前提是政治目的之社會轉型，並選擇與受壓迫者站在一起，催生一種基於人民中心與利益的知識，而非客觀社會事實。他更主張「知識」的客觀性取決於「社會可驗證性」，但此一論點卻非普遍成立。[141]這種建立在偏好受壓迫者的研究對象、立場與議題的價值選擇，都讓法爾斯－博達飽受批判。[142]特別是這套理論與方法，也同樣啟發了武裝分子的對抗意識，而加劇社會動盪。

　　此外，PAR倡導的經驗取向研究，在深入地方之後亦經常遭遇阻礙。誠如泰勒（Kevin Taylor）的批判，他雖認同PAR點出人民知識存在洞見，卻反駁結合兩種知識必然帶來革命性轉變，尤其是PAR並未說明打破「資源近取」的阻礙。[143]且假設受壓迫者都存在同質性、希望起而反抗，也流於天真。對此，迪亞茲（Díaz）則稱法爾斯－博達的論點是一種「經驗的烏托邦

[140] Orlando Fals-Borda (ed.), *People's Participation: Challenges Ahead* (NY: Apex Press, 1998), pp. 218-219; Orlando Fals-Borda, "People's Space Times in Global Processes," p. 633.

[141] Kevin Tayler, "Reviewed Work: Action and Knowledge, Breaking the Monopoly with Participatory Action Research by Orlando Fals-Borda and Muhammad Ansiur Rahman," pp. 327-328.

[142] Marja-Liisa Swantz, "Participatory Action Research as Practice," pp. 42-43.

[143] Kevin Tayler, "Reviewed Work: Action and Knowledge, Breaking the Monopoly with Participatory Action Research by Orlando Fals-Borda and Muhammad Ansiur Rahman," pp. 326-328.

主義」（Empirical Utopianism）。[144]

　　無論如何，PAR強調整合兩種知識，推動受壓迫者的知識和政治解放。這不僅是一套「知識民主」與「解放研究」理論，且因PAR有助催化基於文化地域的自治模式，並依循民主詢問和辯證方式，恢復地方歷史和生活方式，提振人民權力，並誘發改變社會的政治行動，因此形成整合文化地域、「參與式民主」和「群眾權力」的「內生倡議」。它確實有助於翻轉單一知識典範與主流發展模式，走向承認多元知識典範，成為抗衡新自由主義模式和資本主義全球化的反制策略。這成就了法爾斯─博達作為PAR創始人之一的殊榮，也注定歷史留名。

# 第二部分　案例研究：哥倫比亞的「拉洛斯卡」經驗

　　1972年法爾斯─博達偕同一群跨學科與社會實踐取向的知識分子，組成「拉洛斯卡」。「拉洛斯卡」目的在結合理論與實踐，推動行動研究，以將這套理論和方法運用到哥倫比亞農民抗爭和農村發展。PAR的跨學科與實踐取向，讓它可以連結多元社會組織、政治運動和社會倡議，之後逐步擴張到多國的城市與區域發展，以及多領域與多目的的運動上。其中，應用成效最顯著領域，當屬拉丁美洲及第三世界的土地產權收復運動、基督教社區運動、公共衛生和民俗療法、婦女解放運動及成人教育。[145]1985年出版的《知識與人民權力：尼加拉瓜、墨西哥與哥倫比亞農民》，法爾斯─博達將PAR擴及到尼加拉瓜、墨西哥等多個拉丁美洲國家。[146]1991年《行動與知識》更匯集包括非洲辛巴威獨立運動及美國知識民主等案例。而PAR世界大會，則有助於推廣和交流PAR在全球五大洲的在地實踐與挑戰。

---

[144] Juan Mario Díaz, "The Making of an Intellectual," p. 13.
[145] Muhammad Ansiur Rahman and Orlando Fals-Borda, "A Self-Review of PAR," p. 27.
[146] Orlando Fals-Borda, "People's Space Times in Global Processes," pp. 627-630.

　　以下，將以法爾斯─博達在多本著作中論及的哥倫比亞經驗研究作為說明對象，同時交錯其團隊在墨西哥和美國等國家推動經驗，來檢視這套理論與方法的有效性。

## 一、哥倫比亞案例

　　1972年「拉洛斯卡」進駐哥倫比亞濱加勒比海及太平洋多個省分推動PAR。以下，本文將依據PAR理論強調的組成部分，依序說明：研究者的社會介入及籌組社會政治力量、歷史脈絡與文化在地性，以及知識生產協作，並帶入說明「拉洛斯卡」將PAR應用在哥倫比亞濱太平洋岸的特哈達港（Puerto Tejada）和比亞利卡（Villarica）兩個市鎮的結果。

## （一）籌組社會政治力量

　　1972年法爾斯─博達偕同一群知識分子組成「拉洛斯卡」，進駐哥倫比亞濱加勒比海的科爾多瓦和蘇克雷省分，考察哥倫比亞的農民土地抗爭。[147] 後續又將「拉洛斯卡」操作經驗，應用在太平洋岸的多個海岸城市與山谷城鎮。[148]「拉洛斯卡」作為一個實驗性的先驅組織，設置目的在探索PAR的可能性，尤其側重在結合「研究」與「行動」，催生一種符合地方生活模式、社會需求的「知識」，並將「知識」導入農村發展和政治運動中。[149]

　　進駐地方以後，「拉洛斯卡」積極尋求與農民組織及地方研究中心合作，籌組社會政治力量。例如，「拉洛斯卡」在科爾多瓦省選擇與正在進行土地抗爭的「全國小農協會」（La Asociación Nacional de Usuarios Campesinos, ANUC）合作，[150] 在加勒比海區域則偕同「加勒比基金會」

---

[147] Joanne Rappaport, 2015, "Introducción a la edición especial de Tabula Rasa: Orlando Fals Borda e Historia doble de la Costa," *Tabula Rasa*, Vol. 23 (julio-diciembre), p. 11.

[148] Orlando Fals-Borda, "Reflexiones sobre la aplicación del método de Estudio-Acción en Colombia," pp. 58-59.

[149] Orlando Fals-Bordas, "The North-South Convergence," p. 533.

[150] *Ibid.*, p. 533.

（Fundación del Caribe en Montería, FC）組成協作團體，共同推動社會轉型目的之PAR。[151]此外，在太平洋岸特哈達港的占地運動中，則與在地婦女組織「北考卡人民公民運動」（People's Civic Movement of Northern Cauca）結盟。而在比亞利卡城市研究中，選擇和「比亞利卡公共服務用戶委員會」（Villarica Public Service User Committee）合作。選擇協作的對象，存在天時地利的差異，但都側重在同一研究議題和對象之草根團體，形成「外在於壓迫」及「內在於壓迫」的兩個關鍵行為者群體的結盟。

## （二）歷史、脈絡與文化地域性

　　PAR倡導一種「研究、教育和行動」三位一體的實驗性研究方法。其中，「研究」扮演催化「教育」和「行動」的關鍵。這必須從「地域脈絡」出發，強調挖掘並重現被掩蓋歷史的關鍵恢復、重塑集體記憶和社會文化傳統。歷史重建存在一個明確的政治前提，亦即：提高抗爭團體的政治意識。法爾斯—博達選擇研究的主題，都服務於此一政治目的。[152]

　　在特哈達港與比亞利卡兩個經驗個案中，都是位於哥倫比亞西南方的考卡河流域（Cauca river）沿途流經的河谷與山谷城鎮，最後流向太平洋出海口。

　　歷史上，這個流域的沿岸城鎮多屬於哥倫比亞的傳統蓄奴區，居民多是非洲裔哥倫比亞人（Afro-Colombian），屬於母系社會。在15世紀殖民到19世紀中葉廢除奴隸制度期間，該區經濟型態是以大莊園（hacienda）為主的殖民式經濟結構。且殖民時期依據種族而來的社會階層化，更形構出高度不均的雙元社會。因此，該區長久以來即是受壓迫者集中的區域之一。[153]

　　「拉洛斯卡」進駐當地，目的在推動PAR。「拉洛斯卡」偕同草根團體與地方人民組織，對數千名海岸區域老齡人口進行口述歷史，試圖挖掘他們

[151] Joanne Rappaport, "Introducción a la edición especial de Tabula Rasa," p. 13.

[152] José Escorcia, 1986, "Reviewed Work(s): Historia doble de la costa. Volume II: El Presidente Nieto. by Orlando Fals-Borda; Historia doble de la costa. Volume III: Resistencia en el San Jorge. by Orlando Fals-Borda," *The Hispanic American Historical Review*, Vol. 66, No. 4, p. 809.

[153] De Roux, "Together Against the Computer," p. 39.

對於社會變遷的記憶，嘗試恢復並重現歷史。

從口述歷史中，重現區域在17世紀大莊園殖民時期，黑奴的生命歷史和過往遭遇。在18世紀開始，黑奴為了抵制強制性勞動、找回自由靈魂，開始策劃集體叛逃事件，並促成18世紀的黑人解放運動。後續，他們更加入19世紀哥倫比亞脫離西班牙殖民的獨立運動，成為口耳相傳的黑人英雄。[154]直到1851年哥倫比亞廢除奴隸制度，這些逃離原生區域的黑奴，始能以自由身分重返出身地，並將殖民時期遺留的大莊園結構轉型成自由小農的耕作體制。「拉洛斯卡」的進駐，誘發區域人民重新找回地方和種族消逝的歷史、認同及被掩蓋的社會實在，試圖恢復非洲裔哥倫比亞人的生活型態、生命史與地方發展的「集體記憶」，進而激發他們的自我認同、催化「覺醒」意識。[155]

獨立以後，當地農業型態以種植可可、香蕉、樹薯與咖啡出口為生。直到20世紀發現當地土質非常適合種植甘蔗，並促成1940年代以後大型農企業集團進駐當地擴張大甘蔗種植園。[156]之後，1959年古巴革命成功遭到美國對古巴強加「貿易禁運」（trade embargo）作為報復，也促成周邊國家萌生承接古巴出口美國蔗糖的巨大缺口。這再次誘發大型農企業重回該地，企圖擴大甘蔗種植面積。在出口美國的強大經濟誘因下，大型農企業大量圈地並收購農地，甚至採取扭曲市場價格等不合理方式併購土地。自由經濟的小農，因不敵前者競爭而相繼歇業，或因銀行貸款利率操作導致債務高築，只能走向變賣自家農地。最終，促成當地土地重新集中，並建立起大型種植園的經濟結構。個體農民也從自由勞動者，淪為低薪的「薪資勞工」。[157]

20世紀中葉以後，當地居民因不滿農地被大型農企業以不法或不公方式掠奪，興起奪回土地抗爭。

---

[154] Orlando Fals-Borda, "Summary of the Field Experiences," in Orlando Fals-Borda (ed.), *Knowledge and People's Power Lessons with Peasants in Nicaragua, México and Colombia* (New Delhi: Rajkamal Electric Press, 1985), pp. 127-128.

[155] *Ibid.*, p. 127; De Roux, "Together Against the Computer," pp. 39-40.

[156] Orlando Fals-Borda, "Summary of the Field Experiences," p. 127.

[157] De Roux, "Together Against the Computer," pp. 39-40.

## （三）知識生成與研究

　　PAR倡導一種「研究、教育和行動」三位一體的實驗性研究方法。其中，「研究」扮演催化「教育」和「行動」的關鍵。這須從恢復歷史著手，重現地方農業組織和農民抗爭的集體記憶，並將經驗發現彙整並編撰成歷史資料。

　　在研究方法上，法爾斯—博達強調採取史家的文獻檢閱方式，並混合社會學和人類學經常使用的訪談與口述歷史，廣泛蒐集資訊和地方知識、聆聽與理解受壓迫者的眞實生活處境，與之對話和辯證。[158]這須經由「集體自我學習」等一系列社會詢問和反思方式，例如：社區定時集會、學習小組、長老講述親身經驗及文化藝術活動等，試圖恢復地方居民的歷史與文化，並對檔案進行研究、找回集體記憶。[159]在此基礎上，建構符合社會實在的知識論述，將論述導入受壓迫者教育，催化社會轉型的政治運動。[160]

　　舉例來說，在哥倫比亞《海岸雙重歷史》案例中，法爾斯—博達與其團隊在海岸城市結合編年史、研討會與多元文化再現形式，包括：木偶戲、說故事等，整合農民領袖和基層人民進入集體自我學習。團隊不僅協助處理歷史和地方資料，更支持ANUC奪回土地運動的法律訴訟。最終，團隊整合論述，形成「人民知識」，並導入改變現狀的政治行動中。當時，法爾斯—博達出版了四卷《海岸雙重歷史》的圖解歷史。1985年他更將研究檔案、會議紀錄、公證人文件，田野筆記和文件書稿，贈予蒙特里亞的「共和國銀行」（Banco de la República）。[161]該機構在法爾斯—博達辭世之後，重新命名爲「共和國銀行法爾斯—博達區域文獻中心」（El Centro de Documentación Regional Orlando Fals Borda del Banco de la República, CDRBRM）以茲紀念。[162]

---

[158] José Escorcia, "Reviewed Work(s): Historia doble de la costa. Volume II: El Presidente Nieto," pp. 809-810.

[159] *Ibid*., p. 14.

[160] Joanne Rappaport, "Introducción a la edición especial de Tabula Rasa," p. 13.

[161] *Ibid*., p. 13.

[162] Centro de Documentación Regional Orlando Fals-Borda's del Banco de la República en Montería,

## （四）案例說明：實驗性研究方法

### 1. 占地運動與人民權力：特哈達港案例

　　特哈達港位於哥倫比亞西南部，靠近卡利市（Cali），是一個擁有五萬居民的小鎮，該城市居民多為黑奴後代。當地傳統經濟型態，主要以種植可可、香蕉與咖啡出口為主。直到1940年代發現當地土質適合種植甘蔗，並促成20家農企業相繼進駐，擴張甘蔗種植達六萬公頃面積，幾乎占據多數土地。此一土地集中和移轉過程，伴隨脅迫與強制移轉，將原本小農耕作結構與「自由農民」，轉變成大型甘蔗種植園和「薪資勞工」。[163]

　　直到1980年代，當地人口成長導致住屋面積嚴重不足，然而市政當局未曾採取任何改善行動。直到1981年一千多戶家庭集結起來，占領甘蔗種植園附近土地來重建住宅，並衍生直接衝突。問題是，這個侵占土地運動如何興起？由誰主導？是否具備正當性？特哈達港的占地運動主要是由社會組織「北考卡人民公民運動」發起與支持。這是一個「拉洛斯卡」協力的PAR，試圖回溯並恢復歷史，反思土地問題，最終策動了這場占領土地運動。[164]

　　「占領土地運動」的PAR，行動主體是當地母系社會的婦女。他們在整個運動過程中，發揮了關鍵作用。研究目的在於：證明「占地要求」的公正性。為了達到這個目的，婦女們組織了「人民研究者委員會」（Commissions of People's Researcher），並親身走訪社區，逐一採訪年長者和關鍵報導人對於城市土地使用和農村轉型的記憶，試圖重組並恢復被社會遺忘或鄙視的歷史記憶。在調查基礎上，他們對目前區域的土地使用、住房狀況與公共服務提供等，提出研究報告。[165]這即是法爾斯—博達主張的「歷史的關鍵恢復」，可經由蒐集過去事件、對年長者的口述歷史等方式，

---

https://www.banrepcultural.org/multimedia/30-anos-del-centro-de-documentacion-orlando-fals-borda/
[163] Orlando Fals-Borda, "Summary of the Field Experiences," p. 127.
[164] *Ibid*., p. 127.
[165] *Ibid*., pp. 127-128.

拼湊出「集體記憶」，發掘「受壓迫者」的元素，並提高他們「覺醒」意識。[166]最終，這份PAR報告，揭露了當地歷史實在，啓蒙並教育當地黑人居民他們曾遭受到不正義的土地侵占，進而催化他們參與爭取自身權利的占地運動。

在集體行動的組織邏輯上，居民每周五都會參與社區居民集會，並由委員會帶領大家討論「占領行動」是否具備道德性，同時釐清何謂「罪」與「犯罪」概念。這種集體知識交流和對話，伴隨「正義」信念的強化，讓人民相信他們「集體行動」的正當性，同時擊退恐懼。尤其是恢復歷史記憶讓當地居民理解到黑人在哥倫比亞建國過程中的英雄形象，也恢復了黑人的自我認同和信念。[167]

在占地運動激化的政治衝突中，當地警察和軍方原先試圖驅逐占地居民，並拆除他們組織住宅。然而，在這個案例中，政府最終因理解到人民的歷史是正確的，具備正當性，因而決定讓步，改以協商方式解決土地糾紛，從而避免了「暴力」。[168]

特哈達港歷史與黑人認同之恢復，在當地掀起一波新文化運動，也促成社區再造及兩種地域文化符號的復興，亦即：「可可」作爲自由、「甘蔗」作爲邪惡的象徵。「可可」曾代表逃亡黑奴嚮往的「自由」價值，但在資本主義發展起來後逐漸遭到遺忘。「可可」作爲黑人文化和身分認同的符碼，重新活化起來，並成爲「團結」地方居民的黏著劑。這種「團結」更促成當地政府在處理種植園的勞資衝突中，選擇採取「中立」態度。[169]

特哈達港的PAR成功案例，開始擴散到周邊城鎮，引發其他區域對於恢復地方歷史和文化復興的興趣和行動，形成一波新文化運動，並演變成基於文化地域性的自治倡議。[170]

---

[166] Orlando Fals-Borda, "Some Basic Ingredients," p. 8.
[167] Orlando Fals-Borda, "Summary of the Field Experiences," p. 128.
[168] Ibid., p. 128.
[169] Ibid., p. 128.
[170] Ibid., p. 129.

### 2.公共服務與政治參與：比亞利卡案例

　　哥倫比亞的比亞利卡城市坐落於考卡河（Cauca）南部的山谷，擁有9,000名居民，多是非洲裔哥倫比亞人。自1960年代開始，比亞利卡就存在電力短缺問題。1970年代初期曾出現零星電力抗爭；1972年爆發大型抗爭；1982年哥倫比亞因爲「外債危機」導致國家財政緊縮，地方政府轉爲優先提供糧食，放棄供應穩定公共電力。取而代之，在市場機制下私人電力公司成爲主要電力供應來源。然而，在使用者付費原則下，電力公司不僅要求用戶安裝高額付費電力系統，採取之電腦計算方式更不時出現費率紊亂或高估現象。這都導致日常電力支出攀升，並衝擊下階層每日用電的可能性。爲了解決電費負擔，當地農業銀行（Caja de Crédito Agrario）開始提供貸款。這造成農民在生產借貸之外，更需負擔使用電力衍生的貸款與利息，並導致債務攀升，最終只能出售土地，變相促成土地收購潮。[171]

　　在「拉洛斯卡」進駐之後，先催化當地二十幾位婦女成立「比亞利卡公共服務用戶委員會」，並開始集結群眾探討如何解決電力問題。1982年「使用者委員會」舉辦「光的遊行」（March of Light），試圖喚起居民對於議題的重視。其次，陸續結合文化活動，例如：創作歌曲結合舞蹈《黑暗的聲音》（Son De La Oscuridad）傳播對於電力不滿。此外，委員會亦經常舉辦集會，要求居民分享不同情境下的電力問題，試圖將個人問題經由討論、集體自我詢問與學習，集結成「論述」，並導入行動。[172]這包括三個部分：

　　第一，「鏡像論述」（mirror-like narrative）：舉辦討論和座談會，要求參與者分享電力知識，並經由集體詢問和學習方式，理解個人經驗的社會共通性，來誘發集體的論述和知識生產。這個過程還整合自願性草根團體或居民，協助蒐集15個社區居民的電力帳單，作爲比較費率基礎。從跨社區帳單中，突顯了電腦計算費率存在問題，因而強化了居民意識到運動的合法

---

[171] De Roux, "Together Against the Computer," pp. 41-42.
[172] *Ibid.*, pp. 43-45.

性，進而投身集體行動。[173]

　　第二，「戰略代碼」（strategic code）：檢視黑人抗爭歷史、分析並歸納抗爭成功關鍵與最佳行動戰略。其中，地方歷史知識的導入，協助居民從更廣泛歷史縱深瞭解當前結構和處境的歷史與社會成因。這亦將伴隨使用地方文化要素，凝聚反壓迫元素，來強化抗爭的意識和行動。[174]

　　第三，「社區自我意識」（community's "pensamiento propio"）：是指一種「簡單意識」（simple consciousness），目的在建構指導性信念。它建立在社區對自身歷史與文化的理解，並使用民主方式集結互助居民，秉持公共利益優先、團結和反壓迫等原則來形構社區意識。[175]

　　在上述基礎上，經由整合論述、催生研究，激化人民自覺與受壓迫者教育，串聯政治目的社會運動，來推動社區居民的覺醒與參與，最後導入電力抗爭行動。實際行動，主要呈現在幾個部分：大量寄發申訴和抗議信給市政府和電力公司，指派代表赴市政府協商，將電力不公問題公諸媒體爭取支持，以及將電力問題提高到市鎮議會層次，以迫使電力公司願意與人民妥協並協商改善方法。這是歷史上，比亞利卡居民第一次為自身爭取權利而參與政治運動。此一事件後，委員會更成為誘發地方政治參與的典範。最終，在某種程度上，提高了比亞利卡的社區自主意識和人民權力，並改變了人民與地方政府之間的不對等關係。[176]

## 二、知識民主的其他跨國案例

　　1975年研究團隊進駐墨西哥梅斯基塔爾山谷（El Mezquital Valley），並連結當地三個原住民社區[177]共同推動PAR。介入目的在幫助原住民恢復遺失的古老地方知識、提高自我認同，並改善因工業化導致的生活與環境惡

---

[173] *Ibid.*, pp. 46-47.
[174] *Ibid.*, pp. 48-49.
[175] *Ibid.*, p. 50.
[176] *Ibid.*, pp. 51-52.
[177] San Pablo Oxototipan、Magiiey Blanco和Puerto del Dexthi三個社區。

化。[178]這個案例同樣串聯研究、教育和行動的實驗性研究方法。不同之處在於，研究方法上突顯出「跨社區」共同參與社會詢問的效用，也發現結合「團結」精神的「學徒制」（apprenticeship）在激化「集體自我學習」上的成效。此外，跨社區倡議突顯出原住民社區間的「橫向溝通」更有利於催化地方知識的產出。例如：在健康領域，成功恢復並推動順勢療法與藥用植物；生態保育上，跨社區分享仙人掌種植，作為預防水土流失與植被破壞的效用。[179]連結數個社區的PAR，也得以將「微觀」的社區行動，提高到「中層」的區域層次，形成一波再區域化的文化運動。

　　PAR不僅適用於第三世界國家，已開發國家內部的邊陲群眾、公民運動與環境抗爭，也逐漸發展出類似行動研究。[180]誠然，已開發國家不似第三世界國家存在較高的貧窮和物資短缺，並阻礙知識近取。然而，如美國等已開發國家的「知識近取」亦出現因為使用者付費、政府限定或專業化等自由市場原則因素，阻礙了知識近取與普及。[181]此外，由於「知識」乘載「權力關係」，更容易創造社會控制。因此，在某些時候，人民依舊需奪回知識權力及創造知識的工具，來取得與菁英抗衡的力量。舉例來說，西維吉尼亞（West Virginia）的「黑肺運動」（The Black Lung Movement）即是在公共諮詢過程中發現「被隱藏知識」，並誘發人民「知的權力」與反汙染抗爭。[182]美國經驗指出，PAR在對抗專家學者的知識壟斷與主流論述時，可有效協助人民反駁錯誤的專業知識或「偽」知識（falsification），經由大眾參與知識生產，催生與自身經歷相應的「人民知識」，並促進「知識挪用」。這不是去建立另一種排他性的專業，而是在民主、平等與利他主義的原則上，建立替代性知識權力與政治參與。關鍵差異在於，誰控制知識？以及建立何種知識？[183]

---

[178] Orlando Fals-Borda, "Summary of the Field Experiences," p. 122.

[179] *Ibid.*, pp. 122-123.

[180] John Gaventa, "Toward a Knowledge Democracy," p. 122.

[181] *Ibid.*, pp. 122-124.

[182] *Ibid.*, pp. 124-125.

[183] John Gaventa, "Toward a Knowledge Democracy," pp. 123-129.

## 三、PAR之主導權爭議

在法爾斯－博達與其團隊的經驗研究中已證實，PAR有助於促進知識協力生產，並導入改變社會處境的政治運動。其中，研究者的社會介入，必須依賴與地方草根團體的合作。然而，兩者共組的「社會政治力量」將因案例和脈絡的差異，扮演不同角色。

「拉洛斯卡」在哥倫比亞海岸城市的研究發現，草根團體對於連結地方人民與創建運動組織，以及地方知識論述上，具有較高的主導權。而在墨西哥原住民社區經驗則顯示，相較於外部介入的研究者，跨社區的「橫向溝通」更可以激化社區意識與集體學習，經由社會內部分享，催化政治意識和社會運動；[184]相較於前者，如「拉洛斯卡」等外部行為者，比較可能在整合研究、知識與論述，以及連結地方、區域和國家與國際社會上發揮空間。[185]

然而，「研究者」介入並激化草根人民團體的意識，但最終仍必須將「主導權」移轉人民團體，無法一直扮演「領導者」。[186]PAR作為一套「社會建構」的知識生產理論與方法論，在發展初期會依據人民「覺醒」和自主程度，決定「研究者」涉入的程度，以及是否由人民主導。[187]但伴隨PAR激化社區意識、壯大草根團體，亦將逐漸出現「主導權」移轉給地方的現象，目的在逐步壯大社區居民的「自我依賴行動」（self-reliant action）。跨國的經驗研究顯示，「自我依賴行動」存在多元類型，例如防禦型（抵禦大型企業集團的經濟入侵）、建設型（爭取基礎建設與公共服務等地方發展需求），以及替代行動型（對政府施壓的壓力團體）等多元類型與目的組織。[188]無論何者，在PAR促成的運動週期趨於成熟之際，亦將伴隨「主導權」的移轉，並同時成就「群眾權力」的在地崛起，最終催生出更強的公民運動及內生發展倡議。

---

[184] Orlando Fals-Borda, "Summary of the Field Experiences," pp. 122-123.
[185] Orlando Fals-Borda, "Some Basic Ingredients," p. 6.
[186] Tilakaratna, "Simulation of Self-Reliant Initiatives by Sensitized Agents," pp. 136-139.
[187] John Gaventa, "Toward a Knowledge Democracy," pp. 127-129.
[188] Tilakaratna, "Simulation of Self-Reliant Initiatives by Sensitized Agents," pp. 142-144.

## 四、結語

　　PAR作爲一套理論與方法，結合了對於社會問題的情境診斷、社會現實與需求的批判性分析，同時匯聚並整合了兩種知識，導入成人教育及改變社會結構的政治行動。此一實踐性研究方法，已在哥倫比亞多個市鎮及墨西哥原住民社區經驗，證實結合研究和政治運動，有助改變社會和經濟結構，促成社會轉型。且多國案例更證實，它爲全球南方提供了如何看待自身現實和發展處境的視角，進而催化反制新自由主義和全球化的替代發展策略。[189]

　　上述成功案例僅是眾多社會實踐中的一小部分。PAR應用範圍之廣，全球南方都得以在法爾斯－博達的基礎上，修正並推進多領域和多目的之行動研究在政治、經濟與社會運動的實踐。儘管PAR在應用上因爲各國存在的政治、經濟和文化脈絡的差異，面臨許多實質挑戰有待突破，但這仍不足以撼動法爾斯－博達提供的一套PAR參考架構的實質貢獻。

---

[189] Orlando Fals-Borda, "People's Power and PAR," pp. 93-94.

# 第四章　發展經濟學大師勞爾‧普雷維什（Raúl Prebisch）

楊建平

## 第一部分　普雷維什其人其事

### 一、大師挑選

　　20世紀拉丁美洲最具聲望的阿根廷經濟學家勞爾‧普雷維什（Raúl Prebisch, 1901-1986），1949年至1963年擔任聯合國「拉丁美洲經濟委員會」（Economic Commission for Latin America, ECLA）[1]執行秘書長達14年，主導拉丁美洲國家經濟發展之規劃，推動拉丁美洲地區各國之間的經濟合作。普雷維什在卸任拉丁美洲經濟委員會執行秘書後，負責籌備「聯合國貿易和發展會議」（United Nations Conference on Trade and Development, UNCTAD），並擔任首任秘書長（1964～1969年）；其後擔任聯合國秘書長特別顧問、聯合國經濟和社會事務副秘書長（1973～1976年）及《拉美經委會評論》（*CEPAL Review*）期刊主編直至過世（1976～1986年）。

　　普雷維什於1950年透過聯合國拉美經委會發表《拉丁美洲的經濟發展及其主要問題》（*Economic Development of Latin America and Its Principal Problems*）報告，文中普雷維什以拉丁美洲發展中國家觀點，提出「中心」（centre）與「邊陲」（periphery）概念，成為結構主義（Structuralism）發展經濟學及「依賴理論」（Dependence Theory）的核心理論架構。

---

[1]　1948年2月25日，聯合國經濟及社會理事會通過設立「拉丁美洲經濟委員會」，後因加勒比海國家陸續加入，1984年7月更名為「拉丁美洲暨加勒比海經濟委員會」（Economic Commission for Latin America and the Caribbean, ECLAC）。拉丁美洲經濟委員會為聯合國經濟及社會理事會下屬五個地區性分支機構之一，其他四個為非洲經濟委員會、歐洲經濟委員會、亞洲及太平洋經濟社會委員會及西亞經濟社會委員會。

《拉丁美洲的經濟發展及其主要問題》被美國哈佛大學政治經濟學教授赫緒曼（Albert O. Hirschman）[2]稱爲「拉美經委會的宣言」（ECLA Manifiesto）。[3]普雷維什在經濟學領域之卓越成就，被譽爲「發展之父」（Father of Development）[4]及「拉丁美洲的凱因斯」（Latin America's Keynes）。[5]普雷維什不僅爲一學術界之經濟發展理論學者，更因其長期擔任拉美經委會負責人職務，得以結合理論與實務，成爲拉丁美洲整體經濟政策規劃者，對拉丁美洲經濟發展有重要貢獻。

普雷維什獲美國哥倫比亞大學（1954年）及以色列巴伊蘭大學（Bar-Ilan University）（1980年）頒發榮譽博士學位；[6]並於1974年獲印度尼赫魯國際理解獎（The Jawaharlal Nehru Award for International Understanding），1977年獲德國「聯合國協會」（German-U.N. Association）頒發達格・哈馬紹（The Dag Hammarskjöld）榮譽獎章，1981年獲「第三世界基金會」（Third World Foundation）首次頒發的「第三世界獎」（Third World Prize），以表彰其對第三世界發展之貢獻。[7]

## 二、生平簡介

普雷維什1901年生於阿根廷北部圖庫曼（Tucumán）省，父親爲第一代德國移民，母親爲阿根廷人。普雷維什成長於第一次世界大戰期間

---

[2]　有關赫緒曼生平請參閱：向駿、楊建平，2014年12月，〈政治經濟學家赫緒曼對拉丁美洲的貢獻〉，《國際政治與經濟論叢》，第2期，第115-142頁。

[3]　Albert O. Hirschman, "Ideologies of Economic Development in Latin America," in Albert O. Hirschman (ed.), *Latin American Issues: Essays and Comments* (New York: Twentieth Century Fund, 1961), p. 13.

[4]　Edgar J. Dosman, *The Life and Times of Raúl Prebisch, 1901-1986* (Montreal and London: McGill-Queen's University Press, 2008), p. 4.

[5]　"Latin America's Keynes," *The Economist*, March 7, 2009, available at: https://www.economist.com/books-and-arts/2009/03/05/latin-americas-keynes.

[6]　Edgar J. Dosman, *The Life and Times of Raúl Prebisch, 1901-1986*, p. 290; Moshé Syrquin and Simón Teitel, *Trade, Stability, Technology, and Equity in Latin America* (New York: Academic Press, 1982), p. VIII.

[7]　Raúl Prebisch, "Five Stages in My Thinking on Development," in Gerald M. Meier and Dudley Seers (eds.), *Pioneers in Development* (New York: Oxford University Press, 1984), p. 173.

（1914～1918年），1918年高中畢業離開家鄉到首都，進入國立布宜諾斯艾利斯大學（University of Buenos Aires）就讀經濟學（1918～1922年），1923年獲得碩士學位後留校任教職。在大學畢業前，普雷維什於1922年6月在由大畜牧業主等實際掌控國家經濟的富豪所組成之「阿根廷農業協會」（Sociedad Rural Argentina, SRA）擔任統計辦公室主管，並於1924年被該協會派至澳洲學習有關畜牧業的統計方法。[8]1925年普雷維什在大學任教，同時於阿根廷政府統計部門兼職；1928年普雷維什為阿根廷農業協會編撰該協會第一本《阿根廷農業協會統計年鑑》（*Anuario de la Sociedad Rural Argentina*）。普雷維什初期的工作經歷，使其得以經由接觸國際數據而分析國際經濟體系。[9]

　　普雷維什進入社會工作後，遇到1929年世界經濟危機「大蕭條」（Great Depression）以及第二次世界大戰（1939～1945年），當時國際社會處於動亂時刻。經濟發展高度依賴國際市場的阿根廷，受到世界經濟危機影響，物價飛漲、貨幣貶值、失業率增加，因而引發罷工、罷市等社會動盪。另第一屆「拉丁美洲共產黨大會」（Latin American Conference of Communist Trade Unions）於1929年6月在阿根廷首都布宜諾斯艾利斯召開，阿根廷國內亦面臨共產黨之威脅。[10]

　　拉丁美洲在兩次世界大戰都未被捲入成為戰場，阿根廷且成為第二次世界大戰時以英國為主的歐洲國家農場，為牛肉與穀物主要供應地。阿根廷當時在世界上是屬於富裕國家，但國內政局不安、政變頻繁，1930年至1976年期間共發生六次軍事政變，[11]對國家經濟發展造成重大負面影響。

---

[8]　董國輝，《勞爾・普雷維什經濟思想研究》（天津：南開大學出版社，2003年），第19頁。

[9]　Joseph L. Love, 1980, "Raul Prebisch and the Origins of the Doctrine of Unequal Exchange," *Latin American Research Review*, Vol. 15, No. 3, pp. 46-47.

[10]　Edgar J. Dosman, *The Life and Times of Raúl Prebisch, 1901-1986*, p. 67.

[11]　阿根廷六次政變分別發生於1930年、1943年、1955年、1962年、1966年及1976年，在1966年至1973年，以及1976年至1983年，阿根廷由軍政府統治。1930年至1983年間的文人總統亦在軍人影響下執政，期間27位總統中有21位為軍人。

## （一）阿根廷政府任公職（1930～1943年）

　　普雷維什經由阿根廷農業協會之人脈，於1927年被任命為阿根廷國家銀行（National Bank, BNA）經濟研究室（Office of Economic Research）主任，並負責《經濟雜誌》（*Revista Economica*）的編輯工作。1930年9月阿根廷發生史上第一次軍事政變，無法解決經濟大蕭條問題的伊里戈延（Juan Hipólito del Sagrado Corazón de Jesús Yrigoyen Alem）總統下台，政變領導人烏里布魯（Jose E. Uriburu）將軍成立以保守派文人為主的臨時政府。烏里布魯將軍與普雷維什有親戚關係，[12]時年29歲的普雷維什被延攬至臨時政府財政部擔任司長級（undersecretary）主管（1930～1932年）。[13]

　　1933年普雷維什以阿根廷政府經濟顧問身分，參加阿根廷副總統羅加（Julio Argentino Roca Jr.）和英國商務部長倫希曼（Sr. Walter Runciman）在英國倫敦舉行的貿易談判，5月1日簽署有關阿根廷牛肉出口的《羅加—倫希曼條約》（*Roca–Runciman Treaty*）。[14]由於此一貿易協定被認為對阿根廷較不利，普雷維什這一段經歷成為日後被阿根廷國內不同政治立場人士攻擊的主要理由。1935年普雷維什參與創建相當於美國「聯邦準備系統」（Federal Reserve System, Fed）的阿根廷中央銀行，並擔任總經理一職。

　　第二次世界大戰期間，阿根廷於1943年6月發生軍事政變；[15]政變後的軍政府認為普雷維什是保守畜牧業主的經濟代言人，代表阿根廷的保守政治勢力，因而被迫辭去中央銀行職務，離開公職重返大學任教。普雷維什具有籌建阿根廷中央銀行的八年工作經驗，自阿根廷中央銀行離職後，位於美國華府的國際貨幣基金會（International Monetary Fund, IMF）有意延攬普雷維什至該機構任職，但最後因普雷維什可能具有「傾共產黨」（pro-

---

12　烏里布魯將軍為普雷維什母親的表弟，參見：Edgar J. Dosman, *The Life and Times of Raúl Prebisch, 1901-1986*, p. 66。

13　阿根廷財政部在部長（ministro）之下設立「Secretaria」，「Secretaria」下設「subsecretaria」（undersecretary）。

14　董國輝，《勞爾·普雷維什經濟思想研究》，第20頁。

15　1943年軍事政變又稱「四三革命」（Revolución del 43）。

communist）的意識形態考量而未果。[16]但普雷維什多次以顧問身分應巴拉圭、多明尼加、委內瑞拉等國中央銀行邀訪提供專業意見，如1944年9月巴拉圭中央銀行以四個月的合約正式邀請普雷維什擔任顧問。[17]普雷維什並獲墨西哥中央銀行邀請，參加1944年在墨西哥舉辦之拉丁美洲戰後將面對的問題國際學術會議，以及1946年之美洲中央銀行行長會議。[18]普雷維什同時利用此一段時間完成其《凱因斯導論》（*Introducción a Keynes*）一書。[19]

1946年2月，曾參與1943年政變並擔任副總統的裴隆（Juan Domingo Perón）上校，在勞工支持下於總統大選中獲勝。[20]普雷維什與裴隆總統經濟政策理念不同，被迫離開阿根廷轉向國外發展抱負。裴隆於1955年9月被洛納迪（Eduardo Ernesto Lonardi Doucet）將軍領導的「解放革命」（Revolución Libertadora）軍事政變推翻流亡西班牙後，普雷維什應洛納迪將軍之邀返回阿根廷擔任總統特別經濟顧問，負責籌劃被稱爲「普雷維什計畫」（Prebisch Plan）的新政府經濟計畫；雖然洛納迪將軍在位不足兩個月即辭職下台，由阿蘭布魯（Pedro Eugenio Aramburu Cilveti）將軍繼任總統，但普雷維什之總統經濟顧問職務未受影響。[21]1958年裴隆支持的弗朗迪西（Arturo Frondizi Ercoli）當選總統，普雷維什對阿根廷經濟政策的影響自此劃下句點。

---

[16]　Edgar J. Dosman, *The Life and Times of Raúl Prebisch, 1901-1986*, pp. 231-234.

[17]　*Ibid*., pp. 198, 215-216.

[18]　Joseph L. Love, 1980, "Raul Prebisch and the Origins of the Doctrine of Unequal Exchange," *Latin American Research Review*, Vol. 15, No. 3, pp. 53-54.

[19]　Raúl Prebisch, *Introducción a Keynes* (Mexico: Fondo de Cultura Económica, 1947).

[20]　裴隆上校於1955年被軍方政變推翻後，流亡西班牙定居，至1973年3月阿根廷政權更迭後回國，同年9月再次當選總統，但僅在職九個月即因病於1974年7月逝世，由其擔任副總統的夫人繼任總統，1976年裴隆夫人被軍事政變罷黜，軍人再次執政。1982年4月，軍政府出兵占領與英國有主權爭議的福克蘭群島（Falkland Islands/ Islas Malvinas）；同年6月英國派遠征軍奪回該群島，敗戰的軍政府引咎下台，阿根廷在1983年重新舉行大選恢復民主。

[21]　Kathryn Sikkink, 1988, "The Influence of Raul Prebisch on Economic Policy-Making in Argentina, 1950-1962," *Latin American Research Review*, Vol. 23, No. 2, pp. 94-95.

## （二）聯合國相關機構任職（1949～1976年）

　　1948年2月25日，拉丁美洲經濟委員會（ECLA）成立，[22]成為聯合國經濟及社會理事會下屬五個地區性分支機構之一。[23]普雷維什於1949年擔任拉美經委會第二任執行秘書至1963年，期間致力將拉美經委會打造成拉丁美洲地區發展政策研究及規劃的跨國機構。拉美經委會特別專注於拉丁美洲區域整合，期能克服國內市場規模之不足，使拉丁美洲地區有更大的政治影響力。[24]

　　拉美經委會通過發表期刊傳播思想觀點，《拉丁美洲和加勒比海經濟調查》（Economic Survey of Latin America and the Caribbean）創刊於拉美經委會成立之時，為期刊類的典型代表及最早的年刊，自創刊以來，《拉丁美洲和加勒比海經濟調查》關注當前宏觀經濟動態和宏觀經濟長期狀況的分析。在此背景下，拉美經委會創辦其他期刊，重點關注拉丁美洲和加勒比海地區經濟和社會發展過程中其他核心領域的現狀和前景。此類期刊包括《拉丁美洲社會概覽》（Social Panorama of Latin America）、《世界經濟中的拉丁美洲和加勒比海地區》（Latin America and the Caribbeanin the World Economy）、《拉丁美洲和加勒比海地區的外國投資》（Foreign Investment in Latin America and the Caribbean）以及《拉丁美洲和加勒比海地區統計年鑑》（Statistical Yearbook for Latin America and the Caribbean）。拉美經委會並發表大量學術文章，重點關注結構性發展問題，文章全面分析拉丁美洲和加勒比海這個多元化地區面臨的各類問題。[25]

---

22　「拉丁美洲經濟委員會」後因加勒比海國家陸續加入，1984年7月更名為「拉丁美洲暨加勒比海經濟委員會」。

23　除拉丁美洲經濟委員會外，聯合國經濟及社會理事會下屬其他四個地區性分支機構為：非洲經濟委員會、歐洲經濟委員會、亞洲及太平洋經濟社會委員會及西亞經濟社會委員會。拉美經委會成員除地區33個國家外，另有與地區歷史、經濟及文化關係密切的13國加入，共計46個成員國（member states）；另加勒比海地區14個未獨立地區為準成員（associate members）。參見："Member States and Associate Members," *Economic Commission for Latin America and the Caribbean*, available at: https://www.cepal.org/en/estados-miembros。

24　"Prebisch and ECLAC," *Raúl Prebisch and the challenges of development of the XXI century*, available at: https://biblioguias.cepal.org/prebisch_en/prebisch-and-eclac.

25　André Hofman and Miguel Torres，〈《拉美經委會評論》之編輯歷程〉，《拉美經委會評

　　普雷維什在1963年受命負責籌備以促進開發中國家在世界貿易中利益爲宗旨的「聯合國貿易和發展會議」，第一屆聯合國貿易和發展會議於1964年3月在瑞士日內瓦召開，普雷維什擔任首任秘書長（1964～1969年）；聯合國貿易和發展會議經1964年聯合國大會通過成爲秘書處正式機構。1969年卸任貿易和發展會議秘書長職務後，普雷維什返回拉美經委會，領導「拉丁美洲暨加勒比海經濟及社會計畫學院」（Instituto Latinoamericano y del Caribe de Planificación Económica y Social, ILPES），培訓拉丁美洲地區國家經濟政策規劃人才。

　　普雷維什後曾擔任聯合國特別顧問及經濟和社會事務副秘書長（1973～1976年），1976年卸任後創立研討拉丁美洲地區社會與經濟發展議題的《拉美經委會評論》（CEPAL Review; Revista de la cepal），取代自1956年出刊的《拉丁美洲經濟公報》（Economic Bulletin of Latin America），該刊初期以英文及西班牙文每年初刊兩次，1979年後每年出刊三次，迄今共收錄一千餘篇關於拉丁美洲和加勒比海地區發展問題的文章。普雷維什擔任《拉美經委會評論》主編至1986年4月過世爲止，在普雷維什親任主編的十年中，《拉美經委會評論》發表其關於外圍資本主義（Peripheral Capitalism）性質之後期思想和發展方式的文章。[26]

## 三、理論概述

　　世界主流國際關係理論大多源自於歐美學者，主流國際關係理論力圖探索和解釋國際關係的普遍規律，而拉丁美洲本土國際關係理論則旨在解決發展問題。[27]在1946年美洲中央銀行行長會議中，普雷維什首次在書面資料中使用「中心」與「邊陲」名詞，普雷維什在報告中將美國視爲「週期性中

---

論》，〔2012年11月中文版特輯（CEPAL Review Special Chinese Edition）〕，第256頁，https://repositorio.cepal.org/handle/11362/37822。

[26] 同前註，第257頁。

[27] 思特格奇，2016年4月，〈拉美本土國際關係理論與主流國際關係理論的比較〉，《拉丁美洲研究》（Journal of Latin American Studies），第38卷第2期，第109頁。

心」（cyclical centre），而拉丁美洲為「經濟體系的邊陲」（periphery of the economic system）。[28]

　　普雷維什在1949年5月所撰《拉丁美洲的經濟發展及其主要問題》中，將世界經濟劃分為已經工業化的歐美「中心」工業國家，以及為「中心」工業國家提供製造成品所需原物料的「邊陲」農業國家兩部分，此一二元結構概念成為1950年代結構主義發展理論的核心概念，並成為發展經濟學中的發展理論之一。

## （一）「中心－邊陲」二元結構概念

　　普雷維什在《拉丁美洲的經濟發展及其主要問題》報告中，開宗明義指出「拉丁美洲在過時的、19世紀獲得很大重要性，而且作為一種理論概念，並至最近繼續發揮相當影響力的國際勞動分工格局下，為世界經濟體系邊陲部分，其任務為大工業中心（great industrial centres）生產食品及原料」。[29]普雷維什將世界經濟體系分為「大工業中心」及「邊陲」兩部分；美國及歐洲工業化國家為中心，而為中心工業國家提供製造成品所需原物料的拉丁美洲等國家為邊陲。

　　普雷維什認為，「從歷史上說，技術進步的傳播一直是不平等的，這有助於使世界經濟因為收入增長結果的不同，而區分成工業中心和從事初級產品生產的邊陲國家」。[30]也就是在傳統國際勞動分工下，世界經濟分成兩個部分——「大工業中心」及為大的工業中心生產糧食和原物料的「邊陲」。在這種「中心－邊陲」（centre-periphery）的關係中，技術進步及生產力提高所獲得利益的分配，「邊陲」國家無法與「中心」國家相比。

---

[28] Leslie Bethell, *Ideas and Ideologies in Twentieth-Century Latin America* (Cambridge: Cambridge University Press, 1996), p. 225.

[29] Raúl Prebisch, February 1962, "The Economic Development of Latin America and its Principal Problems," *Economic Bulletin for Latin America*, Vol. 7, No. 1, p. 1.

[30] Raúl Prebisch, May 1959, "Commercial Policy in the Underdeveloped Countries," *American Economic Review*, Vol. 49, No. 2, p. 251.

## （二）「貿易條件惡化論」

　　英國經濟學家辛格（Hans Singer）任職於聯合國經濟部門（Department of Economic Affairs）期間，於1949年發表《論投資國與借貸國之間的收益分配》（*The Distribution of Gains between Investing and Borrowing Countries*）研究報告，辛格認為低度發展國家自傳統貿易與投資中之獲利，無法與工業國家相比。[31]普雷維什在1950年透過聯合國拉丁美洲經濟委員會發表《拉丁美洲的經濟發展及其主要問題》中，依據聯合國研究報告資料，[32]由1876年至1938年間英國進出口產品的平均價格指數，比較開發中國家進出口相對價格（relative prices of exports and imports of under-developed countries），發現同數量的原物料所能夠買的工業產品，在1930 年代只能買到1870 年代的64.1%。[33]辛格的觀點與普雷維什推論初級產品與工業製成品之間的貿易條件存在長期不利趨勢的論點相同，此即「普雷維什－辛格假說（命題）」（the Prebisch-Singer Hypothesis）。[34]

　　由於對工業和初級產品需求之差異，造成初級產品輸出國貿易條件的長期惡化；亦即，開發中國家出口初級產品至已開發國家的價格，相較從已開發國家進口工業產品的價格差距愈來愈大，這對開發中國家經濟發展十分不利，由此獲得的結論即為「貿易條件惡化論」（Deteriorating Trade Terms Theory）。

---

[31] Gerald M. Meier and Dudley Seers, "H. W. SINGER The Terms of Trade Controversy and the Evolution of Soft Financing: Early Years in the U.N.," in *Pioneers in Development* (Washington, D.C: Oxford University Press, 1984), p. 281; H. W. Singer, 1950, "The Distribution of Gains between Investing and Borrowing Countries," *The American Economic Review*, Vol. 40, No. 2, pp. 473-485, available at: http://documents.worldbank.org/curated/en/389011468137378972/Pioneers-in-development.

[32] "Post-war Price Relations in Trade between Under-developed and Industrialized Countries," *United Nations Digital Library*, February 23, 1949, available at: https://digitallibrary.un.org/record/754540.

[33] Raúl Prebisch, February 1962, "The Economic Development of Latin America and its Principal Problems," *Economic Bulletin for Latin America*, Vol. 7, No. 1, p. 4.

[34] John Toye and Richard Toye, 2003, "The Origins and Interpretation of the Prebisch-Singer Thesis," *History of Political Economy*, Vol. 35, No. 3, pp. 437-467.

## 四、學術貢獻

　　結構主義發展理論以普雷維什的「中心—邊陲」二元結構概念，解釋世界經濟秩序不平衡性質，認為要修正拉丁美洲「邊陲」國家與工業化「中心」國家在對外貿易之不均衡，解決之道為開發中國家應工業化，實施「進口替代」（import-substitution），生產所需進口的工業製成品。[35]

　　1960年代的「依賴理論」及1970年代美國新馬克思主義社會學家華勒斯坦（Immanuel Wallerstein）提出的「世界體系理論」（World System Theory），其「中心」及「邊陲」核心理念，均源自於普雷維什「中心」及「邊陲」的概念。依賴理論認為工業化「中心」國家對農業「邊陲」國家進行剝削，並透過資金與技術優勢，掠奪「邊陲」國家的資源與市場，使得仰賴初級農礦產品出口以換取工業製成品的「邊陲」國家，對「中心」國家形成依賴關係。世界體系理論將世界各國依工業化程度分為「核心」（core）、「半邊陲」（semi-periphery）及「邊陲」（periphery）三種國家，認為居於世界體系的「核心」國家，具有支配「邊陲」國家的優勢。

　　1960年代末期及1970年代，依賴理論成為對開發中國家發展落後的重要解釋，依賴理論認為結構主義以進口替代策略實現工業化之主張，未能使低度發展國家實現持久經濟增長，因為低度發展國家傳統之社會經濟條件依然如故。依賴理論研究者從經濟和貿易領域向政治領域延展，認為在「中心—邊陲」的國際體系結構中，位於「中心」的強國是國際規則的制定者，而位於「邊陲」地帶的弱國則是國際規則的接受者；拉丁美洲等「邊陲」國家發展落後，主因為長期受到「中心」國家的制約。

　　依賴理論主要學者如巴西經濟學家桑托斯（Theotonio Dos Santos）、社會學家卡多索（Fernando Henrique Cardoso）、智利社會學家法萊托（Enzo Faletto）皆為拉丁美洲知名學者，依賴理論一時在拉丁美洲蔚為風氣。卡多索並曾當選兩任巴西民選總統（1995～2002年），被譽為近

---

[35] Raúl Prebisch, May 1959, "Commercial Policy in the Underdeveloped Countries," *The American Economic Review*, Vol. 49, No. 2, p. 253.

代史上最偉大總統之一，其回憶錄《The Accidental President of Brazil: A Memoir》[36]也曾譯爲中文《巴西，如斯壯麗：傳奇總統卡多索回憶錄》在台灣出版。[37]

　　普雷維什著作等身，自1949年撰寫《拉丁美洲的經濟發展及其主要問題》報告以來，主要以拉丁美洲低度發展國家的觀點發表相關論述，如：《低度發展國家的貿易政策》（Commercial Policy in the Underdeveloped Countries, 1959）、《成立拉丁美洲共同市場的提案》（Proposals for the Creation of the Latin American Common Market, 1965）、《改變與發展：拉丁美洲的重大任務》（Change and Development: Latin America's Great Task, 1970）、《第三世界經濟問題》（Problemas económicos del Tercer Mundo, 1983）、《世界經濟中的拉丁美洲》（América Latina en la economía mundial）等，其中《外圍資本主義：危機與改造》（Capitalismo Periferico: Crisis y transformacion, 1981）經中國大陸譯爲中文出版，[38]亦有《勞爾‧普雷維什經濟思想研究》之中文著作；[39]一般研究普雷維什思想相關的結構主義發展理論及依賴理論的學術著作更不計其數。

## 五、結語

　　回顧普雷維什一生，隨著成長及外在環境的影響，其思想亦歷經轉變與創新，普雷維什在過世前兩年，於1984年親自撰寫《我在發展思考的五個階段》（Five Stages of My Thinking on Development），加上其1943年以前在阿根廷國內任職期間，可歸納爲六個階段：[40]

---

[36] Fernando Henrique Cardoso, *The Accidental President of Brazil: A Memoir* (New York: Public Affairs, 2007).

[37] 林志懋譯，卡多索原著，《巴西，如斯壯麗：傳奇總統卡多索回憶錄》（台北：早安財經，2010年）。

[38] 蘇振興、袁興昌譯，勞爾‧普雷維什原著，《外圍資本主義，危機與改造》（北京：商務印書館，1990年）。

[39] 董國輝，《勞爾‧普雷維什經濟思想研究》（天津：南開大學出版社，2003年）。

[40] "Stages of thinking," *Raúl Prebisch and the challenges of development of the XXI century*, available at: https://biblioguias.cepal.org/prebisch_en/stages-thinking.

　　第一階段（1919～1943年）：在阿根廷國內擔任教職、數個公、私機構顧問，財政部及中央銀行擔任重要主管職務；第二階段（1944～1949年）：為不同拉丁美洲國家政府擔任中央銀行及擬定相關政策之顧問，此一階段增進普雷維什對地區的瞭解，開始形成拉丁美洲概念；第三階段（1940末期～1950年代）：此一階段可能為最輝煌階段，1949年普雷維什進入「拉丁美洲經濟委員會」，將拉美經委會打造為知識和技術重鎮，對拉丁美洲的政策產生重大影響；第四階段（1950末期～1960年代初期）：修正其早期的部分理論，並優先著重於區域整合和拉丁美洲國內問題；第五階段（1964年擔任聯合國貿易和發展會議首任秘書長）：聯合國貿易和發展會議於1964年3月在瑞士日內瓦召開，普雷維什獲任命為秘書長（1964～1969年），此一職務使普雷維什將其在拉美經委會的經驗，由拉丁美洲擴展到全球範圍的開發中國家；第六階段（任職《拉美經委會評論》期間）：普雷維什1976年自聯合國特別顧問及經濟和社會事務副秘書長職務卸任後，創立研討拉丁美洲地區社會與經濟發展議題的《拉美經委會評論》，專注基於批判「中心」與「邊陲」體系的理論研究。在此階段完成其《外圍資本主義：危機與改造》一書。

　　普雷維什在國際及國內動盪不安的時代中成長，阿根廷雖未捲入兩次世界大戰（1914～1918年；1939～1945年），卻頻繁發生軍事政變，並與英國發生福克蘭群島戰爭（1982年）。國際上處於意識形態對立的冷戰時期，阿根廷國內政局亦嚴重對立，普雷維什被部分阿根廷人批評係為大地主及外國強權利益服務的保守經濟技術官僚，導致普雷維什及其領導的拉美經委會理念，對阿根廷的影響較拉丁美洲地區為低。[41]但普雷維什以發展中國家觀點所建立的發展理論，以及長期在聯合國機構為發展中國家服務的經歷，對拉丁美洲，甚至對世界發展中國家皆有不朽的重大貢獻。

---

41　Kathryn Sikkink, 1988, "The Influence of Raul Prebisch on Economic Policy-Making in Argentina, 1950-1962," *Latin American Research Review*, Vol. 23, No. 2, p. 108.

# 第二部分　案例研究：普雷維什領導之拉美經委會與拉丁美洲區域整合發展

　　拉丁美洲之區域整合理念，可追溯至19世紀初西班牙殖民地爭取獨立時期；當時南美洲獨立戰爭英雄玻利瓦（Simón Bolívar）認為自西班牙獨立之拉美國家具有相同歷史、語言、風俗習慣與宗教信仰，應組成一個單一聯盟。[42]玻利瓦將軍於1821年成立由委內瑞拉、哥倫比亞及厄瓜多組成之「大哥倫比亞」（Great Colombia）共和國，並邀請美洲大陸自西班牙殖民地獨立國家於1826年在巴拿馬市召開「巴拿馬大會」（Panama Congress），[43]但玻利瓦區域整合倡議未有進一步具體進展。

　　拉丁美洲地理位置與美國相鄰，地緣政治利益密切相關，直接關係到美國本土安全，因而美國把拉丁美洲涵蓋在其主導之西半球區域整合中。在1940年代至1960年代，拉丁美洲區域整合在「泛美」（Panamerica）及「美洲」（Interamerica）西半球整體概念下進行，如1942年成立「美洲防衛理事會」（Inter American Defense Board, IADB）、1947年簽訂《美洲國家互助條約》（*Inter-American Treaty of Reciprocal Assistance*）、[44]1948年成立「美洲國家組織」（Organization of American States, OAS），而1959年成立之「美洲開發銀行」（Inter-American Development Bank, IDB）亦為支援地區整合的重要機構。此一期間發生第二次世界大戰及處於冷戰時期，美國

---

[42] Simón Bolívar, "Carta de Jamaica, 6 de septiembre de 1815," *Universidad de los Andes* (Venezuela), available at: https://www.dipublico.org/111224/carta-de-jamaica-de-simon-bolivar-fechada-el-6-de-septiembre-de-1815/.

[43] 「巴拿馬大會」於1826年6月在巴拿馬市召開（當時巴拿馬為哥倫比亞一省），除「大哥倫比亞」三國外，秘魯、墨西哥及中美洲聯邦代表出席，美、英與荷蘭為觀察員，但南美巴西、阿根廷、智利及玻利維亞未出席。會議通過《團結、聯合和永久同盟條約》（*Tratado de Unión, Liga y Confederación perpetua*）等協議。參見：Germán A. de la Reza, *El Congreso de Panamá de 1826 y otros ensayos de integración latinoamericana en el siglo XIX: estudio y fuentes documentales anotadas* (Mexico D. F.: Universidad Autónoma Metropolitana Azcapotzalco, 2006), pp. 38-39。

[44] 《美洲國家互助條約》於1947年9月由美國與18個「美洲國家組織」拉丁美洲成員國在巴西里約熱內盧簽訂，1948年12月生效，無限期有效。1960年3月，古巴宣布退出。

關注重點在西半球地區集體安全，防範共產主義滲透，而非地區之經濟合作與發展。[45]

## 一、普雷維什的拉丁美洲區域經濟整合理念

　　普雷維什領導之聯合國「拉丁美洲暨加勒比海經濟委員會」，針對當時拉丁美洲地區國家市場未達規模經濟之缺點，主張拉丁美洲國家推動區域經濟整合，擴大區域內市場規模，加強區域內貿易。推動拉丁美洲區域經濟整合為拉美經委會職責。[46]普雷維什及其領導的拉美經委會主要貢獻之一，即為將工業化、高技能及知識驅動（high-skilled and knowledge-driven）的經濟，與區域經濟整合理論化。[47]拉丁美洲不同階段之區域經濟整合，皆在拉美經委會理論主導下進行。

　　拉丁美洲經濟未如世界其他地區遭受第二次世界大戰大規模破壞，戰後經濟快速發展，但傳統上有近60%人口依賴農業為生之拉丁美洲經濟結構，在耕地成長有限情況下，唯有工業化可吸收過剩之勞動力。普雷維什於1949年向拉美經委會提出的《1948年拉丁美洲經濟研究》（*Economic Survey of Latin America 1948*）中，主張要使拉丁美洲國家提高生活水準之主要方式為工業化；[48]而要修正以出口原物料初級產品為主的拉丁美洲「邊陲」國家與工業化「中心」國家在對外貿易之不均衡，唯一方法為「進口替代」。[49]

---

[45]　Ramiro Xavier Vera-Fluixa, "Principios de Integración Regional en América Latina y su análisis comparativo con la Unión Europea," *Center for European Integration Studies, University of Bonn*, Discussion Papers C73 (2000), pp. 9-13, available at: http://aei.pitt.edu/322/1/dp_c73_vera.span.pdf.

[46]　經濟整合形式依整合程度之差異，可區分為自由貿易區、關稅同盟、共同市場、經濟同盟、完全經濟整合五個發展階段。參見：Bela A. Balassa, *The Theory of Economic Integration* (Homewood: Richard D. Irwin, 1961), p. 2。

[47]　José Briceño Ruiz, "Raúl Prebisch and the Theory of Regional Economic Integration," in Matias E. Margulis (eds.), *The Global Political Economy of Raúl Prebisch* (London: Routledge, 2017), p. 63.

[48]　ECLAC, *Economic Survey of Latin America 1948* (New York: United Nations, 1949), available at: http://repositorio.cepal.org/handle/11362/1002.

[49]　Raúl Prebisch, May 1959, "Commercial Policy in the Underdeveloped Countries," *The American Economic Review*, Vol. 49, No. 2, p. 253.

實施進口替代工業化（Import-Substitution Industrialization, ISI）必須將國家幅員大小不一、經濟發展程度不同的分散較小規模市場，經過區域整合成為較大、符合經濟規模的市場。普雷維什推動成立受保護的地區市場（regional market），經由培育地方工業化達到經濟規模，以降低對美國及歐洲的進口依賴；其認為區域經濟整合可重振及促進經濟成長，推動工業化及擴大國內市場。[50]

拉丁美洲區域整合經歷兩個不同階段，自1960年代起以建立共同市場為目標之第一波區域整合進程，以及1990年代展開新一波「開放型區域主義」（Open Regionalism）區域整合行動。

## 二、拉丁美洲第一波區域經濟整合：以建立地區共同市場為目標

普雷維什在區域經濟整合領域方面，於1959年多次以〈拉丁美洲共同市場〉（Latin American Common Market）為題演講及撰文，認為區域經濟整合為克服拉丁美洲工業化主要弱點的策略之一。[51]拉美經委會經濟學者普拉薩（Galo Plaza Lasso）在1959年以〈為建立拉丁美洲地區市場〉（For a Regional Market in Latin America）為題，撰文分析當時拉美20個國家之分散市場，無法與歐洲共同市場、大英國協及美國、中國等世界大國之市場競爭，因而應該建立「拉丁美洲共同市場」。[52]

「歐洲共同市場」（European Common Market）及「歐洲自由貿易協會」（European Free Trade Association, EFTA）分別於1958年及1959年成立。拉丁美洲有拉美經委會傑出經濟學者之理論指導，具有較世界其他地區優勢條件，其區域經濟整合與歐洲同步啟動。[53]

---

[50] José Briceño Ruiz, "Raúl Prebisch and the Theory of Regional Economic Integration," in Matias E. Margulis (eds.), *The Global Political Economy of Raúl Prebisch* (London: Routledge, 2017), pp. 63-64.

[51] *Ibid.*, p. 64.

[52] Galo Plaza, "For a Regional Market in Latin America," *Foreign Affairs*, July 1959, available at: http://www.foreignaffairs.com/articles/71502/galo-plaza/for-a-regional-market-in-latin-america.

[53] 本案例研究有關拉丁美洲區域整合發展之部分內容，參考及採用筆者博士論文第二章「拉丁美

## （一）拉丁美洲地區共同市場之發展歷程

在1957年於玻利維亞舉行拉美經委會第七屆會議時，通過成立「拉丁美洲區域市場」（Latin American Regional Market）決議。[54]1960年，墨西哥及阿根廷、巴西、智利、巴拉圭、秘魯、烏拉圭六個南美洲國家在烏拉圭首都蒙特維多（Montevideo）市簽署《1960年蒙特維多協定》（*The Montevideo Treaty 1960*），成立「拉丁美洲自由貿易協會」（Latin American Free Trade Association, LAFTA）：[55]協定中將成立「拉丁美洲共同市場」之目標分階段實施，在12年內先成立自由貿易區，[56]此為第一個以「拉丁美洲」為名之區域經濟整合組織。[57]《1960年蒙特維多協定》以建立自由貿易區方式作為拉美地區首次經濟合作之試驗，邁出拉丁美洲區域整合第一步，並將拉美區域整合理論付諸實踐，為拉美區域整合的里程碑，在拉美區域整合進程中，具有重要歷史地位。[58]1975年成立由拉丁美洲28國組成的「拉丁美洲經濟體系」（Latin American and the Caribbean Economic System, SELA），[59]負責拉丁美洲各國經貿政策之協調。

由於「拉丁美洲自由貿易協會」在12年期限內未能達成建立自由貿易區之目標，原墨西哥、阿根廷、巴西、智利、巴拉圭、秘魯及烏拉圭七

---

洲區域整合歷程」。楊建平，《冷戰後中共之拉丁美洲區域戰略：雙邊與多邊途徑分析》，台北：政治大學東亞研究所博士論文，2015年12月。

[54] CEPAL, "Mercado regional latinoamericano: proyecto de resolución aprobado por el Comité I el 25 de mayo de 1957," *ECLAC*, available at: http://hdl.handle.net/11362/14043.

[55] 「拉丁美洲自由貿易協會」於1960年成立之後，哥倫比亞（1961年）、厄瓜多（1962年）、委內瑞拉（1966年）及玻利維亞（1967年）陸續加入，共11個成員國。

[56] "Tratado de Montevideo 1960," *Parlamento del Uruguay*, available at: https://parlamento.gub.uy/documentosyleyes/documentos-internacionales?CsDoc_Codigo_1=All&tipoBusqueda=E&Texto=Tratado+de+Montevideo+1960.

[57] 林華、王鵬、張育媛編著，《拉丁美洲和加勒比地區國際組織》（北京：社會科學獻出版社，2010年），第344頁。

[58] 王萍，《走向開放的地區主義——拉丁美洲一體化研究》（北京：人民出版社，2005年），第143頁。

[59] 「拉丁美洲經濟體系」係1975年10月17日拉丁美洲23國簽署《巴拿馬協議》（*Panama Convention*）宣告成立，1976年6月7日協議正式生效；共28個成員國，南美洲12國、中美洲七國，及墨西哥、巴貝多、古巴、格瑞那達、海地、牙買加、多明尼加、千里達、巴哈馬。

個成員國，另加玻利維亞、哥倫比亞、厄瓜多、委內瑞拉四國，共11國於1980年另簽署《1980年蒙特維多協定》（*The Montevideo Treaty 1980*），將「拉丁美洲自由貿易協會」改組為「拉丁美洲統合協會」（Latin America Integration Association, LAIA），繼續推動區域經濟整合，期以較靈活之漸進方式達成拉丁美洲共同市場之長程目標。[60]《1980年蒙特維多協定》亦表示以墨西哥及南美洲國家所共同推動之拉丁美洲區域經濟整合，由1960年起歷經20年，至1980年尚無具體進展。

## （二）拉丁美洲次區域共同市場之發展歷程

拉丁美洲在地理上由南美洲、中美洲及加勒比海三個次地區組成，位於北美洲之墨西哥與南美洲大多數國家為天然資源豐富之大國，中美洲地區國家為欠缺天然資源之較小國家，加勒比海地區除古巴、多明尼加及海地外，大部分為前英國殖民地、小國寡民之島國。1960年代至1970年代，國土面積較小、國力較為相當之中美洲及加勒比海地區國家組成「中美洲共同市場」（Central American Common Market, CACM, 1962）及「加勒比海共同體暨共同市場」（Caribbean Community and Common Market, CARICOM, 1973），南美洲安地斯（Andes）山脈國家則組成「安地斯協定」（Andean Pact, 1969）等次地區性經濟整合組織。

### 1.南美洲共同市場

拉丁美洲自由貿易協會成立後，區域內貿易由1960年之8%成長至1975年之13.6%，未來發展似乎相當樂觀；但巴西、阿根廷及墨西哥等大國在對歐、美市場上處於競爭狀態，而哥倫比亞、智利等次經濟規模之國家質疑協會僅對巴西、阿根廷及墨西哥三個大國有利，加以1970年代拉美地區許多國家處於威權軍政府之政治不穩定時期，對地區整合進程產生負面影響。[61]

---

[60] 古巴（1999年）及巴拿馬（2012年）亦加入為成員。Felipe Salazar-Santos, Marzo-Abril 1981, "La asociación latinoamericana de integración," *Nueva Sociedad (Mexico)*, No. 53, pp. 29-37。

[61] Anastasios I. Valvis, "Regional Integration in Latin America," *Institute of International Economic Relations*, February 2008, pp. 6-8, available at: http://idec.gr/iier/new/Valvis-_Latin_America_regional-

因而協會成員之南美洲安地斯山脈地區玻利維亞、哥倫比亞、智利、厄瓜多和秘魯五個成員國試圖通過較小地區之整合謀求新發展，於1969年在與拉丁美洲自由貿易協會併行下，成立「安地斯協定」等次區域性組織，以促進成員國間平衡和協調發展，取消關稅壁壘，組成共同市場，加速經濟整合進程爲宗旨。[62]

### 2.中美洲共同市場

在中美洲方面，中美洲五國（瓜地馬拉、薩爾瓦多、宏都拉斯、尼加拉瓜及哥斯大黎加）地理位置相連，領土面積及國力相當，且有同時脫離西班牙殖民統治宣告獨立之歷史背景，區域整合歷史最爲久遠，爲致力區域整合最努力之地區。中美洲五國於1821年獨立後，曾在1824年組成「中美洲聯邦共和國」（Federal Republic of Central America, 1824-1840），並於1951年成立「中美洲國家組織」（Organization of Central American States, ODECA）。[63]

在「中美洲國家組織」期間爲地區整合做出許多貢獻，例如於1958年簽署《中美洲工業政策整合條約》（*Agreement on the Regime for Central American Integration Industries*）及《中美洲自由貿易與經濟整合多邊協定》（*Multilateral Treaty on Free Trade and Central American Economic Integration*）、1960年簽署《中美洲經濟整合總協定》（*General Treaty on Central American Economic Integration*），並成立「中美洲經濟整合銀行」（Central American Bank for Economic Integration, CABEI），[64] 提供區域整

---

ism.pdf.

[62] 1969年5月，五國在哥倫比亞卡塔赫納（Cartagena）市簽署《Cartagena協定》，1969年10月協定生效，稱爲「安地斯集團」或「安地斯協定」（1973年委内瑞拉加入，1976年智利退出）。1993年成立自由貿易區，1997年更名爲「安地斯共同體」，2006年委内瑞拉不滿哥倫比亞及秘魯與美國簽署自由貿易協定而退出。

[63] 楊建平，《尼加拉瓜桑定主義》（台北：臺灣商務印書館，1990年），第249頁。

[64] 另中美洲經濟整合銀行有15個會員國，包括五個創始會員國（瓜地馬拉、薩爾瓦多、宏都拉斯、尼加拉瓜及哥斯大黎加）、三個區域内非創始會員國（多明尼加、巴拿馬及貝里斯），以及中華民國（1992年）、墨西哥、西班牙、阿根廷、哥倫比亞、古巴及韓國七個區域外會員國。參見："Reseña Histórica del SICA," *SICA*, available at: http://www.sica.int/sica/resena_sica.

合計畫所需資金。

在拉美經委會成立共同市場政策指導下，[65]拉丁美洲第一個次區域「共同市場」層級之經濟整合組織「中美洲共同市場」於1962年成立。中美洲共同市場成立後，區域內貿易額由1960年之略高於3,000萬美元，提升至1970年之近3億美元；區域內貿易占區域對外貿易總額比例由1960年之6.7%，到1966年大幅提升至20%，1970年繼續成長至26.1%。[66]中美洲地區文化及歷史背景相同、經濟規模差異性較低之五個國家，為拉丁美洲區域經濟整合起步最早，亦被認為區域整合成功可能性最大之地區。

由於1969年薩爾瓦多與宏都拉斯因邊界移民問題發生戰爭，加以1979年尼加拉瓜左派「桑定民族解放陣線」（Sandinista National Liberation Front, FSLN）在前蘇聯及古巴支持下，推翻蘇慕薩（Anastasio Somoza Debayle）政權革命成功後，對薩爾瓦多「馬蒂民族解放陣線」（*Frente Farabundo Martí para la Liberación Nacional*, FMLN）產生激勵作用，薩爾瓦多陷入長達12年之內戰。而瓜地馬拉有「瓜地馬拉國家革命聯盟」（Guatemalan National Revolutionary Unity, URNG）之反政府武裝游擊組織，尼加拉瓜亦有外國勢力支持之「反抗軍」（Contras）與桑定政權對抗。[67]在中美洲多國面臨國內武裝動亂及邊境糾紛，加以1980年代之外債危機，區域內貿易占區域總出口比例直線下滑，自1984年起低於20%，1986年達到10.3%之最低點。[68]中美洲各國因內戰導致經濟成長惡化，國內治安敗

aspx。

[65] Plácido García Reynoso, October-Decmber 1959, "Dos conferencias sobre el Mercado Común Latinoamericano," *El Trimestre Económico*, Vol. 26, No. 104(4), pp. 541-560; Germánico Salgado, May 1979, "The Latin American Regional Market: the Project and the Reality," *CEPAL Review*, Vol. 1979, Issue 7, pp. 85-86.

[66] Rómulo Caballeros, April 1992, "Reorientation of Central American Integration," *CEPAL Review*, No. 46, p. 126; Edward D. Mansfield and Helen V. Milner, June 1999, "The New Wave of Regionalism," *International Organization*, Vol. 53, Issue 3, p. 599.

[67] 薩爾瓦多內戰持續12年，至1992年簽署和平協定，「馬蒂民族解放陣線」轉換為合法政黨，並於2009年、2014年大選中兩度獲勝成為執政黨至2019年。參見：楊建平，前揭書，頁266。

[68] Rómulo Caballeros, April 1992, "Reorientation of Central American Integration," *CEPAL Review*, No. 46, pp. 128-129.

壞，使最具整合條件之中美洲地區於1980年代陷於停滯。

### 3.加勒比海共同市場

加勒比海地區英屬殖民地於1960年代起始展開獨立建國，因而區域整合歷史較短，但在獨立建國前即曾在英國主導下於1958年成立由10個英國殖民地組成之「西印度群島聯邦」（West Indies Federation, WIF）之區域整合組織。[69]「西印度群島聯邦」於1962年解體後，牙買加與千里達開展加勒比海英屬殖民地之獨立建國潮流，加勒比海及周邊地區共有13個英屬殖民地獨立建國。[70]1968年，「加勒比海自由貿易協會」（Caribbean Free Trade Association, CARIFTA）成立，並於1973年進一步整合為「加勒比海共同體暨共同市場」。[71]由於各國語言、文化相同，國土面積及人口為較少之島國，在各國國內市場及國力有限情況下，區域整合符合各國利益。

## 三、拉丁美洲第二波區域經濟整合：由封閉的向開放的地區主義發展

1950年代至1970年代，拉丁美洲地區經濟整合著眼於把內向發展模式由國別市場向地區市場延伸，在區域整合組織內推進貿易自由化，但對外繼續實施高保護政策，是一種「封閉的地區主義」。[72]拉丁美洲第一波區域經

---

69 西印度群島聯邦係於1958年1月3日至1962年5月31日間短暫存在的加勒比海區域組織，成員為安地卡和巴布達、巴貝多、多米尼克、格瑞納達、牙買加、蒙特塞拉特、聖克里斯多福、聖露西亞、聖文森、千里達10個英國殖民地。參見：*Caribbean Community*, available at: http://www.caricom.org/jsp/community/west_indies_federation.jsp?menu=community。

70 加勒比海地區獨立建國之13個英屬殖民地，依序為牙買加、千里達（1962年），蓋亞那、巴貝多（1966年），巴哈馬（1973年），格瑞那達（1974年），蘇利南（1975年），多米尼克（1978年），聖露西亞、聖文森（1979年），貝里斯、安地卡及巴布達（1981年），聖克里斯多福（1983年）。

71 加勒比海自由貿易協會由安地卡及巴布達、巴貝多、蓋亞那及千里達於1965年倡議成立，多米尼克、格瑞那達、聖克里斯多福、聖露西亞、聖文森、英屬蒙特塞拉特（Montserrat）及牙買加於1968年及貝里斯於1971年加入；1973年改組為「加勒比海共同體」，除原12個成員國外，巴哈馬（1983年）、蘇利南（1995年）及海地（2002年）三國先後加入。參見：*Caribbean Community*, available at: http://www.caricom.org/jsp/community/history.jsp?menu=community。

72 向駿，2013年12月，〈影響拉美經濟一體化因素之研究〉，《西南科技大學學報》（哲學社會科學版），第30卷第6期，第3-4頁。

濟整合，基本上是在拉美國家「內向型」進口替代發展戰略下發展，具有較鮮明的保護主義色彩，形成小地區市場，進一步發展工業化，以減少對外部世界之依賴。但因各國政治民主化與經濟發展程度不同、疆界領土糾紛、經濟保護與市場開放的政策差異等障礙，區域整合進展未能達預期目標。[73]

　　經歷1980年代外債危機的「失落十年」（lost decade），智利（1989年）、海地（1990年）及巴拉圭（1993年）等國回歸民主，民主化已在整個拉丁美洲區域發展，進口替代工業化為經濟發展方式已到盡頭；而在冷戰結束及經濟全球化之下，須要面對快速轉變中世界環境的區域戰略。[74]拉丁美洲開始新一波區域整合行動，係順應各國經濟發展戰略的調整，以「開放的地區主義」為指導方針，力求實現區域內國家互惠互利和區域外的低度保護，具有開放性和兼容性特點，符合經濟國際化與全球化之趨勢。[75]此係拉美經委會檢討過去30年拉美地區經濟整合經驗，參考亞洲太平洋地區經濟整合成功做法，對拉美地區經濟整合提出新方針，亦被稱為拉美「新地區主義」。[76]

　　在新開放概念下，拉丁美洲新區域經濟整合組織陸續成立，各次區域經濟整合快速進展。南美洲巴西、阿根廷、烏拉圭及巴拉圭四國組成之「南方共同市場」（The Southern Common Market; Mercado Común del Sur, MERCOSUR）於1991年成立，[77]北美洲墨西哥與美國、加拿大於1992

---

[73] 陳雅鴻，2001年3月，〈拉丁美洲統合運動的解析──以中美洲共同市場為例〉，《新世紀智庫論壇》，第13期，第51頁；王建勛，1991年12月，〈拉丁美洲經濟區域整合之演變與發展〉，《問題與研究》，第30卷第12期，第1頁。

[74] Jorge Heine, 2012, "Regional Integration and Political Cooperation in Latin America," *Latin American Research Review*, Vol. 47, No. 3, pp. 210-212.

[75] 方又封、曹珺，《漫漫探索路：拉美一體化的嘗試》（上海：學林出版社，2000年），第3-4頁。

[76] 湯小棣，1995年，〈拉丁美洲開放的地區主義──拉美經委會經濟一體化的新概念〉，《拉丁美洲研究》，第6期，第9頁。

[77] 1991年3月，巴西、阿根廷、巴拉圭及烏拉圭在巴拉圭首都亞松森市簽署《亞松森條約》，宣布組建南方共同市場，1995年1月1日正式運作；並接納智利（1996年）、玻利維亞（1997年）、秘魯（2003年）、厄瓜多和哥倫比亞（2004年）為聯繫國。2012年7月，接受新成員委內瑞拉。

年簽署《北美自由貿易協定》（*North American Free Trade Agreement,*
*NAFTA*），[78]此為拉美開發中國家與非拉美已開發國家進行經濟整合的首
例，亦為第一個不同發展程度國家簽署之自由貿易協定。另墨西哥與哥倫比
亞、委內瑞拉「三國集團」（Group of Three, G-3）自由貿易協定於1995年1
月生效，[79]1996年「安地斯共同體」（Andean Community, CAN）取代「安
地斯協定」，[80]進行以建立關稅同盟為目標之更深層次整合。

　　在中美洲地區，薩爾瓦多及瓜地馬拉內戰分別於1992年及1996年正式
簽署和平協定而結束，薩爾瓦多之「馬蒂民族解放陣線」與「瓜地馬拉民
族革命聯盟」轉為合法政黨。而尼加拉瓜左派桑定政權於1990年大選失利
後，與美國支持的「反抗軍」簽署停火協定，正式結束內戰，開啟中美洲邁
向和平新紀元之道路。[81]「中美洲國家組織」於1991年納入巴拿馬，並更名
為「中美洲統合體」（Central American Integration System, SICA），[82]中美
洲區域整合進入新階段。

　　在加勒比海地區，加勒比海共同體在進行內部整合的同時，謀求與地區
非英語系國家加強經濟合作，以實現「大加勒比海」（Greater Caribbean）
政治理念。1994年，「加勒比海共同體」納入西語系國家古巴、多明
尼加，以及中美洲五國與巴拿馬，北美墨西哥與南美委內瑞拉、哥倫比
亞，共25國及11個未獨立地區組成「加勒比海國家聯盟」（Association of

---

78　《北美自由貿易協定》於1992年8月簽署，1994年1月生效實施。2018年11月由美國主導重
　　啟談判，更名為《美國—墨西哥—加拿大協議》（*United States-Mexico-Canada Agreement,*
　　*USMCA*），於2020年7月1日生效，取代原《北美自由貿易協定》。

79　委內瑞拉於2006年5月退出「三國集團」，「三國集團」僅維持10年；期間巴拿馬曾於2004年
　　正式表達加入意願。

80　「安地斯國家共同體」現成員國為玻利維亞、哥倫比亞、厄瓜多、秘魯，1973年委內瑞拉加
　　入，1976年智利退出，2006年委內瑞拉退出。

81　邱稔壤，1999年，〈阿里亞斯方案與中美洲國家自主和平之發展：以尼加拉瓜為例〉，《問題
　　與研究》，第38卷第3期，第12頁。

82　「中美洲統合體」依據1991年12月在宏都拉斯簽署之《中美洲國家組織憲章》成立，1993年2
　　月生效；該憲章係對1951年在薩爾瓦多所簽署《中美洲國家組織憲章》之修訂。成員國除中美
　　洲五國外，巴拿馬、貝里斯（2000年）及多明尼加（2013年）加入，中華民國為該組織觀察
　　員。參見：*SICA*, available at: http://www.sica.int/sica/sica_breve.aspx。

Caribbean States, ACS），[83]建立一個包括所有加勒比海前英國、西班牙等殖民地小國，以及周邊美洲大陸地區拉美國家之聯盟。

在中美洲內戰期間，墨西哥、委內瑞拉、哥倫比亞及巴拿馬於1983年組成一個謀求以和平方法解決中美洲危機之「康塔多拉集團」（Contadora Group）。[84]巴西、阿根廷、烏拉圭及秘魯四國於1985年成立支持「康塔多拉集團」之「利馬集團」（Lima Group），兩集團於1986年合併而成爲「八國集團」（Group of Eight），1990年易名爲「里約集團」（Rio Group）。此一跨拉美次區域組織陸續加入其他南美洲、中美洲及加勒比海國家，成員涵蓋全拉丁美洲達到23國，[85]逐漸發展成爲涵蓋全拉丁美洲地區之最重要區域整合組織，「里約集團」亦爲後來於2010年成立之「拉丁美洲及加勒比海國家共同體」（The Community of Latin American and Caribbean States, CELAC）奠定基礎。

## 四、21世紀拉丁美洲區域整合組織之發展

1999年委內瑞拉查維茲（Hugo Chávez, 1999-2013）上台，成爲21世紀拉丁美洲國家「向左轉」風潮之始。2003年起，巴西（2003～2016年）、阿根廷（2003～2015年）、智利（2006～2010年；2014～2018年）、玻利維亞（2006～2019年）、尼加拉瓜（2007迄今）、厄瓜多（2007～2017年）、巴拉圭（2008～2012年）等國陸續由左派取得執政權。[86]拉丁美洲透

---

[83] 「加勒比海國家聯盟」納入地區11個未獨立國家爲準會員（associate members）。參見：林華、王鵬、張育媛編著，《拉丁美洲和加勒比地區國際組織》，第95-96頁。

[84] 1983年1月，墨西哥、委內瑞拉、哥倫比亞及巴拿馬外交部長於巴拿馬之康塔多拉島集會，討論如何以和平方法解決中美洲危機，外界以「康塔多拉集團」稱之。參見：王建勛，1987年3月，〈「康塔多拉集團」與中美洲和平〉，《問題與研究》，第26卷第6期，第45頁。

[85] 「里約集團」陸續加入其他南美國家、中美洲六國，加勒比海之多明尼加、海地、古巴、牙買加及東加勒比海（Eastern Caribbean）國家代表，共計23國。2012年4月「拉共體」成立後停止運作。

[86] 2003年起，巴西魯拉（Luiz Inácio Lula da Silva, 2003-2010）、阿根廷基什內爾（Néstor Carlos Kirchner, 2003-2007）與克里斯蒂娜（Cristina Elisabet Fernández, 2007-2015）夫婦、智利巴舍萊（Verónica Michelle Bachelet Jeria, 2006-2010, 2014-2018）、玻利維亞莫拉雷斯（2006-2019）、尼加拉瓜奧蒂嘉（2007迄今）、厄瓜多科雷亞（2007-2017）、巴拉圭盧戈（Fernan-

過民主選舉而執政的左派政權亦稱爲「粉紅浪潮」（Pink Tide），其中委內瑞拉查維茲、尼加拉瓜奧蒂嘉（José Daniel Ortega Saavedra）、玻利維亞莫拉雷斯（Juan Evo Morales Ayma）及厄瓜多柯雷亞（Rafael Vicente Correa Delgado）等爲立場鮮明的「反美」政權。[87]政治理念的分歧，成爲拉丁美洲區域整合的主要障礙。

## （一）美國主導區域整合能力下降，建立美洲自由貿易區成爲泡影

美國希望將《北美自由貿易協定》之成功經驗向南延伸至整個拉丁美洲，1994年12月在美國邁阿密舉行首屆美洲高峰會議（Summit of the Americas, OAS），當時美國爲全球唯一超級強國，蘇聯於1991年12月解體，冷戰結束；而中國於1989年6月爆發天安門事件，並因而遭到西方國家外交制裁。在西半球全體34國元首（古巴除外）參加的首屆美洲高峰會議上，美國柯林頓（Bill Clinton）總統意氣風發地宣稱要在2005年以前建立「美洲自由貿易區」（Free Trade Area of the Americas, FTAA）。

進入21世紀後，由於南美洲主要大國與美國立場分歧，而美國因全球戰略重心轉向對阿富汗及伊拉克等的「反恐」戰爭，與傳統自家「後院」拉丁美洲的關係反較疏離；導致出現如「華盛頓正失去拉丁美洲嗎？」等論點。[88]美國對拉丁美洲影響力下降，所推動的「美洲自由貿易區」成爲空中樓閣，無具體進展。美國改與中美洲五國及多明尼加於2005年簽署《美國─多明尼加─中美洲自由貿易協定》（*U.S.-Dominican Republic-*

---

do Lugo, 2008-2012）等國陸續由左派取得執政權，拉丁美洲透過民主選舉而執政的左派政權亦稱爲「粉紅浪潮」。

[87] 美國川普總統任內國家安全顧問波頓（John Bolton）於2018年11月在邁阿密一場演講中稱古巴、尼加拉瓜和委內瑞拉爲拉美「暴政三駕馬車」（Troika of Tyranny）。參見：Nicole Gaouette, "Bolton Praises Brazil's Far-right Leader, Slams Latin America's 'Troika of Tyranny'," *CNN*, November 1, 2018, available at: https://edition.cnn.com/2018/11/01/politics/bolton-latam-troika-of-tyranny/index.html。

[88] Peter Hakim, "Is Washington Losing Latin America?" *Foreign Affairs*, January/February 2006, available at: https://www.foreignaffairs.com/articles/south-america/2006-01-01/washington-losing-latin-america; Shlomo Ben-Ami, "Is the US Losing Latin America?" *Project Syndicate*, June 5, 2013, available at: https://www.project-syndicate.org/commentary/the-new-nature-of-us-influence-in-latin-america-by-shlomo-ben-ami.

*Central America Free Trade Agreement*, DR-CAFTA），[89]並與南美洲個別國家智利（2003年）、秘魯（2009年）、哥倫比亞（2011年）簽署雙邊自由貿易協定，以及與巴拿馬（2011年）簽署貿易促進協定（Trade Promotion Agreement, TPA）。

　　2022年6月，第九屆美洲國家組織高峰會議在美國洛杉磯舉行，此爲美國於1994年12月在邁阿密主辦首屆高峰會議後，時隔28年第二次主辦美洲國家組織高峰會議。由於美國不邀請古巴、委內瑞拉和尼加拉瓜三國領袖出席此次高峰會議，因此引發墨西哥羅培茲（Andres Manuel Lopez Obrador）總統抗議而拒絕參加，拉丁美洲暨加勒比海地區共有12國、超過三分之一國家元首未出席美國主辦的高峰會議，此突顯美國在地區影響力下降。[90]

　　繼墨西哥70年來首位左翼總統羅培茲於2018年12月就職，2019年12月阿根廷費南德茲（Alberto Ángel Fernández）、2020年11月玻利維亞阿爾賽（Luis Alberto Arce Catacora）、2021年7月秘魯小學教師卡斯蒂略（José Pedro Castillo Terrones）、2022年3月智利36歲學運領袖博里奇（Gabriel Boric）等四位左派人士，先後贏得拉美四大國的總統大選；2022年8月哥倫比亞有史以來第一位左翼總統裴卓（Gustavo Francisco Petro Urrego）上任，哥倫比亞由「右」轉「左」，美國在拉丁美洲失去重要盟友，拉丁美洲似乎展開「第二波」粉紅浪潮；[91]加上巴西前左派總統魯拉（Luiz Inácio Lula da Silva）於2022年10月大選中獲勝，並於2023年1月1日就職，美國明顯地失去主導西半球地區區域整合能力。

---

[89] 中美洲五國爲尼加拉瓜、宏都拉斯、薩爾瓦多、瓜地馬拉及哥斯大黎加，未包含貝里斯。

[90] 墨西哥、玻利維亞、烏拉圭，以及中美洲的瓜地馬拉、宏都拉斯、薩爾瓦多，皆派外交部長代表出席，加勒比海地區海地、聖克里斯多福派駐美大使、格瑞那達派衛生部長出席，而聖文森未派任何官員出席。參見：楊建平，2022年8月，〈美洲高峰會議印證美國對地區影響力下降——中國大陸補位遺留空間？〉，《展望與探索》，第20卷第8期，第91頁。

[91] 楊建平，〈哥倫比亞出現史上第一個左翼政府，「第二波粉紅浪潮」如何衝擊美國與拉美關係？〉，《The News Lens關鍵評論網》，2022年9月14日，https://www.thenewslens.com/article/172784。

## （二）拉丁美洲成立新區域整合組織

　　2004年，委內瑞拉聯合古巴提出反美色彩濃厚之《玻利瓦美洲替代方案》（*Bolivarian Alternative for the Americas*, ALBA）；[92]玻利維亞、尼加拉瓜、厄瓜多，以及加勒比海之多米尼克、聖文森、安地卡及巴布達等國家先後加入。同年12月，南美洲國家元首於秘魯古城庫斯科（Cuzco）集會，宣告成立「南美國家共同體」（Southern American Community of Nations, SACN），2007年4月易名「南美國家聯盟」（Union of South American Nations, USAN），並於2008年5月在巴西首都巴西利亞舉行的第三次高峰會議時簽署《南美國家聯盟組成條約》（*The UNASUR Constitutive Treaty*），南美國家聯盟成為南美洲第一個全體12個國家參加之次區域性整合組織。2019年3月，阿根廷、巴西、智利、哥倫比亞、厄瓜多、巴拉圭、秘魯和蓋亞那八國於智利首都聖地牙哥市集會，宣布成立「南美洲進步論壇」（The Forum for the Progress of South America, PROSUR），意圖取代南美洲國家聯盟，使「南美國家聯盟」名存實亡。[93]

　　2010年，由全體33個拉美國家組成之「拉丁美洲及加勒比海國家共同體」宣告成立；[94]此為西半球第一個排除美國和加拿大之區域性組織，對拉丁美洲區域整合發展具有重要意義。「拉共體」成立後受到「歐盟」、中國等區域外組織及國家的重視，「歐盟」與「拉共體」於2013年1月在智利舉行首屆「拉丁美洲及加勒比海國家共同體—歐盟」高峰會議（拉歐高峰會）；「拉共體」與中國於2014年7月成立「中拉合作論壇」（China-

---

92　「玻利瓦美洲替代方案」2009年更名為「玻利瓦美洲聯盟」（Alianza Bolivariana para los Pueblos de Nuestra América），英文縮寫ALBA不變。

93　2018年4月，阿根廷、巴西、智利、哥倫比亞、巴拉圭和秘魯共六國暫停南美洲國家聯盟成員身分，同年8月哥倫比亞宣告正式退出，2019年3月巴西及厄瓜多相繼表示退出，2020年3月烏拉圭正式退出，目前成員國只剩下玻利維亞、蘇利南、蓋亞那和委內瑞拉。

94　2010年2月，在墨西哥舉行之第二十一屆里約集團暨第二屆拉美高峰會議，決定籌組涵蓋所有33個拉美國家的新地區組織，定名為「拉美和加勒比海國家共同體」（拉共體）。2011年12月拉美33國在委內瑞拉舉行高峰會議，宣布正式成立「拉共體」，里約集團終止運行。胡錦濤曾電賀該組織之成立，參見：胡錦濤電賀拉美和加勒比國家共同體成立，《人民日報》（海外版），2011年12月5日，版1。

CELAC Forum），並於2015年1月在北京舉行「中拉論壇」首屆部長級會議；「拉共體」成為拉丁美洲與區域外組織及國家進行整合之平台。

## （三）拉丁美洲與亞洲地區之區域經濟整合

拉丁美洲因歷史及文化之連結，傳統上與大西洋分隔的歐洲關係密切；與廣大太平洋分隔的亞洲地區，則因地理位置相距遙遠、文化差異性大，在政治、經貿等各層面的交流較少。現今科技發達縮短地理間之距離，並在全球化推動下，太平洋成為拉丁美洲與亞洲之連結，區域間貿易大幅成長，區域間經濟整合持續進展。

在20世紀中期以前，拉丁美洲與亞洲之間貿易往來較少，占地區貿易之比例很低；第二次世界大戰後兩地區間貿易開始成長，但在1953年時僅略高於2%。由於亞洲「四小龍」台灣、韓國、新加坡及香港在1970年代至1980年代經濟快速成長，對拉美原物料需求大幅增加，導致亞太地區在拉美對外貿易之重要性逐漸上升，至21世紀初期，亞太地區占拉美外貿比例超過10%；至2010年，亞太地區占拉美貿易比例已達五分之一，僅次於美國之34%，成為拉美地區第二大貿易夥伴。[95]

由於亞太地區在拉美地區貿易之重要性日益增加，拉丁美洲自1990年代起開始重視與區域外亞太地區之經濟整合。拉丁美洲濱太平洋國家墨西哥、智利與秘魯分別於1993年、1994年及1998年加入「亞太經濟合作會議」（Asia-Pacific Economic Cooperation, APEC）；1999年成立之「東亞—拉美論壇」（Forum for East Asia-Latin America, FEALAC），[96]則由東亞及拉丁美洲兩個地區經濟政策最為開放之智利與新加坡於1998年倡議建立。進入21世紀後，拉丁美洲除傳統之美國及歐洲關係外，拉美國家更加強與

---

[95] Asian Development Bank, Inter-American Development Bank, and the Asian Development Bank Institute, *Shaping the Future of the Asia and the Pacific-Latin America and the Caribbean Relationship* (Philippines: Asian Development Bank, 2012), p. 4.

[96] 1999年9月，論壇成立大會暨首次高官會議在新加坡召開，暫定論壇名稱為「東亞—拉美論壇」。2001年3月，論壇首屆外長會議決議定名「東亞—拉美合作論壇」。現有東亞16國、拉美20國，共36個成員國。參見：*FEALAC*, http://www.fealac.org/about/country.jsp。

區域外之地區間關係，並積極參與亞太地區組織。

　　2011年4月，拉丁美洲墨西哥、哥倫比亞、秘魯及智利四國依據共同政策理念，突破拉美依地緣因素成立次區域性整合組織之傳統，成立旨在增進與亞太地區關係之「太平洋聯盟」（Pacific Alliance）。[97]太平洋聯盟為以相近的市場戰略和利益進行組合的跨次區域之整合組織，成員國為市場開放程度較高、經濟發展潛力較大的國家，且成員國間均簽署自由貿易協定，整合程度較高；聯盟內貿易以零關稅為目標，服務、資金及人員自由流通，為拉美地區最具開放性之整合組織。[98]

　　「太平洋聯盟」經濟政策以市場為導向，重視與亞太地區及美國關係；不同於巴西等經濟政策較為保守，重視與歐洲關係之「南方共同市場」。[99]「太平洋聯盟」中的哥倫比亞、秘魯及智利三國，為南美洲12個國家中僅有之與美國簽署雙邊自由貿易協定國家。2018年12月30日生效的「跨太平洋夥伴全面進步協定」（Comprehensive and Progressive Agreement for Trans-Pacific Partnership, CPTPP），墨西哥、智利及秘魯三國亦名列11個成員國中。[100]

　　鑑於拉美經委會在區域整合中之領導功能，中國將拉美經委會作為對拉丁美洲政策宣示之平台。中國國家領導人訪問智利時經常安排赴該機構發表演講，如江澤民主席2001年之〈共同開創中拉友好合作的新世紀〉、習近

---

[97] 哥斯大黎加於2014年2月宣布加入「太平洋聯盟」，但2014年5月上任之索利斯（Guillermo Solis）政府有不同意見，迄未完成正式手續。參見：José Meléndez, "Costa Rica frena unión con Alianza del Pacífico," *El Universal*, Marzo 23, 2015, available at: http://www.eluniversal.com.mx/el-mundo/2015/impreso/costa-rica-frena-union-con-alianza-del-pacifico-90149.html。

[98] 于筱芳，2014年2月，〈太平洋聯盟：拉丁美洲一體化的新軍〉，《拉丁美洲研究》，第36卷第1期，第67-68頁。

[99] "Latin American Geoeconomics: A Continental Divide," *The Economist*, May 18, 2013, available at: http://www.economist.com/news/americas/21578056-region-falling-behind-two-alternative-blocks-market-led-pacific-alliance-and.

[100] 《跨太平洋戰略經濟夥伴關係協議》（TPP）最初由汶萊、智利、紐西蘭和新加坡四國於2005年發起，2008年美國、澳大利亞、秘魯和越南先後加入談判，2011年馬來西亞、墨西哥和加拿大加入，2013年日本亦加入談判。12個TPP成員國於2016年2月簽署協定；惟美國川普總統於2017年1月宣布退出TPP。後在日本積極推動下，其餘11國於2017年11月在越南峴港APEC領袖會議期間發表聯合聲明，宣布就核心議題達成共識，並將TPP改名CPTPP。

平副主席2011年之〈攜手開創中拉全面合作更加美好的未來〉、溫家寶總理2012年之〈永遠做相互信賴的好朋友〉，[101]李克強總理亦於2015年5月在拉美經委會以〈共創中拉全面合作夥伴關係新未來〉爲題發表演講。[102]

　　另《拉美經委會評論》鑑於中國已成爲拉丁美洲在貿易戰略和國際定位政策領域的重要合作夥伴，中國對糧食、能源、金屬及礦產品的強烈需求惠及拉丁美洲和加勒比海地區多個國家。2012年12月與中國發展研究基金會（CDRF）共同出版中文版特輯，收錄〈改善拉丁美洲與中國的經濟和貿易關係〉、〈全球對華製成品出口的決定因素（1990-2006）〉、〈大宗商品價格和拉丁美洲出口收益的「中國效應」〉、〈中國加入世貿組織及其對加勒比海盆地國家的影響〉、〈天使還是惡魔──中國的貿易對拉美國家的影響〉等多篇與中國有關的研究論文，以加強拉丁美洲和加勒比海地區與中國之間的關係。[103]

## 五、結語

　　世界經濟經歷1930年代重商主義、1950年代至1970年代保護主義及工業化之區域主義，而在發展中國家參與「關稅暨貿易總協定」（General Agreement on Tariffs and Trade, GATT），接受其規範下，1990年代進入較高層次、開放之區域主義。[104]拉丁美洲有玻利瓦美洲大陸同盟之政治整合理想，亦有拉美經委會之經濟整合理論與策略，且地區內國家有曾爲歐洲西班牙等國家殖民地之共同歷史背景，具有相同的文化、語言、宗教及風俗習慣

---

[101] 江澤民，共同開創中拉友好合作的新世紀──在聯合國拉丁美洲和加勒比經濟委員會的演講，《人民日報》，2001年4月7日，版1；杜尚澤、馬占成，習近平在聯合國拉丁美洲和加勒比經濟委員會上發表演講，《人民日報》，2011年6月12日，版2；王莉、李學仁，溫家寶在聯合國拉丁美洲和加勒比經濟委員會上發表演講，《人民日報》，2012年6月28日，版1。

[102] 李克強在聯合國拉丁美洲和加勒比經濟委員會的演講（全文），《新華網》，2015年5月27日，http://news.xinhuanet.com/politics/2015-05/27/c_127845179.htm。

[103] 《拉美經委會評論》，2012年11月中文版特輯（CEPAL Review Special Chinese Edition），https://repositorio.cepal.org/handle/11362/37822。

[104] Ramiro Pizarro, *Comparative Analysis of Regionalism in Latin America and Asia-Pacific* (Santiago, Chile: CEPAL, 1999), pp. 7-8, available at: http://repositorio.cepal.org/handle/11362/4402.

等優勢區域整合條件。

　　拉丁美洲雖爲發展中國家區域整合起步最早地區，具有優勢區域整合條件，但亦有許多區域整合的障礙。因爲拉丁美洲經過400年西方國家殖民主義的天然資源掠奪，成爲出口初級產品及進口工業製成品的對外貿易導向，加上自西班牙殖民地獨立後形成許多分散的中、小型國家，缺乏相對自主工業化的足夠規模。[105]加以拉丁美洲國家在脫離殖民地統治後，軍事政變頻繁發生，1907年至1966年60年期間，拉丁美洲20個國家共計發生105次軍事政變。[106]在1964年至1990年期間，拉丁美洲有11個國家爲軍事政權所統治。[107]政治立場分歧引發的政治不穩定，爲推動區域整合最大的負面因素。

　　普雷維什及其領導的拉美經委會自1950年代起推動拉丁美洲經濟整合，雖然「拉丁美洲自由貿易區」之區域性經濟整合沒有成功，但成員國較少的次區域整合組織卻超越自由貿易區層級，以「共同市場」（南方共同市場）、「共同體」（安地斯共同體）、「聯盟」（南美國家聯盟、加勒比海國家聯盟、太平洋聯盟）、「統合體」（中美洲統合體）等形式出現，亦有「拉丁美洲及加勒比海國家共同體」區域級統合組織成立。

　　進入21世紀後，拉丁美洲區域整合由經濟向政治、社會及文化等全方位發展，除傳統與美國及歐洲關係外，昔日分隔拉丁美洲與亞洲的太平洋，由於科技的進步成爲兩個地區經濟整合的連結。拉丁美洲區域經濟整合跳脫普雷維什所推動的「拉丁美洲」範疇，亦擺脫美國主導的「美洲」框架；在美、中兩個世界強權地緣政治利益的競爭下，拉丁美洲在世界區域經濟整合中，將有其重要地位。

---

[105] Armando Di Filippo, "The Structuralism of Prebisch and the Integration of Latin America," in Victor Ramiro Fernandez and Gabriel Brondino (eds.), *Development in Latin America: Critical Discussions from the Periphery* (London: Palgrave Macmillan, 2019), p. 217.

[106] Egil Fossum, 1967, "Factors Influencing the Occurrence of Military Coups d'etat in Latin America," *Journal of Peace Research*, Vol. 4, Issue3, p. 228.

[107] Yang Chien-ping, "Dance with the Dragon: Through the Eyes of Taiwan's Three Ambassadors in Latin America," in He Li and Antonio C. Hsiang (eds.), *Taiwan's Relations with Latin America: A Strategic Rivalry Between the United States, China, and Taiwan* (Lanham: Lexington Books, 2021), pp. 50-51.

## 第五章 歷史學大師豪爾赫·巴薩德雷（Jorge Basadre）

褚縈瑩

# 第一部分 巴薩德雷其人其事

## 一、大師挑選

　　1991年秘魯中央銀行發行的新版紙鈔當中，百元鈔的正面，赫然出現一位歷史學者——豪爾赫·巴薩德雷（Jorge Basadre）的肖像，反面則是他於1943年至1947年間協助重建的秘魯國家圖書館。巴薩德雷這號人物是誰？為什麼人們認為他足以代表秘魯的國家門面呢？

　　巴薩德雷被譽為秘魯現代史學之父，[1]這不僅是因為他為秘魯史學研究所打下了書目建立、史料彙編、推動國家圖書館現代化等基礎工作，同時也是基於他在研究與書寫上的成就。秘魯史家荷西·德拉里瓦—阿圭羅（José de la Riva-Agüero y Osma, 1885-1944）於1910年時就曾指出，秘魯的歷史編纂，缺乏背後的歷史哲學思索，以及生產綜論的企圖。[2]這樣的批判雖然引發當時知識分子的討論，但並未立即出現能夠扭轉秘魯史學研究方向的人物，直至下個世代巴薩德雷的出現。

　　今日，無論是跨學科的秘魯研究，或者是秘魯政界、[3]大眾媒體，甚至是常民百姓的用語中，經常用以描述秘魯的幾組概念，例如秘魯的可能性（*Perú posible*）、秘魯問題（*Perú problema*）、深層國家（*el país*

---

[1] Michael Baud, 2006, "Review: Trends in Peruvian Historiography," *European Review of Latin American and Caribbean Studies*, No. 80, pp. 91-98.

[2] Watt Stewart, 1949, "Review Article: Jorge Basadre and Peruvian Historiography," *The Hispanic American Historical Review*, Vol. 29, No. 2, pp. 222-227.

[3] 例如2001年贏得總統大選的亞歷杭德羅·托萊多（Alejandro Toledo），所屬政黨即為秘魯可能（*Perú Posible*）。

*profundo*）、法定國家（*el país legal*）、秘魯的許諾（*la promesa del Perú*）等，其實都源自於巴薩德雷的研究與思想。馬克‧圖納（Mark Thurner）因此指出，我們如果欲瞭解秘魯當代的歷史想像，是無法跳過巴薩德雷這號人物的。[4]

除了對於秘魯本身的意義之外，巴薩德雷也代表了一種拉丁美洲史學傳統，一方面承繼了來自歐洲的影響，另一方面也試圖與之對話，甚至是對抗。如同圖納指出，秘魯可說是歐洲現代歷史想像中，很早出現的一個殖民主體；在大西洋革命的年代，秘魯也是後殖民歷史主體的先驅國家之一。如果我們要討論非歐洲中心的史學史，那麼秘魯的例子應當是相當具有啟發性的。[5]

具體來說，巴薩德雷所代表的拉丁美洲史學傳統，無法迴避的一個永恆命題，就是歐洲殖民經驗、美洲原住民與文化交互（interculturation）這三者之間的關係。本文的第一部分將會介紹巴薩德雷如何發展出能夠解釋這個命題的史學概念，第二部分則會透過秘魯轉型正義案例，呈現巴薩德雷的概念，其解釋力實已超出他所存在的時代。

## 二、生平簡介

巴薩德雷於1903年出生在太平洋岸的塔克納（Tacna），塔克納原屬秘魯領土，在1879年至1883年秘魯、玻利維亞與智利之間的太平洋戰爭（War of the Pacific，又稱硝石戰爭）後，遭智利占領，直到1929年才回歸秘魯。居住在占領區的童年經驗（1903～1912年），對於巴薩德雷日後關注國族認同議題造成影響。智利當局試圖灌輸塔克納居民對新國家的認同與忠誠，然而，秘魯認同並未煙消雲散，反而潛入至地下祕密狀態。

對於幼年的巴薩德雷來說，秘魯是他「看不見的祖國」（patria

---

[4]　Mark Thurner, *History's Peru: The Poetics of Colonial and Postcolonial Historiography* (Gainesville: University Press of Florida, 2011).

[5]　*Ibid*.

invisible），[6]在他九歲舉家搬至首都利馬（Lima）以前，祖國只存在於想像之中，當中有來自塔克納社群與家族過往的記憶，也有對於未來的期盼，但這些都不是秘魯日常生活的現實狀態。[7]回憶起當初搬至利馬的心情，晚年的巴薩德雷認為，那是一個認識到夢想中的祖國其實也有各式各樣的問題存在的時刻，但他並沒有因此感到幻滅。這樣既意識到秘魯的問題，卻又對秘魯抱持希望的態度，也正是巴薩德雷的史學論述對後世具備啟發性的重要原因之一。

巴薩德雷在16歲時（1919年）完成了中學教育，進入秘魯國立聖馬爾科斯大學（Universidad Nacional Mayor de San Marcos）的文學院就讀。當時正逢第一次世界大戰結束、墨西哥革命（1910～1917年）與蘇聯十月革命（1917年）掀起革命浪潮，意欲改革的氣氛在各大學中沸騰不已；同時間，秘魯也即將迎來獨立100週年（1921年），這個氛圍形塑了秘魯著名的百週年世代（the Centennial Generation），[8]巴薩德雷也是其中一員。[9]

百週年世代所帶領的學運，不但積極要求大學改革，同時也在校內發起回顧秘魯百年歷史的講座與研討會，不分學科專長與背景，他們發表關於秘魯歷史的論文，藉以批判大學教育與秘魯社會現實的隔閡。巴薩德雷日後回憶，大學期間（1919～1927年）對他日後影響最大的，其實是這股學運氣圍，而不是特定知識體系及其訓練，在他就讀大學期間，秘魯尚未具有

---

[6] Jorge Basadre, *Perú Vivo* (Lima: Juan Mejia Baca, 1966).

[7] Jorge Basadre, *La Vida y la Historia* (Lima: Industiral Grafiac, 1981[1975]).

[8] 百週年世代的主要成員，多於1920年前後就讀於秘魯各大學，深受學運風潮影響、具備組織動員與論述能力，他們當中有許多日後成為秘魯重要的知識分子及政治領袖，如歷史學者萊吉亞（Jorge Guillermo Leguía）、法學者桑切斯（Luis Alberto Sánchez）日後曾任參議院長、副總統等要職、巴雷內西亞（Raúl Porras Barrenechea）日後曾任外交部長、地球物理學者吉斯克（Alberto Giesecke）、民族學者瓦爾卡塞爾（Luis Eduardo Valcárcel）曾任秘魯教育部長。最負盛名的代表人物則為創立秘魯阿普拉黨（Alianza Popular Revolucionaria Americana, APRA）的德拉托雷（Víctor Raúl Haya de la Torre），以及享譽全球的馬克思主義思想家馬里亞吉特（José Carlos Mariátegui）。

[9] Jorge Basadre, *La Vida y la Historia*; César Pacheco, 1981, "Jorge Basadre o la Pasion por la Historia," *Revista de la Historia de América*, No. 92, pp. 195-213; Eusebio Quiroz Paz Soldán, 2013, "La Obra Historiográfica de Jorge Basadre, una Lectura Peruanista de Nuestra Historia," *La Vida y la Historia*, No. 1, pp. 9-26.

史學方法論、史學理論、歷史哲學、書目編纂等知識體系，來訓練歷史研究者。[10]

　　學運中建立起的人際網絡，也影響了巴薩德雷日後職涯方向。1919年，學運夥伴勞爾‧波拉斯‧巴雷內西亞（Raúl Porras Barrenechea）曾召集一批大學生志工，為國家圖書館進行秘魯史料卷宗的整理建檔工作，巴薩德雷也在其中。時任圖書館會計室秘書、家族在政界十分有影響力的另一位學運夥伴——豪爾赫‧吉列爾莫‧萊吉亞（Jorge Guillermo Leguía），提名巴薩德雷成為館內正職助理。一邊就讀大學，巴薩德雷在館內也逐漸晉升，除有機會閱讀大量新進書籍並進行編目工作外，他也負責管理報紙、手稿等史料，及協助編輯《書目學報》（Boletín Bibliográfico）等。這些工作經驗不但為他累積了書寫歷史論文所需的資料，同時也開啓他為秘魯歷史研究建置史料及書目基礎的職志。[11]

　　1927年巴薩德雷取得學位，隔年即在母校開設秘魯史課程，為使程度不一的學生能夠跟上，他將自己的畢業論文改寫為《共和國之始》（La Iniciación de la República, 1929）一書出版，這也是他歷史寫作的開端。同年，他也被推薦到該大學的圖書館任職，並獲美國卡內基基金會補助，於1931年9月至隔年6月間，至美國各大圖書館參訪實習。[12]旅美期間，1932年6月，總統路易斯‧米格爾‧桑切斯‧塞羅（Luis Miguel Sánchez Cerro）為打壓學運而宣布關閉秘魯各大學，巴薩德雷無法返回工作崗位，於是便開始了旅居德國與西班牙的日子（1932～1935年）。其中又以旅居西班牙時，得以在塞維亞（Sevilla）與馬德里（Madrid）兩地進行檔案研究，使他收穫最豐。[13]

　　1935年秘魯政府重啓大學，巴薩德雷也歸國重拾教學與圖書館工作，當中又以他在1943年至1947年間協助受祝融之災的國家圖書館重建工作，

---

[10]　Jorge Basadre, *La Vida y la Historia*.

[11]　*Ibid*.

[12]　*Ibid*.

[13]　*Ibid*.

最爲人所津津樂道。秘魯國家圖書館命運多舛，在太平洋戰爭期間就曾遭智利軍隊入侵、掠奪古籍典藏，1943年又遭遇大火。巴薩德雷認爲，圖書館會遭遇火災，正好突顯了管理上的諸多問題，他將多年來的圖書館工作與旅外經驗帶進來，主張新的國家圖書館，應該轉型爲現代圖書館──既負有服務一般讀者的功能，同時也能滿足研究者的需求。

　　除了將成堆在滅火過程中被打濕的書本紙張陰乾修復外，重建工作中最困難的，恐怕就是重新蒐集館藏。好在過去巴薩德雷曾協助《書目學報》編輯工作，加上他過去在館內工作所協助建置的書籍目錄，使得蒐集工作得以推動，最終圖書館於1948年重新開幕時，藏書數量甚至超越了舊圖書館。巴薩德雷也建議政府設立專門訓練圖書館員的學校，以落實現代圖書館的管理功能。[14]我們可以說，巴薩德雷除了運用他的研究與寫作，同時也用這種體制建立的方式，爲秘魯保留珍貴的歷史記憶。

　　巴薩德雷的此番經歷，使他受到泛美聯盟（Pan-American Union）青睞，邀請他於1948年至1950年間任職於文化事務部，重整圖書館，並爲知識交流活動募款等。[15]1951年至1955年間巴薩德雷於美國維吉尼亞大學講學，1959年再度回到秘魯，致力於書寫共11冊的巨著──《秘魯共和國史》（*Historia de la República del Perú*, 1939-1968），這個系列也是他經常被稱爲秘魯史學之父的重要原因之一。搭配這套通史，巴薩德雷在1971年出版《秘魯共和國史──文獻基礎介紹》（*Introducción a las Bases Documentales para la Historia de la República del Perú*）一書。[16]

　　巴薩德雷於1980年逝世，回顧他的生涯，我們可以發現他被尊爲秘魯現代史學之父，不僅僅是因爲他豐富的思想與著作，同樣重要的，還有他在圖書館、書目與史料建置等研究所需的基礎工作，爲後世學者所打下的基礎。緊接著，我們就要介紹他幾個重要的史學理論概念。

---

[14] *Ibid.*

[15] *Ibid.*

[16] Jeffrey Klaiber, 1981, "Inter-American Notes: In Memoriam, Jorge Basadre," *The Americas*, Vol. 37, No. 3, pp. 400-401.

## 三、理論概述

　　本文將巴薩德雷的史學理論分爲三組介紹，雖然它們的內涵與秘魯歷史密不可分，巴薩德雷本身也未將這些概念用於其他國家的案例分析之上，但是它們事實上都具備了超越單一國家案例的理論意涵。[17]接下來將依序介紹：（一）深層國家──法定國家；（二）秘魯的可能性──秘魯問題；（三）秘魯的許諾等三組概念，同時說明它們超越秘魯單一國家的意義何在。

## （一）深層國家──法定國家

　　簡單來說，法定國家指的就是英文當中「state」的概念，中文通常翻譯成「國家」，內涵指涉的是政府治理機能的面向；而深層國家指的則是民族「nation」的概念，指涉情感、認同層面的面向。巴薩德雷之所以要區分兩者，主要用意是與1940年代時的秘魯菁英階層對話，批判過去秘魯菁英階層將治國焦點放在法定國家之上，而尚未完成深層國家的這一面。這可能也與他童年居住在塔克納的經驗有關，即便該區域在政府治理機能的層次上，已經由智利政府取代了秘魯，秘魯仍是當地居民「看不見的祖國」。這點讓巴薩德雷清楚意識到，政府治理機能並不是一個國家的全部。[18]

　　後世有部分學者或媒體，[19]誤將深層國家概念等同於安地斯山脈上的原

---

[17]　Mark Thurner, *History's Peru: The Poetics of Colonial and Postcolonial Historiography*.

[18]　Jorge Basadre, *La Multitud, la Ciudad y el Campo en la Historia del Perú* (Lima: Ediciones Treintaitrés y Mosca Azul Editores, 1980[1929]).

[19]　見Enrique Mayer, 1991, "Peru in Deep Trouble: Mario Vargas Llosa's 'Inquest in the Andes' Re-examined," *Cultural Anthropology*, Vol. 6, No. 4, pp. 466-504 一文當中對秘魯文豪尤薩（Mario Vargas Llosa）的批判。媒體報導誤用如Philip Bennett, "Peru: Corner of the Dead," *The Atlantic*, May, 1984, available at: https://www.theatlantic.com/magazine/archive/1984/05/peru-corner-of-the-dead/667554/?fbclid=IwAR0vXoGTidLbRYqPE3PBbP2JnsmDO1s04f1PCWoIrHCPi69LopxMG-8wPGVU。同時也有許多以研究秘魯知名的美國政治學者誤植此概念，用以解釋秘魯近年大選選票分布結果，如Moises Arce, 2014, "The Persistence of the Two Perus," *Current History*, Vol. 113, No. 760, pp. 70-75; Cynthia McClintock, "Peru's Cleavages, Conflict, and Precarious Democracy," *Oxford Research Encyclopedia of Politics*, (2021[2019]), available at: https://doi.org/10.1093/acrefore/9780190228637.013.1706，以及Jane S. Jaquette and Abraham F. Lowenthal, "Peru's Election of Pedro Castillo: From Fragmentation to Polarization—or Perhaps Centrist Reform?" *Global Americans*, July 1, 2021, available at: https://theglobalamericans.org/2021/07/perus-election-of-pedro-

住民社群，以爲巴薩德雷將秘魯國族的起源，寄託於一種烏托邦式的想像之上，這是天大的誤會，他要談的事實上是一種更爲動態、複雜的民族概念。但在進一步介紹巴薩德雷的想法之前，筆者要先說明這樣的誤會其來有自。西班牙殖民期間，王室將殖民者與被殖民者分成兩個不同的法律範疇來管理，有各自適用的法律條文及法庭，當時這種區分又被稱爲「兩個共和國」（Two Republics）。[20]兩個共和國原是法律身分上的區分，不涉及種族或地理區域，但在滲入日常用語後，逐漸轉變成爲海岸—山脈、白人—原住民等二元對立的區別，稍後筆者將說明巴薩德雷爲何不贊同這種分類。

　　巴薩德雷主張，「民族」的構成，並不見得是基於領土、種族、血緣、語言或者經濟利益等層面的共通性，對他而言，這些都是企圖以一種自然科學式的思維，對族群進行「辨識」與「分類」，結果注定產生許多無法解釋的例外，他主張「民族」全然是人類的造物，不是透過博物學式分類可以區辨的實物。但巴薩德雷並不是要說民族是武斷的、憑空被發明出來的，他傾向認爲民族是在歷史過程中形成一種哲學意義上的理想對象（ideal object）或結構（structure）。[21]筆者將它理解爲，民族的構成並不會隨心所欲、任意組合，它是藉由可得的一些材料搭建而成，且在搭建完成之後，它會影響人們看待世界的方式，也會引導人們對未來的期盼。

　　巴薩德雷說明得比較仔細的，是關於民族構成的「歷史過程」這個面向。他強調秘魯作爲一個國家，在空間與時間兩個面向都具備連續性。他從考古學的研究中意識到，即便在印加帝國之前，諸如查文（Chavín）及納斯卡（Nazca）文明出土的證據顯示，安地斯山脈、秘魯海岸、亞馬遜雨林，這三個看似全然不同、相距甚遠的生態系，事實上有密集的互動與往來。而運河、水道、道路系統的存在，就證明了他們會爲共同的福祉而投注集體能

---

castillo-from-fragmentation-to-polarization-or-perhaps-centrist-reform/?fbclid=IwAR1on0R-P1DsKa-1sukXLfIsfJvoNbz48f-xehS6VqIQ7TyUMTFc-8OJ1gm0。

[20]　Mark Thurner, *From Two Republics to One Divided: Contradictions of Postcolonial Nationmaking in Andean Peru* (Durham: Duke University Press, 1997).

[21]　Jorge Basadre, *La Multitud, la Ciudad y el Campo en la Historia del Perú*.

量。[22]這些不同的生態區位，固然造就不同的生活方式與文化樣貌，但是那種曾經生活在一種共同追求下的經驗，就像無形的「鑄模」一般，形塑這些看似有巨大差異的區域。[23]而這就是秘魯的深層國家——亦即「民族」的源頭所在。

　　巴薩德雷區分「國家」（state）與「民族」（nation）的概念，使得他的史學理論具備超越秘魯單一國家的意義。他揭示了民族國家是一個持續經歷建構與重構的計畫，早於後人更爲熟知的班納迪克・安德森（Benedict Anderson）在1983年出版之《想像的共同體：民族主義的起源與散布》（*Imagined Communities: Reflections on the Origin and Spread of Nationalism*）。[24]卡洛斯・康特雷拉斯（Carlos Contreras）則更進一步指出，巴薩德雷就是安德森筆下那種「發明」國族的歷史學者，[25]雖然巴薩德雷本人不見得會同意這樣的評價。[26]相較於我們今日常以後設角度來看待國族形成，巴薩德雷傾向認爲，是共同的歷史經驗形塑出共同體，而不是史家可以憑空發明的。

## （二）秘魯的可能性——秘魯問題

　　指出秘魯的「深層國家」是尚未完成的計畫後，巴薩德雷接著要討論秘魯的國家整合問題。秘魯在1879年的太平洋戰爭中失利的經驗，衝擊國內1890年代的知識分子，眾人莫不以揪出秘魯的問題爲職志。代表人物如曼努埃爾・岡薩雷斯・普拉達（Manuel Gonzales Prada, 1844-1918），承襲了批判西班牙殖民「黑色傳奇」（Black Legend）[27]的傳統，主張從殖民時期

[22]　Jorge Basadre, *Meditaciones sobre el Destino Histórico del Perú* (Lima: Ediciones Huacarán, 1947).

[23]　Jorge Basadre, *Historia de la República del Perú* (tomo I.Lima: Editorial Universitaria, sétima edicion, 1983[1939]).

[24]　Michael Baud, "Review: Trends in Peruvian Historiography."

[25]　Carlos Contreras, "La Vida y la Historia de don Jorge Basadre," available at: https://studylib.es/doc/5940032/la-vida-y-la-historia-de-don-jorge-basadre (accessed on August 14, 2022).

[26]　Jorge Basadre, *Apertura* (Lima: Ediciones Taller, 1978).

[27]　所謂的黑色傳奇，是指自16世紀起，以英國爲首的歐洲各國，以西班牙傳教士或旅行者的紀錄爲材料，攻擊西班牙殖民以殘忍暴虐的方式對待美洲原住民，並推論其殖民並未爲殖民地帶來任何改善或進步，因而不具備正當性的一種論述。與此相對，英國在美洲的殖民則常被美化爲

以來掌握秘魯政經大權的克里奧（Creole）菁英階層，目光總是望向歐洲，只關注自身的利益，從未真正考慮過什麼是對秘魯最好的政策。對1890年代來說，所謂的「秘魯問題」就在於國內的二元對立（海岸—山脈、白人—原住民、富—貧）從未好好地整合，[28]這個問題在戰爭時最容易突顯出來，因爲大多數士兵都屬於山區的底層階級（subaltern class）。正由於國家整合失利、無法說服人民爲了一個共同的目標而戰，所以秘魯才會戰敗。

　　巴薩德雷認爲「黑色傳奇」的論述方式是缺乏歷史客觀性的，他仔細考察秘魯獨立初期克里奧菁英的思想與作爲，指出問題並不在於他們無心經營共和國，只求累積財富與權力；問題在於他們尚未達成其領導國家的歷史任務。巴薩德雷比喻，他們之中有些人將焦點放在官僚制度、財政平衡、公共服務等，就像把國家當作一個辦公室來經營；另外一些人則注重國家有哪些原料可供出口、創造財富，將國家當作一個大莊園來管理。但這兩種人，終究都沒有注意到，形塑民族共感情境（national communion）──菁英和平民、領土和人口、過去與未來的連結──的重要性。[29]

　　巴薩德雷理想中的政府是由專業技術官僚所組成，他們既要管理集體生活，又不能限制個人自由，能以有效的方式促進國家工業發展，最好能夠實施社會主義傾向的資本主義。[30]他所謂的菁英，不是一種特權或頭銜，而是一種能夠面向大眾、詮釋並肩負起大眾的期待、加強他們的集體意識、照顧他們的緊急需求、伴隨他們發展與進步、保衛其安全的一種領導責任。[31]巴薩德雷曾比喻菁英階層應該去捕捉大眾的期待，就像是「汲取樹冠層剛冒出來的樹液那種推動力一般」。[32]在這個前提之下，統治者和被統治者之間應

---

白色傳奇（White Legend），爲美洲帶來文明與進步。然而這不但簡化了西班牙殖民的統治技術，也掩蓋了英國的殖民也並非善待原住民、仰賴奴隸制度等黑暗面。

[28] Mark Thurner, *History's Peru: The Poetics of Colonial and Postcolonial Historiography.*

[29] Jorge Basadre, *Meditaciones sobre el Destino Histórico del Perú.*

[30] Carlos Lazo García and Carlos Morales Cerón, 2003, "Ensayo crítico sobre la filosfía de la historia en la obra de Jorge Basadre," *Investigaciones Sociales*, Vol. 7, No. 11, pp. 303-311.

[31] Jorge Basadre, *Meditaciones sobre el Destino Histórico del Perú.*

[32] Jorge Basadre, *Mensaje al Perú* (Lima: Editorial Universitaria. Contiene mensaje de Jorge Basadre en la CADE 1979, 1999[1979]), pp. 6-9.

該是和諧而非鬥爭的關係。[33]巴薩德雷晚年時寫道：「我們應該將秘魯看成是一個任務，而不是一場盛宴。這個任務需要我們沉思、研究及解決問題，沒有預先存在的公式，也沒有固定的配方。」[34]而「政治的本質，就是一場發現與協調國家命運的任務。」[35]

　　這種菁英與大眾之間的平衡關係，對於巴薩德雷來說也是具有歷史連續性的。正因為如此，「秘魯問題」的所在，同時也是「秘魯可能性」的泉源。許多人誤以為印加帝國象徵了一種原初的共產主義烏托邦，巴薩德雷並不同意，他認為印加的統治事實上具備清楚的階層分化，貴族與平民的區隔是其帝國秩序的根基。殖民時期，征服者取代了印加貴族的角色，雖然維持了殖民治理的穩定性，但征服者所引進的西班牙地方自治主義（municipalism）傳統，在殖民地變形為一種反抗王室集權的策略，使得西班牙美洲內部交換銳減、基礎建設不彰，逐漸形成一種以區域生活為主的圖像。[36]到了獨立戰爭期間，相對於鄰近的阿根廷與哥倫比亞等國，發展出以軍事為基礎、具備領袖魅力的高地酋（caudillo）這種權力持有型態，秘魯是相對被動地加入了共和國的行列，[37]因此初建國時的確產生一種菁英層級的真空狀態，無法建立菁英與平民之間的新平衡。[38]

　　巴薩德雷認為，這個失去的平衡是可以重建的，因為秘魯的歷史從來就不是菁英與平民二元對立，他們彼此之間的連結在歷史中是有跡可循的。這兩種視角最關鍵的差異，就在於對殖民經驗的理解。為了掃除「黑色傳奇」給秘魯歷史編纂帶來揮之不去的陰影，巴薩德雷主張：西班牙征服者

[33] Carlos Lazo García and Carlos Morales Cerón, "Ensayo crítico sobre la filosfía de la historia en la obra de Jorge Basadre."

[34] Jorge Basadre, *Apertura*, pp. 507-511.

[35] Jorge Basadre, *Mensaje al Perú*.

[36] Jorge Basadre, *Perú, Problema y Posibilidad* (Lima: Banco Internacional del Perú. Segunda edición (primera edicion en 1931), 1978[1931]).

[37] 秘魯的獨立過程是由來自委內瑞拉的西蒙・玻利瓦（Simón Bolívar）與來自阿根廷的荷西・德・聖馬丁（José de San Martín），自南北兩路進軍、會合後達成；秘魯當地的克里奧菁英，並未發展出足夠強大的獨立軍事實力及領導者。

[38] Jorge Basadre, *Meditaciones sobre el Destino Histórico del Perú*.

（conquistador）過去在人們心目中貪婪、暴虐、狡猾的形象，並不是全貌；從當時歐洲對於「人間天堂」的理論來理解，這群人飄洋過海的動機，是一種比物質層面追求更爲抽象的存在。[39]如此一來，巴薩德雷挑戰了1890年代的論述中，批判秘魯菁英承繼了西班牙征服者的貪婪自私的說法，他們也曾抱持一種抽象層次的追求。巴薩德雷也不贊同「歐洲人來了以後，美洲就成了失落的天堂」這種二元對立的說法；他主張數百年來的殖民經驗，毋寧是殖民者與被殖民者之間的一連串對話（dialogue）。

從這個角度來看，原住民從來就不是秘魯的「問題」，他們與殖民者長年的互動及融合——亦即麥士蒂索化（mestizaje）的過程，事實上構成了一個新的主體，那也是「秘魯的可能性」的源頭。[40]這種以「麥士蒂索化」作爲國家民族可能性的想法，也具有超越秘魯單一國家的意涵。在拉丁美洲幾個原住民人口比例高的國家，如墨西哥、瓜地馬拉、厄瓜多、玻利維亞等，都曾發展出類似的思想，其中最能成功落實的恐怕是墨西哥。

巴薩德雷晚年，經歷過依賴理論流行的1960年代下半葉，對所謂的「秘魯問題」有了更明確的針砭。他同意在共和國獨立後，以出口導向的大莊園經濟，確實加深了菁英階層與平民的分化，[41]大多數居住於鄉間的平民仍倚賴自給性的農業（subsistence agriculture）維生，他們不參與工業化產品的消費市場，這也是秘魯達到眞正的發展前，需要突破的瓶頸。[42]巴薩德雷稱之爲一種社會性的深淵（social abyss），菁英階層與平民間缺乏一種堅實的溝通管道。然而，相較於其他人以地理隔閡來具象化這種社會性深淵的說法，例如將秘魯分爲海岸、山脈、雨林等存在巨大歧異的地理區，並主張這些地理區之間缺乏互動者，巴薩德雷更傾向以經濟發展過程及社會不平等的角度來談。[43]此外，晚年的巴薩德雷也經歷了秘魯1969年以降的農業改

---

[39] *Ibid.*

[40] *Ibid.*

[41] Jorge Basadre, *El Azar en la Historia y sus Límites* (Lima: Ediciones PLV, 1973).

[42] Jorge Basadre, Algunas Reconsideraciones Cuarenta y Siete años Después, in *Perú, Problema y Posibilidad.* [(Lima: Banco Internacional del Perú. Segunda edición (primera edicion en 1931), 1978].

[43] Jorge Basadre, *La Multitud, la Ciudad y el Campo en la Historia del Perú.*

革，但是他顯然對於軍人政權主導由上而下的農業改革，有所疑慮。他主張國家還是應該由訓練有素的技術官僚來帶領，並且注重民主參與及社會正義。[44]

## （三）秘魯的許諾

秘魯的許諾，可說是巴薩德雷以哲學取徑探究國族認同議題後，得出的結論，也是本文介紹的三組概念中，抽象層次最高的一個。巴薩德雷曾在1975年出版的回憶錄《生命與歷史》（*La Vida y la Historia*）中提到，他關注的是一個本體論層次的問題：共同經歷如何形塑人們的自我認同？一個民族如何透過共享的傳統與未來目標，來凝聚出一致性？[45]所謂共享的傳統，如同我們在前面兩組概念所見，巴薩德雷一直都強調秘魯作為一個國家，在空間與時間當中的連續性。至於共享的未來目標，也就是秘魯的許諾，則是一種歷史終局計畫──「他系統性地闡述了一個基本問題：共和國是為了什麼而建立？是為了完成共和國所象徵的許諾，他更重申該許諾是能夠引導人民的一種理想」。[46]

許諾，是巴薩德雷認為在一個共和國建立過程中的最後階段，應該出現的一種心理的、形而上層次的、應被滿足的需求，它是關於完成一種集體的命運（destiny）。具體來說，基於他社會自由主義（social liberalism）的意識形態傾向，巴薩德雷認為那就是促進國家整體發展、資源妥善利用、安全防衛得宜、創造國民基本福祉、平衡國家權威與個人自由等。[47]我們當然可以說，這是巴薩德雷本身理想的投射，另一方面他卻也透過歷史的梳理來證明，秘魯這個區域，從古到今的各個政權也都企圖安排、管理財富與人民福祉。只是，從19世紀的歷史來看，秘魯共和國至今仍未完成它的許諾。[48]

---

[44] Jorge Basadre, *Algunas Reconsideraciones Cuarenta y Siete años Después*.

[45] Luis Alberto Arista Montoya, 2018, "Jorge Basadre, Filósofo de la historia," *Tradición, segunda época*, No. 18, pp. 111-116.

[46] Eusebio Quiroz Paz Soldán, "La Obra Historiográfica de Jorge Basadre, una Lectura Peruanista de Nuestra Historia."

[47] Jorge Basadre, *Meditaciones sobre el Destino Histórico del Perú*.

[48] *Ibid.*

此外，許諾的概念也涉及了更為抽象、跨出秘魯國界的一個提問：人類為什麼需要梳理過去的經驗？如果沒有歷史，人類會如何建立對自我的認知，進而尋找集體生活所要追求的目標？在本文的第二部分，也將透過秘魯轉型正義案例的梳理，闡述這個議題的重要性。

## 四、學術貢獻

巴薩德雷在他早期的《秘魯歷史中的群眾、城市與鄉村》（*La Multitud, la Ciudad y el Campo en la Historia del Perú*, 1929）一書中，就已經將大眾、底層階級帶進歷史分析。[49]麥可‧鮑德（Michael Baud）指出巴薩德雷這樣的做法，遙遙領先了1970年代與1980年代的新社會史風潮。[50]秘魯在1960年代所經歷的社會科學榮景（social scientific boom），事實上也繼承了巴薩德雷所開啟的這種史學取徑。

秘魯前外交部長費南多‧德‧特拉齊格尼斯（Fernando de Trazegnies）曾回憶道，在他這個世代的大學生涯中（1950年代），巴薩德雷的書是第一本告訴他們，歷史不僅僅是關於過去，也是關於現在、關於每個人的自我認同的作品。[51]巴薩德雷的影響力與啟發性，並不因時代過去而削減，秘魯經歷1980年至2000年間，由光明之路游擊隊所引發的內戰後，試圖重新想像國族未來時，巴薩德雷依然是重要的思想依據，[52]這點筆者稍後也將透過案例分析更進一步說明。

馬克‧圖納認為巴薩德雷的思想有其獨特的歷史主義（historicism）內涵，他引用巴薩德雷在1947年出版的《關於秘魯歷史命運的沉思》（*Meditaciones sobre el Destino Histórico del Perú*）中的一段話：「談到秘魯歷史，我指的是從秘魯本身如何成形的角度，來研究這塊土地的過去。」

[49] César Pacheco, "Jorge Basadre o la Pasion por la Historia."

[50] Michael Baud, "Review: Trends in Peruvian Historiography."

[51] Franklin Pease and Fernando Trazegnies, 1979, "Entrevista a al Nueva Edicion de Perú: Problema y Posibilidad de Jorge Basadre," *Revista de la Universidad Católica*, No. 5, pp. 161-169.

[52] Mark Thurner, *History's Peru: The Poetics of Colonial and Postcolonial Historiography*.

換言之，巴薩德雷所寫的不僅僅是「在秘魯的歷史」（history in Peru），同時也是「為秘魯國族的歷史」（history for Peru）。[53]「秘魯，正在它的歷史當中完成自己。」[54] 但是巴薩德雷並非基於愛國主義來詮釋秘魯的歷史，他主張歷史應該是一門科學，有理論作為基礎，對於不同證據、不同論點必須抱持開放性。[55]

圖納主張這正好與歐洲中心歷史主義對秘魯的歷史詮釋，形成一種對抗：所謂歐洲中心歷史主義，是在啟蒙運動下生成，主張歷史是人類不斷追求潛能全然發揮（full realization of the potentiality of the species），它是一種進步、累積的過程。如果用這樣的角度來看待秘魯歷史，吾人就容易得出：秘魯經常錯失全然發展機會、發展未完成的結論，將秘魯說成是「坐在金山銀山上的乞丐」。1960年代下半葉起風行的依賴理論，雖然對於歐洲中心主義抱持批判的態度，但基本上仍未脫離歷史進步的論調。而巴薩德雷這種關懷「秘魯本身如何成形」的治史精神，則屬於一種以秘魯為主體的角度。

## 第二部分　案例研究：秘魯內戰的真相調查與和解 （1980～2003年）

### 一、前言

巴薩德雷於1980年6月29日辭世，同年7月28日，秘魯終於擺脫12年來的軍事政權（1968～1980年），回歸民主政體、舉行總統大選，然而巴薩德雷所追求的秘魯許諾，並沒有這麼容易達成。同年5月17日，秘魯

---

[53] *Ibid.*

[54] Jorge Basadre, *Algunas Reconsideraciones Cuarenta y Siete años Después.*

[55] Eusebio Quiroz Paz Soldán, "La Obra Historiográfica de Jorge Basadre, una Lectura Peruanista de Nuestra Historia."

共產黨―光明之路（*Partido Comunista del Perú – Sendero Luminoso*，縮寫PCP-SL，本文簡稱光明之路）在阿亞庫喬區（Ayacucho）的丘斯奇鎮（Chuschi）燒毀選舉票箱，宣布展開人民戰爭（people's war），引發接下來20年光明之路、圖帕克‧阿馬魯革命運動（*Movimiento Revolucionario Túpac Amaru*, MRTA）與秘魯政府軍方之間的內戰。[56]根據2003年公布的秘魯眞相與和解委員會最終報告（Final Report of the Truth and Reconciliation Commission），內戰估計造成69,280名秘魯民眾死亡，多數爲位居偏遠內陸地區、社會底層的平民百姓，未具游擊隊員或軍人身分。

　　巴薩德雷在世時，並未能親眼見證這場自秘魯獨立建國以來死傷最爲慘重的戰爭，死亡人數高於秘魯獨立戰爭及1789年太平洋戰爭兩者加總，以及它對於秘魯整體社會所帶來的震盪效應；然而我們會發現，在整個眞相調查與和解的過程中，前述三組概念―― 深層國家vs.法定國家、秘魯的可能性vs.秘魯問題、秘魯的許諾―― 都是重要的理解框架與分析概念。儘管有誤用、也有正確使用的版本，這些版本彼此仍不斷相互對話，顯示了巴薩德雷的思想至今仍與我們同在。

　　關於光明之路游擊隊引發內戰之前因後果，已有大批重要的學術研究成果，[57]除閱讀本文所需之資訊外，本文將不再詳細贅述，而是聚焦於

---

[56] 一般而言會將秘魯內戰的時間訂在1980年至2000年間，然1992年9月12日光明之路領導人阿維馬埃爾‧古斯曼（Abimael Guzmán）遭到逮捕以後，游擊隊的活動減弱許多。

[57] 最經典的作品莫過於秘魯人類學者Carlos Iván Degregori, *Sendero Luminoso: Los hondos y mortales desencuentros y lucha armada y utopia autoritari* (Lima: IEP, 1986); *El surgimiento de Sendero Luminoso. Ayacucho 1969-1979* (Lima: IEP, 1990); *Qué difícil es ser Dios. El Partido Comunista del Perú- Sendero Luminoso y el conflicto armado* (Lima: IEP, 2011)；秘魯經濟學者Hernando De Soto, *The Other Path: The Economic Answer to Terrorism* (New York: Basic Books, 2002 [1986])；美國歷史學者Steve Stern (ed.), *Shining and Other Paths: War and Society in Peru, 1980-1995* (Durham: Duke University Press, 1998); Miguel La Serna, *The Corner of the Living: Ayacucho on the Eve of the Shining Path Insurgency* (Chapel Hill: The University of North Carolina Press, 2012)；美國人類學者Deborah Poole, *Unruly Order: Violence, Power, And Cultural Identity in The High Provinces of Southern Peru* (Boulder: Westview Press, 1994); Orin Starn, *Nightwatch: The Politics of Protest in the Andes* (Durham: Duke University Press, 1999); Billie Jean Isbell, *Finding Cholita* (Champaign: University of Illinois Press, 2009)；美國政治學者Cynthia McClintock, 1984, "Why Peasants Rebel: The Case of Peru's Sendero Luminoso," *World Politics*, Vol. 37, No. 1, pp. 48-84; David Scott Palmer (ed.), *The Shining Path of Peru* (New York: Palgrave Macmillan, 1994).

眞相調查與和解過程中，兩個對比強烈的時刻：（一）1983年烏坵拉凱（Uchurracay）屠殺及該事件調查委員會報告產生之爭議；（二）2003年秘魯眞相與和解委員會提出最終報告並舉辦《爲了記得》（*Yuyanapaq, para recordar*）攝影展。相距20年，它們各自代表了秘魯知識分子對於巴薩德雷概念的誤用與繼承，而圍繞著它們的爭議及討論，更證明了巴薩德雷於20世紀前半發展出這些概念的遠見。

## 二、光明之路簡介

　　光明之路作爲秘魯共產黨的眾多路線之一，1969年於阿亞庫喬區的聖克里斯托瓦爾德瓦曼加國立大學（Universidad Nacional de San Cristobal de Huamanga）正式成立，領導人阿維馬埃爾・古斯曼（Abimael Guzmán）爲該校教授，其組織工作就從校內師生間開展。光明之路成立初期，秘魯全國上下的大學，如同全球性的學運浪潮般，都浸淫在1960年代的左傾氛圍當中，因此它的誕生並未引發太多關注。

　　更精確來說，光明之路成立於胡安・貝拉斯科・阿爾瓦拉多（Juan Velasco Alvarado）的左傾軍事政權期間（1968～1975年）。貝拉斯科自1969年起展開秘魯有史以來最大規模農業改革、翻轉土地所有權結構。當時軍政府並未特別打壓左傾意識形態與組織活動，而貝拉斯科政權前期也的確給秘魯農村帶來改變的希望。然而受到1973年世界性石油危機衝擊經濟，加上貝拉斯科政權將美國投資者的石油公司收歸國有，引發美國經濟制裁，貝拉斯科的改革極度缺乏資金、窒礙難行；且軍政府雖然打著與民眾站在一起的旗號，泰半時候仍由上而下強硬推行政策，[58]使得最初看起來風風火火的農業改革，最終並未能帶來原本預期的成果，甚至引發民怨。

　　這種曾經有種希望被高高抬起卻又重重落下的落差，是光明之路迅速在鄉間擴張的重要原因之一。光明之路的成員多爲出身鄉間、受過教育的中產

---

[58] Enrique Mayer, *Ugly Stories of the Peruvian Agrarian Reform* (Durham: Duke University Press, 2009).

階級，他們比起父執輩更有機會進入大學，也曾經在農業改革的浪潮中，抱著翻轉秘魯階級分化與種族主義的希望，但最終對於國家極度失望。此時，強調唯有透過全盤革命才能改變現狀的光明之路，成了他們嚮往與跟隨的對象。

一般來說，多數媒體將光明之路歸屬於共產黨中的毛主義（Maoism）一派，主要是基於古斯曼曾在1965年至1967年間到訪文化大革命期間的中國，深受此經驗影響，並宣稱仿效中國「人民戰爭」、「以鄉村包圍城市」等策略。但如同丹尼爾‧馬斯特森（Daniel Masterson）的研究[59]指出，由於切斷了鄉村向城市販售農產品的生路，光明之路並未能真正突破鄉間中產階級的支持者範圍、吸引更廣大的秘魯鄉間平民百姓，稍後要討論的烏坵拉凱屠殺事件，也涉及這個面向。馬斯特森認為光明之路在最後階段，也就是1980年代中起，將戰場轉移至首都利馬，也是基於上述原因。

宵禁、停電與汽車炸彈恐怖攻擊，成了1980年代後期與1990年代初利馬市民的共同回憶。1992年9月12日，經過長期埋伏跟監，秘魯警方的反恐任務小組（*Dirección Contra el Terrorismo*, DIRCOTE），在利馬市一個中產階級的寧靜社區中，逮捕了古斯曼。秘魯法律學者荷西‧路易斯‧薩登（José Luis Sardón）曾說，這恐怕是繼秘魯自1821年獨立以來，最為關鍵的一天，因為「那是巴薩德雷所謂的秘魯許諾重新展開的一刻」。[60]

## 三、烏坵拉凱屠殺與尤薩的真相調查

1983年1月26日，八名前往阿亞庫喬區採訪的記者，在烏坵拉凱遭到村民殺害、就地掩埋。村民宣稱他們召開集體會議、定調8人可能為光明之路

---

[59] Daniel Masterson, 1994, "In the Shining Path of Mariátegui, Mao Zedong or President Gonzalo? Peru's 'Sendero Luminoso' in Historical Perspective," *Journal of Third World Studies*, Vol. 11, No. 1, pp. 154-177.

[60] José Luis Sardón, 2012, "Perú: Significativo aniversario," originally published by *El Comercio*, accessed through *Hacer Latin American News*, September 20, 2012, available at: http://www.hacer.org/latam/peru-significativo-aniversario-por-jose-luis-sardon/?fbclid=IwAR0I2EhsojBooVWhKXSdkNDATnozn-SnYRusl7e9LcbzI-p_87yS221SXZY.

游擊隊成員，前來對該村進行報復性舉措，決議盡速處決。當時，距離光明之路宣示展開「人民戰爭」近兩年半，由於1980年代前期戰爭範圍多在秘魯偏遠內陸地區，圍繞海岸首都利馬而生的主流媒體並未給予太多關注，直到這起屠殺事件發生。因為，這次死亡的不是偏遠內陸地區、默默無聞的村民，而是來自首都利馬的記者。

面對舉國輿論沸騰，總統費爾南多‧貝朗德‧特里（Fernando Belaúnde Terry）特別成立了事件調查委員會（Comision Investigadora de los Sucesos de Uchuraccay），大張旗鼓地派直升機將他們送到烏垃拉凱進行調查。該委員會由秘魯名作家馬利歐‧巴爾加斯‧尤薩（Mario Vargas Llosa）領軍，[61]成員還包括法學家亞伯拉罕‧古斯曼‧菲格羅亞（Abraham Guzman Figueroa）與記者馬利歐‧卡斯楚‧阿雷納（Mario Castro Arenas），團隊中亦有人類學者路易斯‧米洛涅絲（Luis Millones）、[62]心理分析學者、語言學者、攝影師等。除了正式調查報告[63]以外，1983年7月31日《紐約時報雜誌》（The New York Times Magazine）也刊登一篇尤薩主筆的事件經過。[64]

然而，這份調查報告公布後卻飽受國內輿論批評。秘魯人類學者安立奎‧邁耶爾（Enrique Mayer）指出，這份調查報告與眾人沸沸揚揚的批判，突顯這個國家長期以來的焦慮：秘魯似乎總是進行中、未完成、尚未躋身現代國家行列的一員。而這些爭議之所以產生，正是因為尤薩採取了一種誤讀巴薩德雷「深層國家」概念的角度所造成。[65]

報告指出，烏垃拉凱村民屬於伊基察族（Iquicha）原住民，自古以來

---

[61] 班奈特（Philip Bennett）認為總統之所以指派作家尤薩主導調查委員會，是基於尤薩對其政權的支持。見Philip Bennett, *Peru: Corner of the Dead*。

[62] *Ibid.*

[63] Mario Vargas Llosa, Abraham Guzman Figueroa, and Mario Castro Arenas, *Informe de la comision investigadora de los sucesos de Uchuraccay* (Lima: Editora Peru, 1983).

[64] Mario Vargas Llosa, "Inquest in the Andes," *The New York Times Magazine*, July 31, 1983, available at: https://www.nytimes.com/1983/07/31/magazine/inquest-in-the-andes.html.

[65] Enrique Mayer, "Peru in Deep Trouble: Mario Vargas Llosa's 'Inquest in the Andes' Reexamined."

就與鄰近谷地的其他族群不和。在殖民時期的原住民叛亂中，伊基察人選擇與西班牙殖民者站在同一邊；而在秘魯獨立戰爭時，他們又選擇與保皇派站在同一邊，和鄰近谷地的社群往往立場相左。長久以來，伊基察人將來自谷地的社群視為剝削他們的敵對者。而光明之路游擊隊因為採取「餓死城市」策略，禁止村民向外販售農作物，因此也被歸類為「從谷地來的人」。[66]

調查報告歸結的主要論點[67]為，烏坵拉凱村民宣稱他們是經過集體會議決定行刑：村民平日飽受光明之路游擊隊騷擾欺壓，在軍方的授權與鼓勵之下，組成巡守隊伍自我防衛，在此之前已陸陸續續處決25名游擊隊員，而記者也正是為了採訪巡守隊而來。在八名記者抵達的數日前，村民才剛處決了兩人，他們深信游擊隊勢必會在近期採取報復行動，因此決定先下手為強。

尤薩在調查報告中，引用法學家費南多・德・特拉齊格尼斯的意見，主張原住民運用慣習法維持治安，是自西班牙殖民時期以來就存在的現象。雖然慣習法可能與官方法律互相衝突，但正反映了伊基察人遺世獨立、維持傳統文化的努力。[68]尤薩一方面提供看似人類學式的理解，另一方面卻也暗示了原住民無法融入現代國家法律體系的可能性。這裡便觸及他如何誤用巴薩德雷「深層國家」與「法定國家」的問題。

尤薩進一步寫道：「官方秘魯（official Peru）[69]是否有權期待這些由於遭到冷漠與忽視，因此停留在原始與冷淡狀態的人們，[70]像個秘魯人一樣作為？亦即無論他們是貧是富、來自山區或海岸、無關城鄉，都能夠參與現代生活、受他們從未聽聞或也不能理解的法律、習俗與慣例所治理？」[71]他的

---

66　*Ibid.*

67　*Ibid.*

68　*Ibid.*

69　這裡的官方秘魯即是巴薩德雷的法定國家（legal state）。

70　一個長久以來對於安地斯山脈原住民的刻板印象，就是關於他們的沉默與面無表情。

71　引自Philip Bennett, "Peru: Corner of the Dead," *The Atlantic*, May 1984, available at: https://www.theatlantic.com/magazine/archive/1984/05/peru-corner-of-the-dead/667554/?fbclid=IwAR0vXoGTidLbRYqPE3PBbP2JnsmDO1s04f1PCWoIrHCPi69LopxMG8wPGVU。

答案是無法期待。尤薩誤將「法定國家」等同於海岸的主流社會、「深層國家」等同於偏遠內陸山區，正是因為它們彼此互相隔閡已久，才會發生烏垞拉凱屠殺事件，這是一場文化誤解下所產生的悲劇。

而尤薩並不是唯一誤用巴薩德雷概念的人，誠如巴薩德雷生前曾感嘆，他的作品恐怕標題比內容更為人所熟知。[72]就連秘魯極左派也經常將安地斯山區貼上「深層國家」的標籤，強調印加帝國原初共產主義的特色，將希望寄託於山區的烏托邦。[73]誤用巴薩德雷的「兩個秘魯」概念，影響了人們對於「秘魯問題」的推導──問題就在於這長久以來極端分化且未具備溝通管道的兩個世界，而唯有透過現代化或者全盤革命，將那個冥頑不靈的「深層國家」整合、消融，才能解決這個問題。

在上述調查報告的敘事中，秘魯軍警並未直接參與行動。左派批評該報告不但複製主流社會對原住民的刻板印象，同時也為政府與軍方粉飾太平，特別是村民的證詞口徑一致，令人懷疑他們是否曾遭軍方威脅、為真正犯下殺人罪行的軍方頂罪？右派則質疑如果尤薩上述邏輯是合理的，那光明之路游擊隊是否也可以宣稱自己依照慣習法來伸張正義？[74]

邁耶爾認為右派的批評基本上不成立，他指出，秘魯原住民可以清楚區辨慣習法適用範圍，牽涉到人命的處決絕不包含在內。且根據身亡記者所留下的相機底片來看，他們比較像是遭到突襲，烏垞拉凱村民並未依循慣習法的審理程序，讓他們有在眾人面前說明的機會。[75]因此邁耶爾推論整起事件比較接近「受到攻擊後的自衛反應」與「處置偷牛賊」兩種情境間的灰色地帶。前者通常也會經過集體決議後行動，諸如占領土地、反抗虐待他們的地主或官員等，原住民清楚意識到它是違反法律的，但卻有道德上的合法性。後者則是經常發生在鄰近社群之間的衝突事件，由於牛隻是山區的重要財

---

[72] Enrique Mayer, "Peru in Deep Trouble: Mario Vargas Llosa's 'Inquest in the Andes' Reexamined."

[73] 這部分的思想亦可追溯到與巴薩德雷同時代的秘魯馬克思主義思想家──何塞‧卡洛斯‧馬里亞特吉（José Carlos Mariátegui），代表作為1928年出版之《關於秘魯現實的七篇解釋性論文》。

[74] Enrique Mayer, "Peru in Deep Trouble: Mario Vargas Llosa's 'Inquest in the Andes' Reexamined."

[75] *Ibid.*

產，因此原住民雖然不會訴諸官方來主持正義，但卻會採取極為嚴厲的手段將偷牛賊處以私刑。這不是官方給予的慣習法範圍，但官方卻也難以控制，只能默許。以現有的證據來看，無論是村民口徑一致的證詞，或者是官方調查的報告，都不涉及「對於自身違法的認知」這個面向，「屠殺游擊隊員」更像是一場因與政府結盟而「被批准的戰爭」（an authorized war）。[76]

邁耶爾也不完全同意左派對於調查報告的批評：左派主張報告所形塑出的原住民刻板印象，事實上為貧窮、種族主義、被國家邊緣化等結構性暴力的後果，因此整起悲劇之所以會發生，也應該從國家機器的責任開始追究。邁耶爾認為解釋一個現象或事件的背後種種成因，並不代表它自然獲得了道德正當性。如同右派的質疑，我們也會以結構性暴力來說明游擊隊出現的原因，但這並不代表他們就能自動取得道德正當性。[77]

調查報告出爐後，輿論沸沸揚揚之際，烏圻拉凱屠殺事件進入了司法程序，最終遭到審判的僅有三位村民，並不涉及軍方。過程當中，負責審理的法官文圖拉‧華華（Ventura Huayhua）抨擊政府未能提供他與真相調查委員會同等的資源與支持，軍方也拒絕出席作證，致使他手上除了真相調查委員會所提供之紀錄，並未能調查及掌握更多事證。與此同時，陸陸續續有幾位可作證的村民遭不知名人士暗殺。幾個月後，華華法官亦遭到撤換。然而根據邁耶爾的訪談顯示，華華法官在審理此案前也已經受到輿論影響，對於案情及尤薩都抱有成見，並影響到他調查審理的角度。[78]

至於被起訴的三位村民，在法庭上證詞經常前後矛盾、揣測法官期待，然而，根據邁耶爾觀察，舉國上下並非真的有人關心他們想說什麼。整個調查與審判過程當中，村民的聲音都經由翻譯和專家學者中介。這恐怕不只是語言翻譯、文化轉譯的問題，而是有沒有將每位村民視為在國家司法體系中具有基本權利的公民的問題。[79]如同歷史學者巴勃羅‧馬塞拉（Pablo

---

[76] *Ibid.*

[77] *Ibid.*

[78] *Ibid.*

[79] *Ibid.*

Macera）所批評，眞相調查報告的最終版本，在引述村民證詞時，連確切人名都沒有標註，如何能夠追究眞相？而審理過程當中，翻譯經常是單向的，不熟悉法律程序與原理的村民，根本無法得知自己目前在哪個步驟當中，又該如何在其中陳述事實？

　　邁耶爾認爲圍繞著烏坵拉凱事件的種種，事實上突顯了秘魯不分利馬或者偏遠山區，皆共享一種繞過法治的政治文化。上自總統不以正規司法體系處理屠殺事件，卻指派由一個作家帶領的調查委員會前去調查，而最終調查報告與其說釐清了眞相，不如說成了一篇僞人類學式的文學批評；[80] 司法體系在其中扮演了荒謬的角色，而媒體則在報上自行審判被告；下至軍警、游擊隊或者一般村民日常所面臨與使用的暴力。我們可以說邁耶爾用一種更爲貼近巴薩德雷的方式，重新闡釋了「深層國家」的概念。他見證了巴薩德雷生前未能看到的國家極端暴力情況，沉痛批判秘魯的「深層國家」不僅僅共享了記憶與認同，也共享了這種法治表淺、暴力深植的政治文化。[81]

## 四、秘魯眞相與和解委員會最終報告與《為了記得》攝影展

　　1992年古斯曼遭到逮捕以後，雖然內戰逐漸停歇，但日裔總統藤森謙也（Alberto Fujimori）長達10年的威權統治（1990～2000年），使得秘魯並未能立即著手轉型正義的工程。直到藤森於2000年11月宣布辭職，暫代總統的巴倫廷·帕尼亞瓜（Valentin Paniagua）成立秘魯眞相委員會（*Comisión de la Verdad*），並由2001年勝選的亞歷杭德羅·托萊多（Alejandro Toledo）總統改制爲秘魯眞相與和解委員會（*Comisión de la Verdad y Reconciliación*, CVR）。2003年8月28日最終調查報告出爐，共計16冊，篇幅超過5,000頁。從帕尼亞瓜到托萊多的改制，正是秘魯轉型正義爭議最大之處——是否追究加害者責任。帕尼亞瓜所成立的眞相委員會，是

---

80　人類學者羅德里戈·蒙托亞·羅哈斯（Rodrigo Montoya Rojas）批評這份報告並非眞正的人類學，它呈現的是一個靜態封閉的世界，那不是人類學對於安地斯山脈的看法。

81　Enrique Mayer, "Peru in Deep Trouble: Mario Vargas Llosa's 'Inquest in the Andes' Reexamined."

以1985年以來在秘魯積極推動人權工作的五十多個非政府組織爲基礎，它們多半主張應追究加害者責任並施予懲罰，反對南非式轉型正義——亦即以赦免交換證詞——的做法，[82]而帕尼亞瓜所成立之眞相委員會工作小組，亦從善如流。然而托萊多於2001年上任後，一方面正式批准委員會成立，另一方面，他也接受國內宗教領袖的建議，將眞相委員會名稱加上「和解」一詞。此舉引發極大爭議，輿論質疑托萊多是否有意爲軍方及游擊隊領袖脫罪。[83]

委員會以秘魯天主教大學（*Pontificia Universidad Católica del Perú*, PUCP）校長、[84]具法學背景之哲學家索羅門・勒納・費布雷斯（Salomón Lerner Febres）爲主席，並包含律師碧翠絲・阿爾瓦・哈特（Beatriz Alva Hart）、社會科學者安立奎・貝納萊斯（Enrique Bernales）、天主教神父加斯頓・加拉泰亞・尤里（Gastón Garatea Yori）、前眾議員卡洛斯・塔皮亞・賈西亞（Carlos Tapia García）等，以及長期研究光明之路的人類學者卡洛斯・伊凡・德格雷戈里（Carlos Iván Degregori），隨後在托萊多總統時期再擴編至12位。

委員會主席勒納看待眞相調查的目的，呼應了巴薩德雷的「秘魯的許諾」的概念：在發表最終調查報告的演講中，勒納提到近期有許多聲浪質疑眞相不可得、此時並非公布眞相最佳時機、最好的和解方式就是放下追究心態等，這都是一種逃避。因爲「如果秘魯眞的想成爲當初成立共和國時，它所倡議的那個樣貌」，[85]則無論死傷數字有多麼令人羞愧，秘魯全國上下都

---

82　Jaymie Heilman, 2018, "Truth and Reconciliation Commission of Peru," *Oxford Research Encyclopedia of Latin American History*, available at: https://doi.org/10.1093/acrefore/9780199366439.013.495.

83　*Ibid.*

84　勒納認爲他被指派爲委員會主席的最重要原因，可能是他當時任秘魯天主教大學校長一職，秘魯天主教大學一向爲秘魯首屈一指的大學，並在秘魯的威權統治期間依然大聲疾呼法治與人權，雖然他本人先前並未直接參與過人權相關工作。見John Drabinski, 2013, "'That Gesture of Recognition:' An Interview with Salomón Lerner Febres," *Humanity*, Vol. 4, No. 1, pp. 171-180。

85　Salomón Lerner Febres, 2003, "Peruvian Commission on Truth and Reconciliation: Presentation of the Final Report," *ReVista: Harvard Review of Latin America*, Vol. 3, No. 1, available at: https://revista.drclas.harvard.edu/peruvian-commission-on-truth-and-reconciliation/?fbclid=IwAR00fMueMbe1GGWykqDfKeejrCAgUCfZcAnnpky-0xs3Q3NnV9-o0iicsjI.

必須誠實面對。他所謂共和國的許諾，也就是使每位人民的生命、尊嚴與自由都能受到國家法治之保障。[86]這也是巴薩德雷所期盼的，而在內戰期間不可得的。20年間，秘魯有成千上萬的國民死去，但主流社會卻置若罔聞，追究起來，勒納認為這是整個調查過程中，最令他感到震驚的事情，因為這意味著掌握國家權力的人治國無效、默許暴力成為常態。[87]勒納對於領導國家的菁英階層所應負起的責任，也與巴薩德雷的想法是相似的。

　　而和解的意義是什麼？勒納主持的委員會，傾全力反對赦免加害者的提案，他們所謂的和解，是一個新共同體的打造工程：「我們主張的和解，是在秘魯修復一種新型態的社會共識，讓秘魯人可以瞭解彼此、讓國家可以瞭解其居民、讓公民身分的概念得以重生。」[88]他認為有位公聽會上的證人說得最為貼切：「真相與和解委員會的諸位，我希望你們可以主持正義，讓我有天能夠成為真正的秘魯公民。」[89]

　　由於內戰中高達四分之三左右的受害者，是過去在秘魯社會中最不具有發言權的一群人，因此委員會的任務不僅僅是「尋找事實」，更要為眾人「建立一種瞭解真相的方式」，進一步涉及「如何將真相呈現在眾人眼前」的層次。[90]這回應了邁耶爾對於烏坵拉凱事件爭議的批判——在整個調查審判與媒體呈現的過程中，我們都無法聽到村民真正的聲音。勒納寫道：「委員們考量到，受害者長期以來不但忍受肉體層面的暴力，也默默在黑暗中承受對其尊嚴的打擊，因此社會應該要承認這些事實，提供他們發聲與被傾聽的機會。」[91]勒納所謂對於受害者的尊嚴之打擊，不僅僅是指秘魯長期以來

---

[86] Elizabeth Salmón and Philippe Gaillard, 2006, "Interview with Salomón Lerner," *International Review of the Red Cross*, Vol. 88, No. 862, pp. 225-233.

[87] Salomón Lerner Febres, "Peruvian Commission on Truth and Reconciliation: Presentation of the Final Report."

[88] Elizabeth Salmón and Philippe Gaillard, "Interview with Salomón Lerner."

[89] *Ibid.*

[90] Salomón Lerner Febres, "L'expérience Péruvienne (2001-2003)," in Arnaud Martin (ed.), *Le Mémoire et le Pardon*, pp. 85-118。英文翻譯參考：Margarita Saona, *Memory Matters in Transitional Peru* (New York: Palgrave Macmillan, 2014)。

[91] *Ibid.*

的種族歧視文化，更涉及邁耶爾所批判，在司法程序當中原住民不被視爲秘魯公民看待的問題。

　　這不僅僅是一個原則性宣示，眞相與和解委員會巡訪全國，蒐集1萬7,000名民眾所提供的證詞，每位證詞提供者都是有名有姓的秘魯公民，不再像烏坵拉凱調查報告一般僅將原住民貼上集體標籤。委員會並在全國舉行共229場公聽會（*audiencias públicas*），邀請受害者、家屬以及村落領袖，在觀眾面前提供證詞，即便是沒有親身經驗的都市中產階級觀眾，也能在公聽會現場見證暴行、接受眞相，並與受害者一同面對接下來的補償與修復問題。[92]

　　但根據瑪格麗塔・薩奧納（Margarita Saona）所觀察，秘魯社會對於文字報告與公聽會的反應，反而不如《爲了記得》攝影展所產生之廣大迴響。[93]「*Yuyanapaq*」這個字是蓋楚瓦語（Quechua）[94]中「爲了記得」之意，亦有「覺醒」之意，委員會主席勒納曾在攝影展開幕致詞中指出，「記憶」與「覺醒」都是人類獲取意識、察覺並得以掌握自我處境的起點。[95]展覽開幕時間訂在文字版報告發表前夕，勒納預期長達5,000多頁的最終調查報告，恐怕沒有多少人會眞的看完，因此攝影展就成爲視覺版本的報告，成爲委員會「將如何看待眞相的方式，呈現在眾人眼前」的最佳媒介。勒納認爲，如果公聽會是爲了讓人們聽見那些被排除的聲音，那麼攝影展就是爲了讓人們直視他們過去不願意眞正看見的那些容顏。[96]

　　眞相與和解委員會原本就建立有影像資料庫，委員會尋訪國內將近80個影像資料庫，包含私人收藏、媒體、軍方警方紀錄、人權工作團體，甚至是家庭相簿，蒐集超過1,700張照片，策展人馬玉・莫漢娜（Mayu

---

[92] Margarita Saona, *Memory Matters in Transitional Peru* (New York: Palgrave Macmillan, 2014).

[93] 同樣的觀察也出現在Elizabeth Salmón and Philippe Gaillard, "Interview with Salomón Lerner"。

[94] 蓋楚瓦語是印加帝國的官方語言，也是今日秘魯與玻利維亞一帶，使用人數最多的原住民語言。秘魯、厄瓜多、玻利維亞三國皆賦予其官方語言之地位

[95] Salomón Lerner Febres, "Inauguración de la exposición fotográfica Yuyanapaq, Palabras del presidente de la CVR," 2003, available at: https://www.cverdad.org.pe/apublicas/p-fotografico/discurso.php.

[96] *Ibid.*

Mohanna）與南西‧查普爾（Nancy Chappell）再從中挑選出300張作爲展覽用。[97]他們沿用了眞相與和解報告中對於內戰的時期劃分，來分類照片、規劃展覽動線：（一）武裝暴力的開端（1980～1982年）；（二）衝突軍事化階段（1983～1986年）；（三）暴力升級至全國（1986～1989年）；（四）危機高峰與政府反擊（1989～1992年）；（五）威權統治與貪腐（1992～2000年）。[98]

　　策展人選中秘魯天主教大學所屬的里瓦阿圭羅之家（*Casa Riva Agüero*）爲展覽場地，里瓦阿圭羅之家坐落在利馬市帶有嬉皮風格的喬里略區（Chorillo），是秘魯首任總統荷西‧德拉里瓦—阿圭羅（José Mariano de la Cruz de la Riva Agüero y Sánchez Boquete, 1783-1858）的宅邸。當時整棟建築正進行翻修，建物後半部處於頹圮狀態，策展人認爲這正好象徵轉型正義是國家民族從一片廢墟中重建的工程。[99]莫漢娜在接受紐約時報訪談時進一步說明，她第一眼看到後半部房屋頹圮的磚牆與泥地，就認爲十分適合擺放在安地斯高原所拍攝的黑白照片；而建物依然完好優雅的前半部，則適合展出以利馬爲場景的照片。[100]建物的牆面本身，與照片內容互相呼應，成爲展覽的一部分。

　　展覽原本預定爲期四個月，在眾望所歸之下，延長至兩年。最終由於里瓦阿圭羅之家的整修工程已延宕許久，必須撤展，期間不斷有人提議是否由國家出資將里瓦阿圭羅之家收爲國有，或者另尋他址收藏照片、成立新的記憶博物館。[101]2006年起，《爲了記得》移至國家博物館（*Museo de la Nación*）展出，原本預計展至記憶博物館成立爲止，但記憶博物館於2015年

---

[97] Nancy Chappell and Mayu Mohanna, 2006, "Yuyanapaq: In Order to Remember," *Aperture*, Vol. 2, No. 2, pp. 54-63.

[98] *Ibid.*

[99] *Ibid.*

[100] *Ibid.*

[101] Juan Forero, "Peru Photo Exhibit Captures Pathos of 20 Years of War," *The New York Times*, June 27, 2004.

正式開幕後，[102]目前仍未移展，根據最新合約，《爲了記得》將在國家博物館續展至2026年。[103]

　　值得一提的是，2009年4月德國政府曾提議提供秘魯200萬美元捐款，作爲記憶博物館建設規劃資金，時任總統的亞倫 · 賈西亞（Alan García）原本悍然拒絕，隨後因爲博物館委員會主席──尤薩的強烈批評，才勉爲其難接受。[104]事實上，賈西亞當時邀請尤薩擔任博物館委員會主席，正是有意借重他的國際聲譽及溫和立場來安撫軍方。[105]秘魯軍方宣稱，他們遵循憲法，爲維護國家安全，而對挑起內戰的游擊叛軍進行反擊，因此主張軍方不應被追究罪責，更訴求成立另一個可呈現軍方觀點的記憶博物館。[106]尤薩成功扮演了安撫軍方的角色，他主張：「唯有各方都認爲自己被客觀地再現時，才有所謂的和解。」而他推動的記憶博物館，是要化解仇恨而非挑起對立。[107]對於主張追究加害者責任的支持者來說，這無疑是一種妥協與退縮，而這樣的爭議，也呈現在《爲了記得》攝影展上。

　　策展人呼應委員會的主張，認爲《爲了記得》展覽的目的，就是要幫助秘魯人重建一個共享的記憶：過去悲劇之所以會發生，就是因爲主流社會沒有眞的「看見」這些暴力，唯有「正視」它曾經發生過、重新打造共享這段記憶的方式，秘魯人才會擁有共同的未來。[108]黛博拉 · 普勒（Deborah Poole）及以賽亞 · 羅哈斯—佩雷斯（Isaías Rojas-Pérez）曾分析攝影展如何達到這個目的，首都利馬的觀眾在留言本中提到，這個展覽讓他們彷彿重

[102] 博物館正式名稱爲「記憶、寬容與社會包容空間」（*El Lugar de la Memoria, la Tolerancia y la Inclusión Social*, LUM）。

[103] Margarita Saona, *Memory Matters in Transitional Peru*.

[104] Deborah Poole and Isaías Rojas Pérez, 2010, "Memories of Reconciliation: Photography and Memory in Postwar Peru," *emisférica*, Vol. 7, No. 2, available at: https://hemi.nyu.edu/hemi/en/e-misferica-72/poolerojas?fbclid=IwAR1RQUjkS9fOqDaavJQt-wLOFlFlQWbku9g9VSnuHVZwVVtTAr51SZQ4D-FA.

[105] Newsweek Staff with Lucy Conger, 2010, "The Politics of Memory Museum," *Newsweek*, available at: https://www.newsweek.com/politics-memory-museums-69153.

[106] *Ibid.*

[107] *Ibid.*

[108] *Ibid.*

新經歷了那段時間，特別是他們「曾經遠遠地保持距離的那段時間」（*que vivimos de lejos*）。觀眾既對這段過去保有個人經驗，因此有著力點能夠融入展覽會場的氛圍，另一方面又彷彿見證了他們過去所不知道的事，這就是新的集體感的來源。[109]

薩奧納認為《為了記得》之所以引發秘魯社會迴響，是因為比起文字，影像更能夠讓觀者於認知與情感層面上，對內戰受害者產生同理心（empathy），想像「如果一樣的事情發生在我身上」會是如何？這對於秘魯這個多元族群、存在語言隔閡與文字閱讀門檻的國家，要重塑共同的記憶與未來時，甚為關鍵。[110]

然而攝影展也不是完全沒有批判的聲音出現，普勒與羅哈斯—佩雷斯就強烈質疑，透過照片說明文字，《為了記得》錨定出單一解讀展出影像的方式，因此透過攝影展取回發聲權的，不是失語的受害者，而是國家。他們在文中所舉的例子，正是前文所提到的烏垤拉凱事件：《為了記得》展出了烏垤拉凱事件中，其中一位身亡記者生前所拍下的最後影像，然而在照片的文字說明中，卻隻字未提該事件真相未明、是否有軍警涉入其中等的可能性，只沿用了尤薩充滿爭議的詮釋——是兩個秘魯的深刻分隔與誤解，造成了這場悲劇。[111]

普勒和羅哈斯—佩雷斯進一步主張，記憶所乘載的重量，對於每個人來說本來就是不同的，因此委員會這種試圖將國家視為單一歷史主體的切入角度，本身就排除了多聲道的可能性，和它原本將發聲權還給民眾的目的自相矛盾。[112]除了首都利馬，攝影展也在飽受內戰蹂躪的幾個內陸區域——阿亞庫喬（Ayacucho）、瓦努科（Huánuco）、阿班凱（Abancay）、庫斯科（Cuzco）——展出，策展人精選了37張照片巡迴。普勒和羅哈斯—佩雷斯

---

[109] *Ibid.*

[110] Margarita Saona, *Memory Matters in Transitional Peru*.

[111] Deborah Poole and Isaías Rojas Pérez, "Memories of Reconciliation: Photography and Memory in Postwar Peru."

[112] *Ibid.*

在走訪阿亞庫喬的展覽、參看觀眾留言本，並與當地真相調查委員會志工談話過後，指出《為了記得》巡迴至安地斯山脈的規劃，事實上更反映出利馬與阿亞庫喬有多麼的不一樣。[113]

　　有一名接受訪問的志工指出，他並不想參觀攝影展，因為他親身經歷過那個極端暴力的時代，他不認為自己有需要透過展覽再經歷一次。這突顯出攝影展原先的設計與構想，都是朝向利馬觀眾的狀態及需求，否則這些飽受內戰蹂躪的內陸區域，究竟有何必要「重新認識該如何理解真相」呢？除非我們認為他們原本的理解不是真正的理解。另外一位志工則說他從攝影展中得到許多，因為他曾經去過像照片中那樣的屍堆，辨認他父親的遺體。在這個例子當中，照片並沒有說出觀眾所不知道的事，反而比較像是確認了他個人的經驗與記憶，但這仍與攝影展在利馬的效果有顯著差異。[114]薩奧納指出，這些照片與其說呈現了某種歷史真相，不如說是一針見血地道出了這個國家未能完成它的許諾。[115]我們看到巴薩德雷提出來的問題，依舊在秘魯的轉型正義中為人所扣問。

## 五、結語

　　秘魯真相與和解委員會主席勒納，曾經在2009年接受訪談時指出，他認為以這幾屆政府的作為來看，真相與調查報告並未能真正發揮改變秘魯社會的效果，這與秘魯政黨政治的弱化有密切關係。[116]長年研究秘魯的政治學家辛西亞・麥克琳托克（Cynthia McClintock）[117]指出，秘魯的政治文化直至今日都還深受光明之路帶來的負面衝擊，其中最關鍵的就是秘魯左派的弱化。長年內戰過程中，光明之路游擊隊經常暗殺工會組織領袖、分化左派，他們的種種行徑也使左傾意識形態在秘魯失去光環。

---

[113] *Ibid.*

[114] *Ibid.*

[115] Margarita Saona, *Memory Matters in Transitional Peru*.

[116] John Drabinski, "'That Gesture of Recognition:' An Interview with Salomón Lerner Febres."

[117] Cynthia McClintock, "Peru's Cleavages, Conflict, and Precarious Democracy."

　　與此同時，秘魯在1990年代迎來了新自由主義經濟政策的大轉向，將經濟發展的動力寄託於中國對於其礦產的需求之上，由於新式採礦勞力需求較低，它不但沒有為鄉村帶來就業機會與經濟發展，反倒與鄉村居民競爭土地、水源等，或者造成汙染，讓居民承受開發惡果。[118]秘魯左派的弱化，造成政治人物在面對民眾對此經濟政策的不滿時進退失據，他們經常在競選時打著改革旗號，但勝選後也只能走回新自由主義的老路上，加上貪汙醜聞不斷，引發選民不滿，導致秘魯圍繞著單一政治明星的政黨政治碎裂化。即使在內戰停歇後，秘魯從2001年至今都能維持公平的民主選舉，但是秘魯的行政與代議立法機關都是失靈的，[119]距離巴薩德雷當年所期盼的民主，還有一段路要走。

　　以巴薩德雷的角度觀之，這終究還是回到秘魯菁英階層未能完成秘魯許諾的問題上。他們無法對於「和解」一詞的意義產生共識，致使原本有機會透過轉型正義過程打造出的深層國家，依然功敗垂成。另一方面，他們曾經寄望新自由主義式的經濟發展，能夠成為集體的追求與目標，結果卻未能達到消弭貧富差距、跨越社會性深淵的效果。於此同時，在內戰過程中力道銳減的秘魯左派，也未能形成足夠強大的反對黨，為民眾擘劃另一種可行的願景與想像。

　　2021年7月28日為秘魯建國200週年，於此前夕，秘魯官媒——《秘魯人日報》（*El Peruano*）刊載里卡多·蒙特羅·雷耶斯（Ricardo Montero Reyes）的一篇投書，[120]開頭即以巴薩德雷赫赫有名的提問句來破題：「共和國為何而建？為完成它所象徵的許諾而建。」蒙特羅·雷耶斯對巴薩德雷的認識是正確的，他明白共和國所象徵的許諾，必須透過一個有效率的國家來完成，同時必須要形成一個新的社會契約，在當中沒有人是次等公民，所

---

118　Moises Arce, "The Persistence of the Two Perus."
119　Paulo Drinot, "Introduction: Peru in Theory," in Paulo Drinot (ed.), *Peru in Theory*, pp. 1-18.
120　Ricardo Montero Reyes, "A 200 años de República, ¿qué necesita el Perú?" *El Peruano*, July 27, 2021, available at: https://elperuano.pe/noticia/125474-a-200-anos-de-republica-que-necesita-el-peru?fbclid=IwAR0KKTC7w39bgwoS3-qF1HvS1VHAv3FYFjEl_pJlx7fCcJfbwvK3yiVlqnE.

有的秘魯公民都必須接納彼此的差異。建國200年之際，巴薩德雷倡議的願景，其聲響依然在公共領域中迴盪著。

　　巴薩德雷提出的概念，包含深層國家——法定國家之區分，秘魯的可能性——秘魯問題、秘魯的許諾等，事實上對其他拉丁美洲國家的轉型正義，也深具意義。尤其是在政府以掃蕩內部武裝叛亂爲由發動內戰的國家，如哥倫比亞、瓜地馬拉、薩爾瓦多、厄瓜多、秘魯等，經常可見以具有原住民血統的平民百姓受害最深。[121]他們往往遭受來自政府軍警與武裝游擊隊暴力夾擊，以確認他們對國家或對游擊隊的效忠程度，這當中也隱含了長期累積下來的種族歧視。因此在這些國家的轉型正義過程中，國家整合的問題、菁英階層在其中扮演的角色，都是難以迴避的議題。

　　除了上述五個國家外，像是智利政府曾在2001年成立歷史眞相委員會與原住民族新政（*La Comisión Verdad Histórica y Nuevo Trato con los Pueblos Indígenas*），來梳理該國歷史過程當中對於原住民族的侵害，並提出對於原住民新政的建議，[122]總統蜜雪兒·巴舍萊·赫里亞（Michelle Bachelet Jeria）更在2017年6月23日，正式向該國最大的原住民族群——馬普切族（Mapuche）道歉。[123]原住民族在拉美各國的「深層國家」中所扮演的角色，究竟是「問題」，還是「可能性」？他們與統治菁英的關係爲何？國家要朝向什麼樣的未來？歷史與記憶在其中扮演什麼角色？都依然是拉美各國在創立200年後持續思考的問題。

---

[121] 石雅如，2014年，〈拉丁美洲的轉型正義概況〉，《台灣國際研究季刊》，第10卷第2期，第107-128頁。

[122] 智利總統府原住民事務諮詢委員會，統一數位翻譯股份有限公司（譯），《歷史眞相委員會與原住民族新政報告書》（台北：原住民族委員會，2020〔2008〕年）。

[123] 劉俞妗，「我們對馬普切人的迫害與歧視是錯誤的，對不起」智利總統向原住民公開道歉，風傳媒，2017年6月25日，https://www.storm.mg/article/288637。

# 第六章 政治學大師吉葉爾莫・歐唐奈
## （Guillermo O'Donnell）

蘇彥斌、徐靖淳、蔡維廷

## 第一部分 歐唐奈其人其事

　　吉葉爾莫・歐唐奈（Guillermo Alberto O'Donnell Ure）為威權主義與民主化研究的世界知名學者，被譽為「當代拉美政治與比較政治學界最有影響力的學者」。[1]

　　歐唐奈在世時所提出的理論主張，深切影響比較政治學界的研究與教學。阿德里亞諾・哥達多（Adriano Codato）等學者（2020）[2]針對23份政治學專業期刊，從2006年到2018年所出版總計5,880篇研究論文進行後設分析（meta-analysis），顯示歐唐奈被引用次數位居前十名，其重要性與影響力可見一斑。

## 一、大師生平

　　歐唐奈為阿根廷人，於1936年出生在一個富裕的家庭。由於歐唐奈患小兒麻痺症，行動不便，所以在受訪時自稱比其他小孩有更多的「優勢」能在家讀書。[3]他在1958年於布宜諾斯艾利斯大學取得法學士學位，隨後十年，他主要的工作是執業律師，並在布宜諾斯艾利斯大學與阿根廷天主教大學兼課。1963年，他曾短暫在激進公民聯盟黨（Unión Cívica Radical, UCR）的伊

---

[1] Mark P. Jones, 2017, "Book Review: Reflections on Uneven Democracies: The Legacy of Guillermo O'Donnell," *Bulletin of Latin American Research*, Vol. 36, No. 3, pp. 390-391.

[2] Adriano Codato, Rafael Madeira, and Maiane Bittencourt, 2020, "Political Science in Latin America: A Scientometric Analysis," *Brasilian Political Science Review*, Vol. 14, No. 3, e0007.

[3] Gerardo L. Munck and Richard Snyder, *Passion, Craft, and Method in Comparative Politics* (Baltimore: The Johns Hopkins University Press, 2007), p. 275.

利亞總統（Arturo Umberto Illia）政府擔任內政部副部長。

歐唐奈曾在訪談中提到，他大學雖然拿的是法學士，但對於當時法學界獨尊聖多瑪斯·阿奎那（St. Thomas Aquinas）與漢斯·凱爾森（Hans Kelsen）的學說，感到相當沉悶無趣；在大學任教後，歐唐奈接觸北美政治學界的研究，開始對實證取向的政治學研究產生濃厚興趣。[4]1968年，歐唐奈不顧父母反對，帶著妻小遠赴美國耶魯大學攻讀政治學博士學位，曾修習羅伯特·道爾（Robert Dahl）、胡安·林茲（Juan Linz）等政治學大師的課程。1971年，歐唐奈完成修課要求，雖然還沒提交博士論文，但哈佛大學已答應聘他為專任教師。然而，1971年阿根廷軍政府內部局勢不穩，民主化出現曙光，歐唐奈希望回到阿根廷為學術自由盡一份心力。1972年，歐唐奈出版西班牙文版的《現代化與官僚威權主義》（*Modernization and Bureaucratic-Authoritarianism*），隨即在比較政治學界掀起討論風潮。在出版該書前，歐唐奈曾猶豫是否要先將此書提交為博士論文，但他當時認為取得博士學位與否並不重要，決定先出版該書。從1972年一直到1980年代中期，歐唐奈持續耕耘學術，但因為1984年在巴西工作時申請政府研究經費受挫，開始覺得沒有博士學位會影響其學涯發展，[5]所以到了1987年才正式提交博士論文並取得學位。

歐唐奈在1971年於耶魯大學完成碩士學位後，回到阿根廷加入特亞研究院（*Instituto Di Tella*）的「公共行政研究中心」（*Centro de Investigaciones en Administración Pública*, CIAP），延續其學術職涯。1973年，阿根廷軍政府還政於民，先前被軍政府禁止活動、由前總統胡安·裴隆（Juan Perón）領導的正義黨（*Partido Justicialista*, PJ）重新贏得總統大選。然而，好景不常，特亞研究院因為顧忌公共行政研究中心的左傾立場而在1975年關閉，歐唐奈因此失業。隨後，在歐唐奈及其同事的奔走努力下，爭取到福特基金會與瑞典國際發展援助的支持，成立享譽盛名的「國

---

4　*Ibid.*, pp. 275-276.
5　*Ibid.*, pp. 277-278.

家與社會研究中心」（*Centro de Estudio de Estado y Sociedad*，以下簡稱 CEDES）。1976年，阿根廷發生政變，軍政府將CEDES視爲左傾團體，反政府游擊隊則因爲CEDES受到國外機構資助而將CEDES視爲帝國主義的代理人，使歐唐奈腹背受敵、倍感威脅。

　　1979年，歐唐奈帶著家人離開阿根廷，前往巴西「里約大學研究院」（*Instituto Universitario de Pesquisas do Rio de Janeiro*, IUPERJ）擔任研究員；1982年，巴西重量級社會科學學者費南多・卡多索（Fernando Cardoso）當選參議員，離開「巴西分析與計畫中心」（*Centro Brasileiro de Analise e Planejamento*）主任一職，隨後該中心邀請歐唐奈擔任該職務。1983年，歐唐奈接受美國聖母大學（University of Notre Dame）的聘約，帶著家人移居美國，擔任美國聖母大學凱洛格國際研究學院（Kellogg Institute for International Studies）的首屆主任，並且在同年受聘爲聖母大學政府系教授。1988年至1991年間，歐唐奈擔任「國際政治學會」（International Political Science Association）會長，1995年當選美國人文與科學院院士，1999年至2000年擔任「美國政治學會」（American Political Science Association）副會長。[6]2009年，歐唐奈與他的妻子搬回阿根廷；2011年，歐唐奈逝世，享年75歲。

　　歐唐奈的學術成就與其生命經驗息息相關。他在就讀大學時期參與學生運動，同時也是人道主義黨（*Partido Humanista*）的黨員，並加入左翼組織，與時任總統的裴隆對抗。1954年，布宜諾斯艾利斯學生會聯盟（*Federación Universitaria de Buenos Aires*, FUBA）的主要幹部在一次警察搜索行動中全部被逮捕，只有歐唐奈逃過一劫，暫代學生會主席，繼續地下行動。他在受訪中表示，很難想像在街上看到自己的照片成爲通緝的危險人物。[7]正因爲有受到政府打壓、親歷威權統治的經驗，使他對於法治、民主與人類自由等議題充滿極高熱情，深刻影響他的理論建構與學術主張。

---

6　*Ibid.*, p. 274.
7　*Ibid.*, p. 275.

他在受訪中也提到，美國政治學者和拉美政治學者最大的不同之處，在於拉美政治學者身兼政治行動者的身分，學術與政治的界線模糊；反之，美國政治學者通常是一種「被妥善保護的觀察家」（an observer who is well protected），他們的學術成果常與社會脫節。[8]

## 二、理論概述

歐唐奈所自承其理論主張受到韋伯（Max Weber）與新馬克斯主義（Neo-Marxism）的影響甚深，[9]其理論特點在於立基規範性民主政治理論立場的前提，強調理論的建構需反映實際的政治過程；[10]同時，歐唐奈在建構理論時不過度追求理論的通則化，秉持一種「自我克制的方法論立場」（self-restrained methodological position）。[11]歐唐奈的學說主要圍繞以下三個主題，分別是：（一）對於主流民主化理論的挑戰；（二）建構新的政治轉型理論；（三）對於新興民主政體的病理分析。

### （一）對於主流民主化理論的挑戰

1972年，歐唐奈出版西班牙文版《現代化與官僚威權主義》，1973年則出版英文版。該著作最重要的貢獻在於直接挑戰當時位居政治發展理論主流的「現代化理論」（Modernization Theory）。根據現代化理論的主張，當威權國家的經濟發展持續進步，會壯大國內的中產階級，而由於中產階級普遍具有較高的教育程度，會逐漸改變原先的社會文化；威權政府在面對社會壓力下，就會有較高的可能性開啟政治參與的機會，推動民主改革。[12]

歐唐奈對於現代化理論的觀點並不以為然。他從拉美1960年代以來

---

8　*Ibid.*, p. 283.
9　*Ibid.*, pp. 280, 286.
10　*Ibid.*, p. 297.
11　*Ibid.*, p. 293.
12　Gabriel Abraham Almond and James Smoot Coleman, *The Political Systems of the Developing Areas* (Princeton: Princeton University Press, 1960); Seymour Martin Lipset, 1959, "Some Social Requisites of Democracy: Economic Development and Political Legitimacy," *American Political Science Review*, No. 53, pp. 69-105.

實際政治發展的角度出發，認為工業現代化發達的拉美國家，特別是阿根廷與巴西，在經濟發展到一定程度後，不僅使民主體制愈來愈不穩定，甚至反倒催生了以軍人與技術官僚主導的官僚威權體制（Bureaucratic Authoritarianism）。[13]

官僚威權主義出現的背景，可回溯至1930年代的全球經濟大蕭條，當時拉美20個國家在1930年至1935年間，有14個國家發生軍事政變，近因是政府未能妥當管理經濟，而遠因則是階級衝突，當時商人階級、中產階級與新興的勞工階級為社會主幹，但國家大權仍掌握在傳統的寡頭地主，利益分配不均，社會動盪不安。不久，巴西與阿根廷相繼出現民粹主義政權，[14]為了解決經濟問題，巴西的傑圖里歐 ‧ 瓦加斯（Getúlio Vargas）政權（1930～1945年），以及阿根廷的裴隆政權（1946～1955年），開始推動進口替代工業化策略（import substitution industrialization），並取得相當顯著的成果。[15]

然而，民粹主義政權統治下的經濟現代化卻造成其他非預期的後果，例如勞工部門的組織壯大，集結強大的社會反抗能量；同時，快速的工業化亦造成都市人口劇增，貧富不均加劇。由於許多採取民粹主義的拉美國家在經濟增長上出現了重大瓶頸，所採取的進口替代工業化經濟發展政策，已無法有效滿足農工階級的重分配需求；再加上1959年出現古巴革命，帶動拉美許多國家內部社會運動的風潮。[16]在這樣的時空背景下，巴西和阿根廷相繼在1960年代中期出現軍事政變，官僚威權主義政權興起。

根據歐唐奈的主張，官僚威權主義有五大特點：1.最重要的行為者為軍

[13] Guillermo O'Donnell, *Modernization and Bureaucratic Authoritarianism: Studies in South American Politics* (Berkeley: Institute for International Studies, University of California, 1973).

[14] Carlos de la Torre, "Populism in Latin America," in Cristobal Rovira Kaltwasser, Paul Taggart, Paulina Ochoa Espejo, and Pierre Ostiguy (eds.) (Oxford Handbook of Populism, 2007), pp. 195-213.

[15] Juan Grigera, 2017, "Populism in Latin America: Old and New Populisms in Argentina and Brazil," *International Political Science Review*, Vol. 38, No. 4, pp. 441-455.

[16] Guillermo O'Donnell, 1978, "Reflections on the Patterns of Change in the Bureaucratic-Authoritarian State," *Latin American Research Review*, Vol. 13, No. 1, p. 7.

事將領，行政大權由軍人掌權，執行面則由專業技術官僚部門負責政府運作；2.排除大眾部門與勞工部門的政治參與，亦即鎮壓或收編群眾運動與勞工運動；3.排除大眾部門與勞工部門的經濟參與；4.利用「去政治化」的姿態推動政務，將政治與經濟議題定位為「技術層次」的問題；5.推動大規模工業化，持續積累資本。[17]具體來說，官僚威權主義政權由國家主導新自由主義經濟政策，試圖增加經濟競爭力，連結國際經濟市場。

　　歐唐奈在受訪時提到，建構官僚威權主義概念的動機有兩個。首先，他認為先前用來描述拉美政治體制的高地酋主義（*caudillismo*）、民粹主義或極權主義等概念，已不適合用來分析1960年代巴西與阿根廷的軍人政權；[18]換言之，這兩個軍人政權是一種有別以往的政治型態，需要用全新的概念來理解；其次，歐唐奈對於現代化理論具有高度通則化程度的宣稱感到不滿，認為這種從帝國中心（imperial center）出發的論調，常常忽略時空脈絡的特殊性；同時，他也不滿一些拉美學者強調的文化決定論，認為這類論點常常被用來合理化威權統治；因此，歐唐奈認為有必要另外建構更適合的解釋論點。[19]

　　官僚威權主義的理論直接挑戰了民主化的主流理論，廣受學界討論。然而，許多學者對於這個概念是否能用來解釋其他國家的經驗，有不同意見。例如有研究曾利用官僚威權主義的概念來解釋南韓朴正熙的獨裁統治以及印尼蘇哈托的「新秩序」（New Order）統治時期，[20]然而，其他研究卻認為朴正熙軍政府的政策與官僚威權主義的主張有很大出入，因此不能逕自應用這個概念來分析南韓的軍事統治；[21]也有研究主張官僚威權主義的概念完全

---

[17] *Ibid.*, p. 6.

[18] Gerardo L. Munck and Richard Snyder, *Passion, Craft, and Method in Comparative Politics*, p. 284.

[19] *Ibid.*, p. 285.

[20] Hyug Baeg Im, 1987, "The Rise of Bureaucratic Authoritarianism in South Korea," *World Politics*, Vol. 39, No. 2, pp. 231-257; Dwight Y. King, "Indonesia's New Order as a Bureaucratic Polity, a Neopatrimonial Regime or a Bureaucratic Authoritarian Regime: What Difference Does It Make," in Benedict Anderson and Audrey Kahin (eds.), *Interpreting Indonesian Politics: Thirteen Contributions to the Debate*, pp. 104-116.

[21] James Cotton, 1992, "Understanding the State in South Korea: Bureaucratic-Authoritarian or State

不適合用來解釋蘇哈托的獨裁統治，比較適合的分析概念應該是印尼政治傳統中的家父長主義（Patrimonialism）。[22]

　　其他學者則認為官僚威權主義的概念固然對於政體變遷提供重要見解，但對於一些較新的案例卻出現了分析上的限制，所以他們試圖站在官僚威權主義的研究基礎上，建構更細膩的概念。例如有學者認為，皮諾切特將軍主政下的智利，因為有獨攬大權、控制社會以及獨尊新自由主義經濟政策等特色，應該要被定位為「新家父長主義政權」（Neopatrimonialism）才比較妥當。[23]另有研究認為，巴西（1964～1984年）與阿根廷（1966～1972年）的軍政權，屬於歐唐奈所定義的官僚威權主義政體，[24]但到了1970年代，拉美國家的軍政府出現了較為不同的行為模式，亦即其統治模式完全服膺於市場經濟的邏輯，弱化社會福利體系、大幅削減公共支出，並且限制勞工權和結社自由；後者這種統治型態可稱為「新保守主義政權」（Neoconservatism），包括阿根廷（1976～1983年）、智利（1973～1989年）與烏拉圭（1973～1985年）等軍政權。[25]

　　根據歐唐奈的回憶，他在建構官僚威權主義概念時，受到他在耶魯攻讀學位時的老師林茲、大衛・愛普特（David Apter）與亞夫瑞・史特班（Alfred Stepan）的影響甚鉅；[26]同時，卡多索與法萊托（Enzo Faletto）於1969年出版的《拉丁美洲依賴與發展》，[27]其對於歷史結構分析途徑

Autonomy Theory?" *Comparative Political Studies*, Vol. 24, No. 4, pp. 512-531.

[22] Jamie Mackie, "Indonesia: Economic Growth and Depoliticization," in James W. Morley (ed.), *Driven by Growth: Political Change in the Asia-Pacific Region*, pp. 123-141.

[23] Karen L. Remmer, 1989, "Neopatrimonialism: The Politics of Military Rule in Chile, 1973-1987," *Comparative Politics*, Vol. 21, No. 2, pp. 149-170.

[24] Hector E. Schamis, 1991, "Reconceptualizing Latin American Authoritarianism in the 1970s: From Bureaucratic-Authoritarianism to Neoconservatism," *Comparative Politics*, Vol. 23, No. 2, pp. 201-220.

[25] *Ibid.*

[26] Guillermo O'Donnell, *Democracy, Agency, and the State: Theory with Comparative Intent* (Oxford: Oxford University Press, 2010), p. 2.

[27] Fernando Henrique Cardoso and Enzo Faletto, *Dependencia y desarrollo en América Latina* (Mexico: Siglo XXI Editores, 1969).

（historical structural approach）的強調，亦深刻影響官僚威權主義理論的建構。無獨有偶，《現代化與官僚威權主義》在1973年9月出版前後，見證了三次政變，分別是1973年6月的烏拉圭政變、1973年9月的智利政變，以及1976年3月的阿根廷政變，這些政變事件都恰巧讓歐唐奈的學說得到了實證支持。[28] 有研究指出，歐唐奈對於「現代化」的重新概念化以及對其後果的討論，是一種「能幫助我們理解政治變遷的原創貢獻」，[29] 但另一方面，官僚威權主義的概念界定其實頗為模糊，而且過度仰賴巴西的案例來作為分析架構的基礎。[30]

## （二）建構新的政治轉型理論

　　1978年，在美國威爾遜國際研究中心研究員亞伯拉罕・羅文道（Abraham Lowenthal）的邀請下，歐唐奈與卡多索、菲利普・施密特（Philippe C. Schmitter）、勞倫斯・懷德海（Laurence Whitehead）等重要學者開始一起構思威權轉型的研究計畫。由於當時只有南歐的西班牙與葡萄牙從威權政體轉型為民主政體，拉美許多國家尚在威權統治下，所以這些學者在討論拉美地區的案例時，對於威權統治的垮台抱持的是一種審慎樂觀（thoughtful wishing）的立場，而非一廂情願（wishful thinking）。[31] 1979年，著名美籍拉美政治學者大衛・柯利爾（David Collier）集結當時重要的比較政治學者，主編《拉丁美洲新威權主義》（*The New Authoritarianism in Latin America*）一書，歐唐奈貢獻其中一章「官僚威權主義國家的緊張局勢與民主問題」，[32] 是他研究興趣轉向為威權轉型後的第一篇學術著作，[33] 同

---

[28] Kees Biekart, 2015, "Guillermo O'Donnell's Legacy: 'Thoughtful Wishing' about Democracy and Regime Change," *Development and Change*, Vol. 46, No. 4, p. 917.

[29] Karen L. Remmer and Gilbert W. Merkx, 1982, "Bureaucratic-Authoritarianism Revisited," *Latin American Research Review*, Vol. 17, No. 2, p. 5.

[30] *Ibid.*

[31] Gerardo L. Munck and Richard Snyder, *Passion, Craft, and Method in Comparative Politics*, p. 289.

[32] Guillermo O'Donnell, "Tensions in the Bureaucratic-Authoritarian State and the Question of Democracy," in David Collier (ed.), *The New Authoritarianism in Latin America*, pp. 285-318.

[33] Gerardo L. Munck and Richard Snyder, *Passion, Craft, and Method in Comparative Politics*, p. 288.

時也顯示他從強調歷史結構途徑的分析取向，開始轉而強調菁英在政治轉型中的角色。

　　上述威爾遜國際研究中心的研究團隊在歷經了多年的討論與合作，於1986年順利出版一系列計四本《威權統治轉型》（*Transitions from Authoritarian Rule*）專書，書中的遠見與洞見，被後世比較政治學者譽為「轉型學」（Transitology）的代表鉅作。這系列著作的第四本《不穩定民主的初步結論》（*Tentative Conclusions about Uncertain Democracies*），[34]為歐唐奈與施密特所合著，也是四本書中最具影響力，且被引用次數最多的一本。

　　綜合來看，《不穩定民主的初步結論》有三個原創性主張：1.明確區分「政治自由化」與「民主化」的概念，並且認為民主體制不必然要先具備特定的經濟文化條件才能存在；2.主張政體轉型的關鍵是菁英的互動過程，認為威權體制的轉型必然始於統治菁英集團內部的分裂，分析焦點是改革派（soft-liners）與強硬派（hard-liners）的互動，以及這兩類行為者與反對陣營中機會主義派（opportunists）、溫和派（moderates）以及不妥協者（maximalists）的互動；3.威權政治轉型有可能是菁英集團透過簽署協定（pact），以「不民主的方式邁向民主」（move the polity toward democracy by undemocratic means）。上述「協定」指的是一種明確的協議，在這個協議裡，不同行為者以保證彼此的利益為基礎，追求重新定義行使權力的規則。[35]此外，簽約各方在協商過程中，會試圖降低競爭與衝突，限制大眾對協定的課責，掌控政策議程，甚至不惜扭曲公民平等的原則。[36]

　　《不穩定民主的初步結論》的原創之處在於強調菁英互動在政治轉型的重要性，歐唐奈與施密特不諱言該書的寫作有政治目的，希望人們相信威權政府垮台是可能的，但他們也提醒威權時期結束後不必然會朝向民主體制發

---

[34] Guillermo O'Donnell and Philippe C. Schmitter, *Transitions from Authoritarian Rule. Tentative Conclusions about Uncertain Democracies* (Baltimore: Johns Hopkins University Press, 1986).

[35] *Ibid.*, p. 37.

[36] *Ibid.*, p. 38.

展，而是可能出現威權反撲、革命，或混合政權。自該書出版後，有不少研究援引歐唐奈與施密特「協定式轉型」（pacted transition）的分析架構對於其他國家的政治轉型進行探討，例如有學者利用協定式轉型的架構分析匈牙利1989年「全國圓桌論壇」（National Roundtable Talks）的過程與結果；[37]也有學者利用協定式轉型的概念分析南非共和國的民主化過程；[38]另有研究利用協定式轉型的分析架構探討為何蘇丹的反對派能與威權政府談判成功並完成協定式轉型，而在阿爾及利亞卻失敗。[39]

　　然而，大多數援引《不穩定民主的初步結論》的研究為質性案例研究，因此較難以與其他競爭性理論觀點進行解釋力上的評估。為了利用轉型學理論進行系統性的研究，有研究沿用歐唐奈與施密特的菁英互動理論，建立一支研究團隊對於拉美國內政治行為者態度的變數進行編碼，探討執政集團菁英與反對黨陣營菁英對民主的信念以及政策傾向，如何對於民主發展造成影響。[40]該研究顯示，若威權菁英與反對派菁英皆具有較高的民主價值，則該國愈有可能出現威權體制轉型；[41]另外，若反對派菁英的政策取向較為激進，則出現民主倒退的機率也會較高。簡言之，這個研究對於歐唐奈與施密特的菁英互動理論提出了一個方法上的補充。[42]

　　《不穩定民主的初步結論》雖然受到廣泛的引用與討論，但也受到不少批評。首先，該書幾乎不談國際因素，這對於部分國家的轉型經驗而言，欠缺解釋力；[43]其次，該書認為群眾動員是一個重要的背景因素，但不

---

[37] John W. Schiemann, *The Politics of Pact-Making: Hungary's Negotiated Transition to Democracy in Comparative Perspective* (New York: Palgrave Macmillan, 2005).

[38] Jeffrey Herbst, 1997-1998, "Prospects for Elite-Driven Democracy in South Africa," *Political Science Quarterly*, Vol. 112, No. 4, pp. 595-615.

[39] Sharan Grewal, 2021, "Why Sudan Succeeded Where Algeria Failed." *Journal of Democracy*, Vol. 32, No. 4, pp. 102-114.

[40] Scott Mainwaring and Aníbal S. Pérez-Liñán, *Democracies and Dictatorships in Latin America: Emergence, Survival, and Fall* (Cambridge: Cambridge University Press, 2013).

[41] *Ibid.*

[42] *Ibid.*

[43] Kees Biekart, "Guillermo O'Donnell's 'Thoughtful Wishing' about Democracy and Regime Change," pp. 923-924.

是政體轉型的決定性因素。許多學者與社運人士認為這過度輕忽社會行為者的重要性，將民主轉型的關鍵繫於菁英的一念之間，有過度強調意志論（voluntaristic）的傾向。[44] 有學者直指歐唐奈和施密特理論的不足，主張勞工運動在一些國家的民主轉型過程具有不容忽視的角色；[45] 該研究發現，工會與勞工政黨的社會動員，在一些國家會直接觸發威權統治集團的分裂（西班牙1977年、秘魯1980年和阿根廷1983年），而在其他國家，勃興的勞工運動則會持續挑戰威權政府的正當性（烏拉圭1984年和巴西1985年），而加速政體轉型。[46] 另外，也有研究對於協定式轉型理論提出修正與挑戰，例如有學者認為，突尼西亞1988年威權政府與反對派所協商的民主協定，從表面上來看，類似歐唐奈的政治協定概念，但實際上，因為該協定的內容還包括擴大參與與保障更多團體的權利，因而又和歐唐奈與施密特所提出的政治協定概念不同。[47]

　　雖然歐唐奈被譽為「轉型學」的大師，但他本人卻不喜歡這個標籤；更有意思的是，雖然他和施密特在《不穩定民主的初步結論》中提及「民主鞏固」（democratic consolidation）一詞，但他在蘇聯解體後也愈來愈不喜歡這個詞，一個可能的原因是：從現實面來看，後威權時期國家的發展路徑並不全然一致。他在1994年與1996年接連發表〈委任式民主〉[48] 和〈鞏固的幻像〉[49] 等論文，對於當時的民主化研究提出強力批評。歐唐奈認為，所謂的民主鞏固，可能只是幻想，甚至帶有種族中心論，[50] 這是批評許多學者在分

---

[44] Gerardo L. Munck and Richard Snyder, *Passion, Craft, and Method in Comparative Politics*, p. 292.

[45] Ruth B. Collier and James Mahoney, 1997, "Adding Collective Actors to Collective Outcomes: Labor and Recent Democratization in South America and Southern Europe," *Comparative Politics*, Vol. 29, No. 3, pp. 285-303.

[46] *Ibid*.

[47] Lisa Anderson, 1991, "Political Pacts, Liberalism, and Democracy: The Tunisian National Pact of 1988," *Government and Opposition*, Vol. 26, No. 2, pp. 244-260.

[48] Guillermo O'Donnell, 1994, "Delegative Democracy," *Journal of Democracy*, Vol. 5, No. 1, pp. 55-69.

[49] Guillermo O'Donnell, 1996, "Illusions About Consolidation," *Journal of Democracy*, Vol. 7, No. 2, pp. 34-51.

[50] Kees Biekart, "Guillermo O'Donnell's 'Thoughtful Wishing' about Democracy and Regime Change," pp. 925-926.

析後威權時期的政治發展總是預設一種直線史觀，過於樂觀地認為接下來的任務就是在於鞏固民主，忽略了在後威權時期的政治體制不必然會朝向促進民主的方向發展。

## （三）對於新興民主政體的病理分析

在蘇聯解體後，出現更多新興民主國家。雖然是讓人雀躍的發展，但歐唐奈卻憂心忡忡，開始對於新興民主國家進行病理分析，其中一個切入的批判角度，就是檢驗名實是否相符。由於歐唐奈出身學運，對於民主的承諾與價值有極具使命感的堅持，所以在分析政治發展時，特別關注徒具民主外衣，卻不具民主之實的國家。歐唐奈在1993年於《世界發展》（*World Development*）期刊發表〈論國家、民主化與一些概念問題：一個結合拉丁美洲與後共國家的觀點〉（On the State, Democratization and Some Conceptual Problems: A Latin American View with Glances at Some Postcommunist Countries），[51] 文中提出民主政治運作的兩個分析面向。歐唐奈用一種地圖顏色的譬喻，將「藍色」定義為政府透過高效率的官僚體系與法治，在全國各地皆享有高度的公共權威；其次，歐唐奈將「綠色」定義為政府能力遍布全國各地，但實際上的執行力卻有地域差異；第三，「棕色」指的是既非藍、也非綠的區域，亦即國家能力很弱，且國家的能力未能遍布全國的地區。

具體來說，歐唐奈認為北歐國家大多屬於藍色地帶，美國屬於部分藍、部分綠，而巴西、阿根廷、秘魯等南美洲國家，則屬於棕色地帶。在棕色地帶國家的人民，並未享有完整的公民權，而是一種「低強度的公民權」（low-intensity citizenship）。為何會有這種結果？歐唐奈歸納原因包括：國家公權力不彰，各地區由長期以來的地方政治勢力或黑道人士掌控，恩庇侍從主義橫行、政治過程充滿濫權、腐敗，因此無法保障憲法規定的民權。

---

51　Guillermo O'Donnell, 1993, "On the State, Democratization and Some Conceptual Problems: A Latin American View with Glances at Some Postcommunist Countries," *World Development*, Vol. 21, No. 8, pp. 1355-1369.

而從國內的角度來看，最有可能屬於棕色地帶的地區包括離國家政經中心較遠的邊陲地區，以及貧窮人口和少數族群較多的地區。[52]綜言之，在這些棕色地帶，國家執行能力低落、法治不彰，徒有民主之名，卻無民主之實，對於民主政治運作的存續有負面影響。

　　棕色地帶論的創見在於挑戰西方學界對於民主的定義。誠如歐唐奈指出的，主流政治學界對於民主體制所應具備的條件提出細膩的討論，包括應該要有競爭性的選舉，以及國家要能保障言論自由、結社自由等民權，但當一國符合了這些標準，彷彿預設了該國各地區皆符合了民主的標準。[53]棕色地帶的理論概念，挑戰了這種民主體制同質性的預設，主張民主赤字在一國各地區有所差異。[54]近期有不少研究運用棕色地帶概念進行分析，例如有學者利用這個概念探討象牙海岸的國家權威在不同地區有分布不均的情況，[55]另有學者則從稅收的角度對於厄瓜多國家能力進行不同區域的分析。[56]

　　在提出棕色地帶與低強度公民權的概念後，歐唐奈不久又提出兩個更為人所知的理論概念：「委任式民主」（delegative democracy）與「橫向課責機制」（horizontal accountability）。[57]委任式民主指的是一種徒有民主外表，而無民主之實的政體型態。委任式民主的興起，與威權國家的「後轉型時期」政治發展息息相關。威權政府垮台後，雖然出現民選政府，但之後有可能會出現「第二次轉型」（second transition），亦即從民選政府過渡到制度化的，且獲得鞏固的民主政體（institutionalized, consolidated democratic

[52] *Ibid.*, p. 70.

[53] Robert A. Dahl, *On Democracy* (New Haven: Yale University Press, 1998), p. 153.

[54] Guillermo O'Donnell and Laurence Whitehead. "Two Comparative Democratization Perspectives: 'Brown Areas' and 'Immanence," in Desmond King, Robert C. Lieberman, Gretchen Ritter, and Laurence Whitehead (eds.), *Democratization in America: A Comparative-Historical Analysis*, pp. 28-56.

[55] Catherine Boone, 2012, "Territorial Politics and the Reach of the State: Unevenness by Design," *Revista de Ciencia Politica*, Vol. 32, No. 3, pp. 623-641.

[56] Imke Harbers, 2015, "Taxation and the Unequal Reach of the State: Mapping State Capacity in Ecuador," *Governance*, Vol. 28, No. 3, pp. 373-391.

[57] Guillermo O'Donnell, 1994, "Delegative Democracy," *Journal of Democracy*, Vol. 5, No. 1, pp. 55-69.

regime）。[58]然而，第二次轉型是否會發生，端視民主制度是否健全發展，也就是要看菁英與人民是否支持與維護民主運作。若後威權時期的民主制度無法得到健全發展，且政府無法解決國內社會與經濟危機，則非但不會出現第二次轉型，還有可能會出現委任式民主的政治型態。

委任式民主的主要特徵，就是政治體制運作只依賴縱向課責機制（vertical accountability），幾乎缺乏橫向課責機制。[59]縱向課責機制指的是有正常舉行，且符合公平競爭原則的選舉；橫向課責機制指的是憲政運作中分權制衡的監督機制，其目的在於避免任何一個政府機關因濫權而侵犯人民權益。從這個角度來看，在委任式民主政體裡，人民只能透過定期選舉進行政治課責，必要時換下不適任的政府。相對來說，在委任式民主的政府體制內，行政部門有集權的傾向，甚至可說是國家的人形化身（embodiment of the nation）。[60]由於總統不願與國會溝通協商，常透過行政命令推動政府，架空了法院和國會，使它們完全無法對於行政權進行有效制衡。

歐唐奈認為，雖然委任式民主仍有可能漸進轉型成為自由民主體制，但由於橫向課責機制幾乎不存在，再加上拉美各國人民普遍認為有決斷力的領導者比分權制衡更重要，使委任式民主得以延續，[61]甚至有可能惡化成為「不自由民主體制」（illiberal democracy）。[62]從實際的案例來看，有不少學者借用委任式民主的概念分析拉美新興民主國家的政治運作問題，包括阿根廷的梅南政府（Carlos Menem, 1989-1999）、[63]秘魯的藤森謙也政府（Alberto Fujimori, 1990-2000），[64]以及委內瑞拉的查維茲政府（Hugo

---

[58] *Ibid*., p. 56.

[59] *Ibid*., p. 61.

[60] Guillermo O'Donnell, "Horizontal Accountability in New Democracies," in Andreas Schedler, Larry Diamond, and Marc F. Plattner (eds.), *The Self-Restraining State: Power and Accountability in New Democracies*, pp. 29-51.

[61] Guillermo O'Donnell, *Delegative Democracy*, p. 56; *Ibid*., p. 43.

[62] Larry Diamond, 1996, "Is the Third Wave Over?" *Journal of Democracy*, Vol. 7, No. 3, pp. 20-37.

[63] Christopher Larkins, 1998, "The Judiciary and Delegative Democracy in Argentina," *Comparative Politics*, Vol. 30, No. 4, pp. 423-442.

[64] Cynthia McClintock, "La Voluntad Política presidencial y la ruptura constitucional de 1992 en el Peru," in Fernando Tuesta Soldevilla (ed.), *Los enigmas del poder: Fujimori 1990-1996*, pp. 53-74.

Chávez, 1998-2013）；[65]有研究認為，拉美委任式民主體制缺乏橫向課責機制的根源，與西班牙殖民史的影響有關。[66]也有其他的學者利用委任式民主分析拉美以外的國家，例如有學者以南韓與菲律賓作為案例研究，從總統的立法權力與憲政體制的制度否決者（veto player）的互動角度，探討亞洲委任式民主的興起；[67]另外，也有學者採用委任式民主的概念探討土耳其的政治發展，主張委任式民主概念不僅適用於分析總統制國家，也能用來分析內閣制國家。[68]

## 三、學術影響

綜合來看，歐唐奈為學有四大特點：（一）歐唐奈對於現實政治運作的諸多面向，有極為深刻的觀察與見解，例如對於威權體制內部菁英集團的互動分析、新興民主國家的弱點，以及強調行為者在政治變遷中的角色；（二）歐唐奈提出極具原創性、影響後世威權研究領域的宏大理論，包括官僚威權主義、委任式民主等，具有非常獨特的貢獻；（三）歐唐奈在建構理論概念時，總是立基於現實的政治發展經驗，在強調脈絡的重要性的同時，卻也不排除理論的通則化意涵；（四）更重要的是，歐唐奈為學並不迴避對民主規範性立場的堅持，這個特點使他有別於只強調最低限度民主的著名社會科學家喬瑟夫 · 熊彼得（Joseph Schumpeter）與亞當 · 舒瓦斯基（Adam Przeworski）。此外，雖然歐唐奈是道爾的學生，但歐唐奈認為道爾的理論過度強調民主政治體制的重要性，而忽略了民主的其他重要面向。在

---

[65] Maxwell Cameron, "Text, Power and Social Exclusion: From Colonialism to the Crisis of Criollo Republicanism," in John Crabtree (ed.), *Fractured Politics: Peruvian Democracy Past and Present*, pp. 53-74.

[66] *Ibid*., pp. 23-51.

[67] Aurel Croissant, 2003, "Legislative Powers, Veto Players, and the Emergence of Delegative Democracy: A Comparison of Presidentialism in the Philippines and South Korea," *Democratization*, Vol. 10, No. 3, pp. 68-98.

[68] Hakkı Tas, 2015, "Turkey – from Tutelary to Delegative Democracy," *Third World Quarterly*, Vol. 36, No. 4, pp. 776-791.

2010年，歐唐奈出版了他生前的最後一本著作：《民主、行動者與國家：一個具有比較觀點的理論》（*Democracy, Agency and the State: Theory with Comparative Intent*）。[69]他在書中強調，健全的民主除了要有符合民主原則的政治制度之外，其重要組成部分一定要包括公民權與法治。這本書被政治學者懷德海譽為「歐唐奈個人學說最完整的整合之作」。[70]

　　許多研究機構為了表彰歐唐奈獨特的學術貢獻，頒發給他重要的學術桂冠，例如在2002年至2003年，歐唐奈獲選為英國劍橋大學西蒙‧玻利瓦傑出訪問教授（Simon Bolivar Distinguished Visiting Professor）；2003年，歐唐奈獲得拉丁美洲研究學會（Latin American Studies Association, LASA）的最高榮譽「卡曼‧席佛獎」（Kalman H. Silvert Award），表彰其對拉美研究的長期貢獻。

　　歐唐奈於2011年11月29日過世，享年75歲。在他過世後，凱洛格國際研究學院於2013年成立「歐唐奈紀念講座」（Guillermo O'Donnell Memorial Lecture），2014年的得主為智利前總統拉哥斯（Ricardo Lagos），2015年的得主為經濟學者阿齊默魯（Kamer Daron Acemoğlu）。拉丁美洲政治學會（*Asociación Latinoamericana de Ciencia Política, ALACIP*）則在2013年起將其最佳博士論文獎更名為「歐唐奈拉美政治學最佳博士論文獎」（*Premio Guillermo O'Donnell a la mejor tesis doctoral de Ciencia Política en América Latina*）。自2014年起，墨西哥政治學會（*Asociación Mexicana de Ciencias Políticas*, AMECIP）和巴西政治學會（*Associação Brasileira de Ciência Política*, ABCP）共同成立「歐唐奈講座」（*Cátedra Guillermo O'Donnell*），每年在不同城市舉辦一系列演講與研討會活動。拉丁美洲研究學會則在2017年成立了「歐唐奈民主獎」（Guillermo O'Donnell Democracy Award and Lectureship），表6-1為此獎項

---

[69] Guillermo O'Donnell, *Democracy, Agency, and the State: Theory with Comparative Intent*, p. 2.

[70] Laurence Whitehead, "A mi, si, me importa Guillermo O'Donnell's Approach to Theorizing with Normative and Comparative Intent," in Daniel Brinks, Marcelo Leiras, and Scott Mainwaring (eds.), *Reflections on Uneven Democracies: the Legacy of Guillermo O'Donnell*, p. 333.

的歷屆得主。2023年開始，國際政治學會正式設立「歐唐奈拉美學者獎」
（IPSA Guillermo O'Donnell Award for Latin American Scholars），自2022
年秋季接受申請。

表6-1　拉丁美洲研究學會歐唐奈民主獎得主名單

| 年度 | 獲獎人 | 專長領域 | 獲獎時任職單位 |
|---|---|---|---|
| 2023 | Terry Karl | 民主化；人權；能源政治 | Stanford University |
| 2022 | Maxwell A. Cameron | 民主化；政治經濟學 | University of British Columbia |
| 2021 | Susan Stokes | 分配政治；比較政治行為 | University of Chicago |
| 2020 | José Woldenberg | 政黨；工會 | Universidad Nacional Autónoma de México (UNAM) |
| 2019 | Evelyne S. Huber John D. Stephens | 民主化；社會政策 | University of North Carolina at Chapel Hill |
| 2018 | Robert R. Kaufman | 比較政治經濟；民主化 | Rutgers University |
| 2017 | Sergio Bitar | 民主化；政策分析 | International IDEA |

資料來源：https://lasaweb.org/en/lasa2023/guillermo-o-donnell-democracy-award-and-lectureship/.

　　除了以歐唐奈為名所設立的學術榮譽之外，也有不少學術機構與刊物出
版紀念他個人與學說的專書與論文。2012年3月26日至27日，美國聖母大學
凱洛格國際研究學院與阿根廷的OSDE基金會（Fundación OSDE）合辦「歐
唐奈與民主研究」（*Guillermo O'Donnell y el estudio de la democracia*）國
際研討會，研討會論文於2014年由約翰霍普金斯大學出版社出版。[71]歐唐奈
的遺孀Gabriela Ippolito-O'Donnell教授則在2015年擔任共同主編，出版《歐
唐奈政治學》（*La ciencia política de Guillermo O'Donnell*）之學術專書紀
念她已故的夫婿，[72]總計收錄16篇論文。

---

[71] Daniel Brinks, Marcelo Leiras, and Scott Mainwaring, *Reflections on Uneven Democracies: The Legacy of Guillermo O'Donnell* (Baltimore: The Johns Hopkins University Press, 2014).

[72] Martín D'Alessandro and Gabriela Ippolito-O'Donnel, *La ciencia política de Guillermo O'Donnell* (Buenos Aires: Eudeba, 2015).

　　美國政治學會「民主與專制」（Democracy and Autocracy）學術活動小組，在其2012年6月號官方通訊《比較民主化》（*Comparative Democratization*），出版紀念歐唐奈的專號，收錄五位曾與歐唐奈有密切互動的學者所寫的短文。[73]同樣在2012年，阿根廷重要社會科學期刊《議題與辯論》（*Temas y Debates*）出版歐唐奈的紀念專刊，總共收錄12篇論文、四篇研究通訊。[74]美國知名政治學期刊《民主季刊》（*Journal of Democracy*）則在2013年4月號出版《來自拉丁美洲的教訓》（*Lessons from Latin America*），以紀念歐唐奈為名，出版三篇論文，分別探討拉美政治制度劇烈變遷、拉美左翼政府上台後的政治發展，以及拉美民主的持續與倒退等主題。[75]在委任式民主概念提出後20年，《民主季刊》再次於2016年出版題為《再論委任式民主》（*Delegative Democracy Revisited*）的專刊，計收錄七篇論文，利用這個概念重新探討玻利維亞、厄瓜多、巴西、智利、哥倫比亞、秘魯等國的近期政治發展。[76]2018年6月，墨西哥學術期刊《IUS學刊》（*Revista IUS*）出版《歐唐奈思想中的法律與政治學》（*Derecho y Ciencia Política en el pensamiento de Guillermo O'Donnell*）專刊，計收錄11篇探討歐唐奈學說的論文。[77]

[73] Michael Coppedge, 2012, "O'Donnell the Conceptual Artist," *APSA Comparative Democratization Newsletter*, Vol. 10, No. 2, pp. 1, 5.

[74] Hugo Quiroga, 2012, "Homenaje a Guillermo O'Donnell. La democracia delegativa como subrogación consentida," *Temas y Debates*, No. 24, pp. 21-28.

[75] Steven Levitsky and María Victoria Murillo, 2012, "Lessons from Latin America: Building Institutions on Weak Foundations," *Journal of Democracy*, Vol. 24, No. 2, pp. 93-107.

[76] Santiago Anria, 2016, "Delegative Democracy Revisited: More Inclusion, Less Liberalism in Bolivia," *Journal of Democracy*, Vol. 27, No. 3, pp. 99-108.

[77] Gabriela Ippolito-O'Donnell and José Carlos Luque Brazán, 2018, "Derecho y ciencia política en el pensamiento de Guillermo O'Donnell," *Revista IUS*, Vol. 12, No. 42, pp. 5-8.

# 第二部分　案例研究：薩爾瓦多的委任式民主

本文的第二部分將對於薩爾瓦多的近期政治發展進行案例研究，並援引歐唐奈所提的委任式民主與橫向課責概念進行分析。

## 一、薩爾瓦多內戰後的政治局勢

在歷經12年的內戰後，薩爾瓦多「國家共和聯盟黨」（*Alianza Republicana Nacionalista*, ARENA）政府與反抗軍「馬蒂民族解放陣線」（*Frente Farabundo Martí para la Liberación Nacional*, FMLN）於1992年1月16日簽訂《查普特佩克和平協議》（*Acuerdos de Paz de Chapultepec*）。該協議為國家改革提供了一個明確的框架，主要包括三個面向：首先，特別委員會認定總計102名高級軍官並不適合在民主化後的薩爾瓦多政府繼續任職，強迫他們退伍，降低了之後軍權可能干預民主政府發展的風險；其次，降低軍隊的政治影響力，推動軍隊改革，逐步汰換威權政府時期的警察；第三，推動司法改革，提高司法程序的透明度，調查內戰時期侵犯人權的行為。[78]

在薩爾瓦多內戰結束前，國家共和聯盟黨贏得1989年總統選舉，該黨主要的支持基礎是商人及意識形態相對溫和的選民。[79] 1994年的總統大選為內戰結束後的首場總統大選，馬蒂民族解放陣線轉型為政黨，雖然沒有贏得總統選舉，卻在國會選舉躍升為第二大黨。有學者透過博奕理論分析，國家共和聯盟黨在1994年的勝選，一個重要的因素是基於選民對於和平進程受阻的恐懼；具體而言，國家共和聯盟黨的競選策略側重於對過去內戰圖像的描繪，導致選民認為如果讓左翼政黨當選，將加劇政治暴力發生的可能

---

[78] William Deane Stanley, 2006, "El Salvador: State-building Before and After Democratisation, 1980-95," *Third World Quarterly*, Vol. 27, No. 1, p. 110.

[79] Riitta-Ilona Koivumaeki, 2010, "Business, Economic Xxperts, and Conservative Party Building in Latin America: The Case of El Salvador," *Journal of Politics in Latin America*, Vol. 2, No. 1, pp. 79-106; *Ibid.*

性。[80]

　　到了1997年，國家共和聯盟黨在地方選舉的表現開始大不如前，但仍贏得1999年總統大選。馬蒂民族解放陣線在2000年的全國大選中，成為國會最大黨。2004年，國家共和聯盟黨再度贏得總統大選，主因是國家共和聯盟黨採取肅清街頭幫派的「鐵拳」政策（*mano dura*），對於打擊幫派暴力採取非常手段，讓警察可以根據主觀證據逮捕嫌疑犯，[81]這個政策協助國家共和聯盟黨緩解執政期間經濟政策表現的疲軟；[82]另一個原因則是與馬蒂民族解放陣線內部鬥爭有關。馬蒂民族解放陣線在內戰結束後，一直未能夠解決內部的路線之爭，主張堅持革命理想的「正統派」（*ortodoxos*）與企圖改革政黨路線的「革新派」（*renovadores*）衝突不斷，[83]而出身城市的馬蒂民族解放陣線領導階層在政治生涯中逐步嶄露頭角，相對之下農村地區的基層幹部則仍需要為生計努力，導致內部關係的緊張。[84]

　　在2009年的選舉中，馬蒂民族解放陣線推派的候選人為未涉及1980年代內戰的獨立人士莫利修‧福奈斯（Mauricio Funes），目的是為降低選民對於游擊隊革命想像的恐懼。[85]在該次選舉，馬蒂民族解放陣線除了持續蟬聯國會最大黨之外，也贏得了總統大選。儘管福奈斯在競選期間宣稱欲加入由委內瑞拉所主導的美洲玻利瓦聯盟（*Alianza Bolivariana para los Pueblos de Nuestra América*, ALBA），[86]有意偏離過去薩爾瓦多親美的路線，但福奈斯在當選之後，放棄了馬蒂民族解放陣線過去反對薩爾瓦多美元

---

[80] Leonard Wantchekon, 1999, "Strategic Voting in Conditions of Political Instability: The 1994 Elections in El Salvador," *Comparative Political Studies*, Vol. 32, No. 7, pp. 810-834.

[81] Alisha C. Holland, 2013, "Right on Crime? Conservative Party Politics and 'Mano Dura' Policies in El Salvador," *Latin American Research Review*, Vol. 48, No. 1, p. 46.

[82] "Plan 'Mano Dura': Violencia Estatal Contra Las Maras," *Envio Digital*, September, 2003.

[83] Sonja Wolf, 2009, "Subverting Democracy: Elite Rule and the Limits to Political Participation in Postwar El Salvador," *Journal of Latin American Studies*, Vol. 41, No. 3, p. 449.

[84] Ralph Sprenkels, 2019, "Ambivalent Moderation: the FMLN's Ideological Accommodation to Post-War Politics in El Salvador," *Government and Opposition*, Vol. 54, No. 3, pp. 545-546.

[85] Elisabeth Malkin, "Elections in El Salvador Invoke Rivalries of Civil War Years," *New York Times*, March 9, 2014.

[86] Mike Allison, "El Salvador Gears Up for 2014 Presidential Elections," *Aljazeera*, May 13, 2012.

化（dollarization）以及與美國簽訂自由貿易協定的立場，而選擇加強與美國之間的經貿往來。[87] 以外交政策而言，福奈斯政府對美的外交以和解爲原則，同時也得到當時美國歐巴馬政府的支持，並因此得到世界銀行、國際貨幣基金組織、美洲開發銀行等組織的貸款支持。[88] 2014年，馬蒂民族解放陣線再度贏得總統選舉繼續執政，當選者桑契斯‧賽連（Salvador Sánchez Cerén）爲首位擔任總統的前反叛軍成員。

## 二、薩爾瓦多2019年總統大選

　　2019年總統大選，「國家團結大聯盟黨」（*Gran Alianza por la Unidad Nacional*, GANA）候選人那伊布‧布克雷（Nayib Bukele）在首輪選舉中即得到了53%的選票，順利當選總統。該次選舉是薩爾瓦多內戰結束後，首次總統當選人非來自傳統兩大黨。國家共和聯盟黨得到了31.7%的選票，而馬蒂民族解放陣線僅得到14.4%的選票，爲該黨自1994年參加總統大選以來最低的得票率。值得一提的是，該次選舉的公民參與很低，在520萬的合格選民中，僅有45%的選民參與該次的投票，[89] 反映了選民對於政府無法有效解決社經問題的不滿。[90]

　　布克雷爲巴勒斯坦裔移民後代，1981年出生，其政治生涯開啓於2012年加入馬蒂民族解放陣線，並於2015年至2018年擔任首都聖薩爾瓦多市市長。布克雷早期從政期間，經常與馬蒂民族解放陣線的立場保持距離，甚至在社群媒體上將自己形塑爲不受黨內領導階層控制的獨立聲音。[91] 2017

---

[87] Kevin Young, "War by Other Means In El Salvador," *NACLA*, May 16, 2015.

[88] Héctor Perla Jr and Héctor Cruz-Feliciano, 2013, "The Twenty-first-century Left in El Salvador and Nicaragua: Understanding Apparent Contradictions and Criticisms," *Latin American Perspectives*, Vol. 40, No. 3, pp. 83-106.

[89] Elizabeth Gonzalez, "Bukele Breaks El Salvado's Two-Party Hold on Power," *Americas Society/ Council of the Americas*, February 4, 2019.

[90] Karla Cativo, 2019, "Abstention Wins in El Salvador: Though Salvadoran President Nayib Bukele Claimed a Narrow First-Round Victory, Low Voter Turnout Reveals Deep Problems in the Country's Political Landscape," *NACLA Report on the Americas*, Vol. 51, No. 2, pp. 127-129.

[91] "Race Takes Shape for 2019 Presidential Elections," *CISPES*, June 7, 2018.

年，布克雷遭開除黨籍，他原先想要成立自己的政黨「新想法黨」（*Nuevas Ideas*, NI）參加2019年的總統大選，但該政黨未得到法院的註冊同意，而後布克雷尋求「民主改變黨」（*Cambio Democrático*, CD）的提名參選，但該黨被最高法院解散；最後，布克雷加入右翼的「國家團結大聯盟黨」並獲得總統候選人的提名。從上述這些過程來看，可發現布克雷並沒有很一致的意識形態立場。[92]

另外兩名主要的候選人，其一為國家共和聯盟黨提名的卡洛斯・卡耶哈（Carlos Calleja），在選前的民調中僅次於布克雷；另一位候選人為馬蒂民族解放陣線的雨果・馬丁尼茲（Hugo Martínez），過去曾擔任外交部部長。這兩名候選人在該次選舉中面對的共同不利因素，為兩大黨的前任總統皆涉入貪汙的醜聞之中。根據2018年時的一份民意調查，僅有17%的人民滿意賽連政府表現，不滿意度高達67.5%，主因是政府無法有效解決暴力問題，以及薩爾瓦多的經濟成長停滯。[93]街頭幫派暴力一直是困擾薩爾瓦多社會的問題，根據統計，2012年有49%的薩爾瓦多人認為安全是國家面臨最重要的問題，到了2019年上升至62%。[94]另外，自2010年以來，薩爾瓦多估計有近萬人失蹤，凶殺率在2016年達到頂峰，有近超過5,000人因凶殺案喪生。

事實上，三位候選人的政策方針差異並不大，但布克雷成功地利用反貪訴求吸引選票。在2019年的總統選舉之前，薩爾瓦多的前幾任總統都因為貪腐問題被逮捕入獄，例如前總統福奈斯被指控挪用公款3.51億美元後，於2016年逃往尼加拉瓜尋求政治庇護；此外，國家共和聯盟黨籍的艾利亞斯・薩卡（Elías Antonio "Tony" Saca González）也因為洗錢正在獄中服

---

[92] Lucas Perelló and Patricio Navia, 2022, "The Disruption of an Institutionalised and Polarised Party System: Discontent with Democracy and the Rise of Nayib Bukele in El Salvador," *Politics*, Vol. 42, No. 3, p. 275.

[93] Lucas Perelló, "An Outsider Candidate Looms Large in El Salvador's February Presidential Election," *The Global Amercians*, September 13, 2018.

[94] Manuel Meléndez-Sánchez, "What's Behind the Spike of Violence in El Salvador?" *Lawfare*, April 11, 2022.

刑。布克雷試圖建立不同於傳統左右翼候選人的形象，例如他主張在薩爾瓦多設立獨立調查機關，調查該國於外國的人員與資金流動；[95]甚至在選前之夜，布克雷選擇與瓜地馬拉前司法部部長出席活動，而該部長便是以起訴前任正副總統聞名。[96]

　　社群媒體的興起，使得布克雷在競選策略上並未著重於「陸戰」，反而是在Twitter和Facebook兩個社群媒體和選民建立連結，爲自己建立了一個年輕且現代的個人品牌形象，將自己定位爲傳統政治的局外人，並以與腐敗的政府鬥爭爲形象。[97]千禧世代對於社群平台的廣泛使用，爲布克雷搭建了民粹主義與威權主義的平台，表態爲了解決國家的治理危機，必要時要使用國家暴力手段，甚至限制反政府陣營的公民自由。有學者將布克雷的想法與行爲描述成「千禧年威權主義」（Millennial Authoritarianism）。[98]

　　布克雷的民粹主義作風係透過社群平台，形塑我群與他群的區別，前者的我群爲其所代表的薩爾瓦多人民，後者的他群則是腐敗的兩黨與選舉機構。具體來說，布克雷透過兩種手段鞏固民粹主義的二元性，其一爲將自己形塑爲受害者，例如指責過去最高法院未能夠及時讓其成立的新政黨及時註冊，或是指責對手編造假新聞，影響其贏得選舉的可能性；[99]另一方面，布克雷穿著打扮上與傳統政治人物有顯著的區別，偏愛穿著牛仔褲、皮夾克、太陽眼鏡，宣稱是薩爾瓦多政治中「新鮮的聲音」。

　　有學者在分析布克雷競選期間於Facebook發布的貼文後，發現其特點爲強調對抗性言論，藉由批評對手的方式提升自身的形象建立，該種類型的

[95] Ricardo Avelar, "Nayib Bukele y Félix Ulloa se contradicen por el rol de comisión anticorrupción," *Elsalvador.com*, November 28, 2018.

[96] Charles T. Call, "The Significance of Nayib Bukele's Surprising Election as President of El Salvador," *Brookings*, February 5, 2019.

[97] Emily Green, "Nayib Bukele: El Salvador's Young Social Media Star — and Next President," *The World*, February 4, 2019.

[98] Manuel Meléndez-Sánchez, 2021, "Latin America Erupts: Millennial Authoritarianism in El Salvador," *Journal of Democracy*, Vol. 32, No. 3, pp. 19-32.

[99] Ignacio Siles, Erica Guevara, Larissa Tristán-Jiménez, and Carolina Carazo, 2021, "Populism, Religion, and Social Media in Central America," *The International Journal of Press/Politics*, p. 13.

貼文數目在競選期間一直穩定成長。相較之下，布克雷很少透過貼文說明他的施政計畫（僅占貼文中的4.9%），也很少澄清其他人對他的質疑（僅占貼文中的5.4%）。[100]有研究利用民調數據，發現頻繁接觸社群媒體使用的公民，尤其是仇恨與不信任訊息，更容易產生對於民主制度的不信任與對現有政治制度的不滿。[101]這或許是布克雷在沒有進行傳統造勢與競選活動的情況下，仍能勝選的原因之一。[102]

除了布克雷個人的因素外，該次選舉更重要的意涵是薩爾瓦多民主轉型後，長久的社會問題與民怨未能達到良好的紓解。以薩爾瓦多最嚴重的社會問題——黑幫暴力為例，黑幫暴力已逐漸成為一種政治上議價的工具。2012年福奈斯總統在任時，便試圖與兩個主要的街頭幫派MS-13和Barrio18談判達成一項停火協議，而政府以縮減鎮壓的警力作為交換，並提供更好的監獄居住條件。賽連上任後雖繼承了福奈斯任內的停火協議，但採取利用警察與軍隊直接面對黑幫暴力的做法，並未能有效降低謀殺率。相對來看，布克雷在擔任聖薩爾瓦多市長期間，務實地透過當地官員與黑幫進行談判，有效改善治安問題。[103]

除了社會經濟面的因素外，2019年薩爾瓦多變天的主因是因為先前薩國兩黨體系已漸趨僵化。首先，1992年的《選舉法》對於新政黨的成立設下了高門檻，在選舉公費補助上，也是根據上一次選舉表現進行補助，使得兩黨得以不受其他新政黨的出現影響。[104]因此，在布克雷出現之前，沒有一個穩定的第三政黨能夠挑戰既有的兩黨體系，新興政黨往往只短暫出現於一個選舉周期便消失。儘管兩黨體系幫助薩爾瓦多走過和平與威權，並過渡到民主的階段，然而到了2000年後，隨著愈來愈多未經歷內戰的年輕選民出現，因為內戰而出現的黨派分歧未能與新生代的選民產生連結。更重要的

---

[100] *Ibid.*, p. 15.

[101] Noam Lupu, Mariana V. Ramírez Bustamante, and Elizabeth J. Zechmeister, 2020, "Social Media Disruption: Messaging Mistrust in Latin America," *Journal of Democracy*, Vol. 31, No. 3, pp. 166-167.

[102] *Ibid.*, p. 165.

[103] Carlos Martínez, "Nayib Bukele También Pactó Con Pandillas," *El Faro*, June 29, 2018.

[104] Meléndez-Sánchez, *Latin America Erupts: Millennial Authoritarianism in El Salvador*, p. 30.

是，既有的兩黨並未能處理好社會問題，且在執政時陸續爆出貪汙的醜聞，未能控制街頭犯罪的問題，使得兩黨的政黨品牌被淡化或甚至同質化。[105]在這樣的情況下，政治局外人反倒有趁勢崛起的機會，[106]而布克雷便是在這樣的脈絡下趁勢而起。

## 三、布克雷政府的政策

　　布克雷在上任後，強調他的施政方向將會側重打擊貪腐、維護公共安全，以及改善國內經濟條件等面向。[107]首先，就打擊貪腐此一面向，布克雷在上任後隨即撤換掉400多名涉及貪腐的政府官員，[108]並規劃要廢除總統的秘密帳戶。[109]另外，他在2019年9月6日與美洲國家組織（Organization of American States, OAS）共同發起成立「薩爾瓦多反對有罪不罰國際委員會」（*Comisión Internacional contra la Impunidad en El Salvador*, CICIES）。然而，該委員會的職權有限，無法進行獨立調查，在2021年6月被政府終止。根據國際透明組織評估的清廉印象分數，薩爾瓦多的貪腐程度在布克雷就任前後的變化並不大，在2018年以35分排名第105名、2019年以34分排名第113名、2020年以36分排名第104名、2021年以34分排名第115名。[110]因此，從上述調查數據來看，貪腐問題在新政府上任後並未得到明顯的改善。

---

[105] Oscar Pocasangre, "Why El Salvador's Multi-Party System is On the Brink of Collapse," *El Faro*, February 24, 2021.

[106] Noam Lupu, 2014, "Brand Dilution and the Breakdown of Political Parties in Latin America," *World Politics*, Vol. 66, No. 4, pp. 561-602.

[107] Nayib Bukele, "Twitter Post," September 7, 2019, available at: https://twitter.com/nayibbukele/status/1170184271660814336?s=20 (accessed on August 22, 2022).

[108] Maria Martin, "President Nayib Bukele Promises to Transform El Salvador," *The NPR Daily Newsletter*, June 25, 2019.

[109] "Eliminación De La Partida Secreta Y Creación De CICIES," *Hagamos Historia*, available at: https://plancuscatlan.com/tema.php?tema=206 (accessed on August 20, 2022).

[110] "Corruption Perceptions Index," *Transparency International*, available at: https://www.transparency.org/en/cpi/2018?fbclid=IwAR1X6fO8pgr2eMRmkZ8uu7f1ThXgcearK-D2ZhX5dTh9edSr6MefQbG-8w6Y (accessed on August 20, 2022).

　　其次，就維護公共安全此一面向，薩爾瓦多的謀殺率多次位居世界最高，被視為世界上最危險的國家之一。[111]有鑑於此，布克雷上任後試圖分別從預防、打擊，以及重返社會這三個方向消弭公共安全問題。[112]其中，就打擊層面來看，武力鎮壓仍是布克雷政府面對暴力犯罪的主要手段。[113]2019年6月，布克雷開始執行「領土控制計畫」（*Plan de Control Territorial*），於選定的17個城市中加強警力與軍隊的部署，以削弱幫派在各地區的勢力。在計畫施行兩個月後，薩爾瓦多警方已逮捕5,000餘人。與此同時，該計畫宣布薩爾瓦多監獄進入緊急狀態，透過禁止訪客、封鎖電話訊號、將囚犯限制在牢房內等手段，切斷監獄與外界的聯繫。[114]

　　第三，在改善經濟此一面向，新政府從發展基礎建設與吸引外國投資這兩個方向下手。在基礎建設的規劃上，布克雷指出北部地區是該國最貧困的一個區域，並預計透過農業現代化以及灌溉系統、電力、交通網絡等基礎建設的提供，改善該地區的經濟發展狀況；在太平洋地區，則計畫將阿卡胡特拉港的規模擴大四倍，並強化該地區的交通。另外，布克雷認為改善國內經濟需要更多的外國投資，因此他的經濟政策特別關注創造吸引外國投資者的條件。[115]

　　正當經濟狀況即將有所轉變時，COVID-19疫情的爆發卻對薩爾瓦多的經濟發展造成嚴重打擊。自2019年至2020年，薩爾瓦多的GDP降低8%、貧窮人口增加4.6%，且為了應對COVID-19衝擊所擴增的預算，薩爾瓦多公共

---

[111] Michat Stelmach, 2021, "Public Security Policy in El Salvador During the Presidency of Nayib Bukele (2017-2019)," *Anuario Latinoamericano – Ciencias Políticas y Relaciones Internacionales*, No. 12, pp. 65-85.

[112] Maxwell Bone, "How Bukele Impressed in His First Six Months as President of El Salvador," *The Global Post*, December 12, 2019; "Seguridad pública," *Plan Cuscatlan*, available at: https:// plancuscatlan.com/documentos/plancuscatlan_seguridad.pdf (accessed on August 20, 2022).

[113] Michat Stelmach, *Public Security Policy in El Salvador During the Presidency of Nayib Bukele (2017-2019)*.

[114] Paola Nagovitch, "El Salvador's Nayib Bukele Marks 100 Days in Office," *AS/COA*, September 9, 2019.

[115] "NACER-CRECER," *Hagamos Historia*, available at: https://plancuscatlan.com/tema.php?tema=207 (accessed on August 20, 2022).

債務升高至該國GDP的九成以上。[116]另外，2021年6月，國會通過布克雷政府的提案，使比特幣（Bitcoin）成爲該國的法定貨幣。自比特幣被批准爲法定貨幣後，薩國政府陸續收購大量比特幣。彭博社根據布克雷在Twitter上公布的數字，估計薩爾瓦多已經收購1.063億美元的比特幣。但由於幣值貶值，該國持有的比特幣可能僅剩下4,580萬美元的價值。[117]爲了償還債務，薩爾瓦多在2021年時向國際貨幣基金尋求13億美元的貸款。[118]然而，國際貨幣基金對薩爾瓦多將比特幣視爲法定貨幣的決定存有疑慮，認爲這將會對市場完整性、金融穩定性，以及消費者保護帶來威脅。[119]雪上加霜的是，國際貨幣基金的最大資助國美國，目前正在對布克雷政府內的數名涉及貪腐與不民主行爲的官員進行制裁，因此薩爾瓦多能否順利取得貸款仍不明朗。[120]

　　在對外關係方面，布克雷在就任初期試圖強化與美國的連結，並與中國保持距離。在勝選後，布克雷聲稱美國是薩爾瓦多天生的第一盟友，[121]並與美國政府站在同一陣營，公開譴責委內瑞拉政府、尼加拉瓜政府，以及宏都拉斯政府的獨裁統治。[122]然而，在美國對布克雷的內閣官員實施制裁，並批評布克雷危害薩爾瓦多的民主體制後，布克雷的立場從親美逐漸向中國靠攏。在2021年5月，美國政府譴責布克雷政府罷免總檢察長與最高法院法官

[116] "The World Bank In El Salvador," *World Bank*, April 22, 2022, available at: https://www.worldbank.org/en/country/elsalvador/overview (accessed on August 20, 2022).

[117] Aline Oyamada, "El Salvador Buys More Bitcoin Despite 57% Loss and Debt Woes," *Bloomberg*, July 1, 2022.

[118] Eric Martin, "Ditch Bitcoin: IMF Urges El Salvador to Rethink Crypto," *Bloomberg*, January 26, 2022.

[119] "IMF Executive Board Concludes 2021 Article IV Consultation with El Salvador," *International Monetary Fund*, January 21, 2022, available at: https://www.imf.org/en/News/Articles/2022/01/25/pr2213-el-salvador-imf-executive-board-concludes-2021-article-iv-consultation (accessed on August 20, 2022).

[120] Catherine Osborn, "El Salvador's Scramble for a Bailout: With Top Officials Beset by U.S. Sanctions, The Country's IMF Negotiations are Bound to Get Complicated," *Foreign Policy*, July 22, 2022.

[121] Blaire Toedte, "Nayib Bukele: El Salvador's Incoming Leader Promises 'New Era'," *BBC News*, June 1, 2019.

[122] "BTI 2022 Country Report — El Salvador," *Bertelsmann Stiftung*, available at: https://bti-project.org/fileadmin/api/content/en/downloads/reports/country_report_2022_SLV.pdf, p. 39 (accessed on August 20, 2022).

的行為違反民主，並在該年的12月將薩國政府幕僚長、司法與公共安全部副部長、社會結構重建部門主席等人列入貪腐制裁名單。布克雷隨即駁斥美國的指控，認為美國只會要求薩爾瓦多無條件服從。[123] 2021年11月，美國駐薩爾瓦多大使表示，由於薩國政府對於和美國政府對話不感興趣，因此美薩之間的關係將暫時擱置。[124]

　　在與美國疏遠後，布克雷政府展現出與中國的熱絡互動。2022年1月，在一座國家圖書館的動工儀式上，布克雷與中國駐薩爾瓦多大使歐建宏互相向對方國家的領導人表示讚賞。而歐建宏在布克雷被美國譴責時，亦曾在Twitter上發文表示不論布克雷做什麼，他都會表示支持。另外，布克雷在2021年拜訪中國時，宣布中國將向薩爾瓦多捐助5億美元，計畫用以發展基礎建設。[125]總的來說，在受到美國的譴責與制裁後，布克雷政府的對外政策由初始的親美轉向尋求與中國的合作。

## 四、布克雷政府的憲政爭議

　　布克雷自上任後，時常向反對派貼上「妨礙政府為人民服務」的標籤，同時無視立法、司法、媒體，以及民間社會對其進行的監督制衡，其執政風格充分反映了歐唐奈所提的「委任式民主」型態。首先，布克雷政府不願提供施政資訊，阻礙監督機制的運作。2011年通過的《取得公共資訊法案》（*Ley de Acceso a la Información Pública*），規範公共部門需要提供由其產生或管理的數據，使政府部門得以對其行為負責。然而，在COVID-19疫情爆發後，布克雷政府卻開始限制政府資訊的透明化。2020年8月，布克雷簽署兩項行政命令，其中一項放寬公共部門採購和招標的規定，使政府部門能透過電子郵件接收標案，讓民眾無法從財政部的線上系統監督。另一

---

123 Stephen McFarland, "From Bad to Worse: Nayib Bukele's Split with Washington," *Americas Quarterly*, December 15, 2021.

124 Nelson Renteria, "U.S. Official Says El Salvador Relations 'Paused' for Lack of Interest," *Rueters*, November 23, 2021.

125 Kate Linthicum, "In Latin America's New Cold War, will China Lift up Autocrats?" *Los Angeles Times*, February 17, 2022.

項行政命令涉及《取得公共資訊法案》的調整，使民眾更難向政府申請資訊。[126] 而在2021年7月，布克雷政府進一步修改《取得公共資訊法案》，透過延長政府回應資訊申請的期限、對公職人員的財產申報加密，並限制諸如政府顧問名單、工資等資訊的取得。[127] 整體而言，布克雷政府的資訊公開程度不斷降低，使得監督施政變得困難。

在COVID-19爆發期間，薩國國會批准政府出售30億美元的債券以應對損害。由於該筆特別預算的使用不須經過既定的招標程序，所以引發官員濫用資金的疑慮。國會曾要求布克雷報告特別預算的支出情形，但他卻拒絕做出回應，並指責國會阻礙政府對於COVID-19疫情的危機處理。爲了監督該筆特別預算的使用，國會設立由學術界與民間部門共同組成的五人監督委員會。[128] 但委員會成員在被任命的幾週後，就因爲無法取得必要資訊而離職。而執政黨於2021年國會選舉取得多數席次後，隨即立法保護官員與承包商免於與購買COVID-19相關醫療用品的民事、刑事指控。[129] 儘管政府極力掩護，2021年薩爾瓦多的刑事調查結果指出，司法部副部長兼監獄事務局局長涉嫌挪用160萬美元的防疫物資，因此被美國國務院列入「恩格爾名單」（Engel List），亦即美國對於宏都拉斯、瓜地馬拉、薩爾瓦多三國的涉貪官員名單。[130]

第二，布克雷政府試圖凌駕立法機關與司法機關的制衡，恣意擴張行政權限，破壞歐唐奈所提「橫向課責機制」。例如在2020年2月9日，布克雷爲了逼迫立法機構通過一項1.09億美元的貸款，以資助他執行安全計畫的

---

[126] Sonja Wolf, 2021, "A Populist President Tests El Salvador's Democracy," *Current History*, Vol. 120, No. 823, p. 66.

[127] "El Salvador: Step Backward for Transparency in Proposal to Reform Access to Public Information Law," *CIVICUS*, July 27, 2021, available at: https://monitor.civicus.org/updates/2021/07/27/el-salvador-step-backward-transparency-proposal-reform-access-public-information-law/ (accessed on August 21, 2022).

[128] "BTI 2022 Country Report — El Salvador," p. 12.

[129] Papadovassilakis, Alex, "Pandemic Spending Immunity Deepens El Salvador Corruption Concerns," *Insight Crime*, October 5, 2021.

[130] Efren Lemus and Carlos Martínez, "Top Bukele Official Embezzled $1.6 Million in Covid-19 Emergency Food Supplies," *ElFaro*, September 19, 2021.

第三階段，布克雷在武裝部隊的陪同下，走進立法會議的主席座位上宣布會議開始，並向立法者表示，「很明顯誰在控制局勢，我們把決定權交給上帝」。[131]此一舉動引起國內外各界的反彈，例如被反對黨陣營稱爲未遂政變，[132]美國駐薩爾瓦多大使也表達不贊成薩國國會中出現軍隊的立場。[133]

在COVID-19疫情期間，最高法院多次裁定政府的防疫規範違反憲法對於基本權利的保障，但皆被布克雷無視。舉例而言，2020年的3月，薩國最高法院憲法法庭裁決「將不遵守在家防疫政策的人強制拘留在隔離檢疫中心」的行政命令違反人民的憲法權利。[134]然而，布克雷隨後卻向警方與軍方下令對違反規定的民眾採取更嚴厲的措施，引起侵犯人權的爭議。例如有部分民眾表示受到警察的恣意拘捕與暴力對待，[135]並指控拘留中心的環境過度擁擠，且被拘留者無法獲得適當的食物與醫療照顧。[136]

除了挑戰法院的裁決之外，布克雷還運用執政黨在國會的多數優勢，撤換司法人員。2021年，新上任的國會議員在宣誓就職的幾個小時後，執政黨便聯合其他小黨，罷免了最高法院憲法法庭中曾宣告布克雷政府行爲違憲的五名法官，同時也罷免了調查內閣閣員貪腐案件以及政府與黑幫秘密談判的總檢察長。[137]布克雷的內閣成員宣稱，這五名法官在過去一年發布的裁定違反憲法，並在COVID-19疫情流行期間阻礙衛生部門的防疫工作；儘管被

---

[131] "El Salvador Parliament Denounces President's 'Attempted Coup'," *BBC News*, February 11, 2020, available at: https://www.bbc.com/news/world-latin-america-51458947 (accessed on August 21, 2022).

[132] *Ibid*.

[133] José Miguel Vivanco, "President Bukele, Brute Force Is Not the Way Forward for El Salvador: The Head of State's Actions Threaten Democracy in the Central American Nation," *New York Times*, February 14, 2020.

[134] Jeffrey T. Hallock and Charles T. Call, 2021, "The Biopolitical President? Sovereign Power and Democratic Erosion in El Salvador," *Democratization*, Vol. 28, No. 8, p. 1594.

[135] "El Salvador: President Nayib Bukele Must Step Away from the Repressive Path He is Taking," *Amnesty International*, available at: https://www.amnesty.org/en/petition/nayib-bukele-detenga-la-represion/ (accessed on August 20, 2022).

[136] "El Salvador: Police Abuses in Covid-19 Response," *Human Rights Watch*, available at: https://www.hrw.org/news/2020/04/15/el-salvador-police-abuses-covid-19-response (accessed on August 20, 2022).

[137] Meléndez-Sánchez, *Latin America Erupts: Millennial Authoritarianism in El Salvador*, p. 19.

罷免的五名法官在半小時後隨即宣示立法機關的投票違憲，然新當選的法官
仍在警察的護送下進入最高法院的辦公室。[138]

　　第三，除了破壞橫向課責機制以外，布克雷政府亦打壓媒體與公民社
會的發展，破壞縱向課責機制。自上任以來，布克雷對媒體發動強硬批評，
指控其散播假新聞，[139]並收受反對黨的資金。[140]2019年9月6日，布克雷在
Twitter上宣布禁止特定記者參加總統新聞發布會，[141]因為這些記者的所屬媒
體都曾批判過布克雷政府。[142]更甚者，著名媒體El Faro在2020月9月3日報
導布克雷政府涉嫌與幫派交易後，[143]隨即被指控涉嫌洗錢。[144]另外，El Faro
的主管表示受到財政部不合理的財務稽查。財政部要求El Faro提供自2014
年起的所有董事會會議紀錄，以及訂閱者的資訊。然而在正常的稽查程序
中，財政部只能要求提供與收益和稅收有關的會議紀錄。[145]

　　為了進一步箝制媒體，布克雷政府涉嫌運用非法的手段監控記者，並將
言論審查機制合法化。在2022年1月，由多倫多大學公民實驗室領銜的研究
計畫發現，在2020年7月到2021年11月間，薩爾瓦多有35名記者的手機感染
Pegasus間諜軟體，並且有間接證據指出這起攻擊事件可能與布克雷政府有
關係。[146]2021年11月，薩爾瓦多政府頒布《外國代理人法》，要求受到外國

[138] Jimmy Alvarado, Roxana Lazo, and Sergio Arauz. "Bukele's Legislative Assembly Ousts Supreme Court Magistrates and Attorney General," *El Faro*, May 2, 2021, available at: https://elfaro.net/en/202105/el_salvador/25452/Bukele (accessed on August 20, 2022).

[139] Nayib Bukele, "Opinion: Nayib Bukele: El Salvador Doesn't Want to Lose More People to the U.S." *Washington Post*, July 23, 2019.

[140] Nayib Bukele, "Twitter Post."

[141] *Ibid.*

[142] "El Salvador Bans 2 Investigative Outlets from Press Conferences at Presidential Residence," *Committee to Protect Journalists*, September 11, 2019, available at: https://cpj.org/2019/09/salvadoran-government-bans-2-investigative-outlets/.

[143] Carlos Martínez, Óscar Martínez, Sergio Arauz, and Efren Lemus, "Bukele Has Been Negotiating with MS-13 for a Reduction in Homicides and Electoral Support," *El Faro*, September 6, 2020.

[144] Nayib Bukele, "Facebook Post," September 25, 2020, available at: https://www.facebook.com/nayib-bukele/videos/3832941116721576 (accessed on August 22, 2022).

[145] Martin Reischke, "Bukele y su gobierno son la principal fuente de desinformación en el país," *Deutsche Welle*, April 10, 2020.

[146] John Scott-Railton, Bill Marczak, Paolo Nigro Herrero, Bahr Abdul Razzak, Noura Al-Jizawi, Salvatore Solimano, and Ron Deibert, 2022, "Project Torogoz: Extensive Hacking of Media & Civil Society

直接或間接資助的個人或組織註冊爲外國代理人，且外國代理人的境外資金都將被課徵40%的稅收，縱使是非營利組織亦無法免除稅額。[147]2022年4月5日，薩爾瓦多議會修改刑法，再製或傳播源自犯罪集團訊息與聲明的民眾，將被判處10年到15年的監禁。[148]而在該法案通過後的三天，就有一名執政黨的成員在Twitter上宣稱要檢舉爲El Faro工作的記者。[149]整體而言，薩爾瓦多的媒體自由有嚴重倒退的問題。根據無國界記者評估的新聞自由指數，薩爾瓦多的新聞自由程度自2020年起逐漸惡化，2020年以70.30分在180個國家中排在第74名；2021年略爲下降，以69.51分排在第86名；而在2022年則嚴重下滑，以50.49分排在第112名。[150]

## 五、結語

　　本章回顧了已故拉美政治學大師歐唐奈的生平與學說，並討論其獨創的官僚威權主義、強調菁英互動的民主轉型理論、棕色地帶論與委任式民主等理論概念。與許多美國學者不同的是，受到美國政治學訓練甚深的歐唐奈，可說是一個「入世的學者」，其學說以規範性理論爲基礎，強調理論的建構需反映實際的政治運作過程，但又不排除建立通則化理論的可能性。歐唐奈的學說對於後世的拉美政治學者提供極具洞見的分析視角，而他在美國與阿根廷帶動並參與重要學術機構的建立，亦深刻影響後世的學術社群。

　　同時，本章透過對薩爾瓦多近期政治發展的案例研究，展現歐唐奈在提出委任式民主概念後近30年，對於分析拉美國家在威權轉型後的政治發展軌跡，仍具深刻洞見，歷久彌新。薩爾瓦多的布克雷政府自2019年上台後

---

in El Salvador with Pegasus Spyware," *Citizen Lab Research Report*, No. 148, pp. 1-18.

[147] "Bukele to Control NGOs and Media Funding," *El Faro*, November 10, 2021.

[148] "New El Salvador Law Threatens up to 15 Years in Prison for Reporting on Gangs," *Committee to Protect Journalists*, April 7, 2022, available at: https://cpj.org/2022/04/new-el-salvador-law-threatens-up-to-15-years-in-prison-for-reporting-on-gangs/ (accessed on August 22, 2022).

[149] Karla Arévalo and Alejandra Arredondo, "'We Are Not Going to Censor Ourselves,' Say El Salvador Journalists," *VOA News*, May 5, 2022.

[150] "INDEX," *Reporters without Borders*, available at: https://rsf.org/en/index?year=2020 (accessed on August 22, 2022).

迄今，出現諸多荒腔走板的憲政爭議，特別是利用執政黨在國會占多數的優勢強行修法，架空司法體系的監督權力，使橫向課責機制蕩然無存，成為名副其實的委任式民主體制。2021年9月，薩國最高法院推翻2014年關於「總統在卸任10年之後才能競選連任」的裁決，新的裁決允許總統可以連選連任。2022年9月15日，布克雷宣布參與2024年總統大選爭取連任，將可能會讓薩爾瓦多委任式民主的型態得以延續。

國家圖書館出版品預行編目資料

當代拉丁美洲人文與社會科學巨擘／向駿、蘇
彥斌主編. ――初版.――臺北市：五南圖
書出版股份有限公司，2023.06
面；　公分
ISBN 978-626-343-931-3（平裝）

1.CST: 政治經濟　2.CST: 區域研究　3.CST:
學科專家　4.CST: 拉丁美洲

552.54　　　　　　　　　　112003638

1PUP

# 當代拉丁美洲人文與社會科學巨擘

主　　　編 — 向駿（55.6）、蘇彥斌

作　　　者 — 卓浩右、黃富娟、楊建平、褚縈瑩、徐靖淳
　　　　　　　蔡維廷

發 行 人 — 楊榮川

總 經 理 — 楊士清

總 編 輯 — 楊秀麗

副總編輯 — 劉靜芬

責任編輯 — 呂伊真

封面設計 — 姚孝慈

出 版 者 — 五南圖書出版股份有限公司

地　　　址：106台北市大安區和平東路二段339號4樓

電　　　話：(02)2705-5066　　傳　　　真：(02)2706-6100

網　　　址：https://www.wunan.com.tw

電子郵件：wunan@wunan.com.tw

劃撥帳號：01068953

戶　　　名：五南圖書出版股份有限公司

法律顧問　林勝安律師

出版日期　2023年6月初版一刷

定　　　價　新臺幣360元

# 經典永恆·名著常在

## 五十週年的獻禮 —— 經典名著文庫

五南，五十年了，半個世紀，人生旅程的一大半，走過來了。

思索著，邁向百年的未來歷程，能為知識界、文化學術界作些什麼？

在速食文化的生態下，有什麼值得讓人雋永品味的？

歷代經典·當今名著，經過時間的洗禮，千錘百鍊，流傳至今，光芒耀人；

不僅使我們能領悟前人的智慧，同時也增深加廣我們思考的深度與視野。

我們決心投入巨資，有計畫的系統梳選，成立「經典名著文庫」，

希望收入古今中外思想性的、充滿睿智與獨見的經典、名著。

這是一項理想性的、永續性的巨大出版工程。

不在意讀者的眾寡，只考慮它的學術價值，力求完整展現先哲思想的軌跡；

為知識界開啟一片智慧之窗，營造一座百花綻放的世界文明公園，

任君遨遊、取菁吸蜜、嘉惠學子！